Für meine liebe
Denise

auf ein wunderschönes
Jahr (zusammen!)

Frohe Weihnachten

Dieser Band versammelt die besten Erzählungen Stefan Zweigs aus seinen verschiedenen Schaffensperioden. Der innere Konflikt von Frauen und Männern aus der Bourgeoisie, deren äußerlich gesicherte Existenz an der Übermacht ihrer Wünsche und Triebe zu zerbrechen droht, bildet eines der Hauptthemen des Schriftstellers. Doch auch die politischen Umwälzungen und die damit verbundenen schicksalhaften Ereignisse, die der Autor am eigenen Leib erfahren musste, finden in den fein gestrickten Erzählungen ihren Niederschlag. So ist in ›Brennendes Geheimnis‹, ›Angst‹, ›Der Amokläufer‹, ›Die unsichtbare Sammlung‹ und dem berühmten Meisterstück ›Schachnovelle‹ Zweigs unvergleichliche Erzählkunst spürbar, die bis heute fasziniert.

Stefan Zweig, am 28. November 1881 in Wien geboren, stammte aus einem großbürgerlichen jüdischen Elternhaus und begann schon während seines Philosophiestudiums zu schreiben und zu veröffentlichen. Von 1919 bis 1934 lebte er in Salzburg, 1934 emigrierte er nach der Machtergreifung Hitlers nach England und 1941 über die USA nach Brasilien. Als engagierter Intellektueller und überzeugter Pazifist trat er vehement gegen Nationalismus und Revanchismus ein. Am 23. Februar 1942 schied er in Petrópolis, Brasilien, freiwillig aus dem Leben. Stefan Zweig zählt zu den bedeutendsten Erzählern und Essayisten des 20. Jahrhunderts.

Stefan Zweig

Die großen Erzählungen

Herausgegeben und mit einem Nachwort
von Edda Ziegler

dtv

**Ausführliche Informationen über
unsere Autoren und Bücher
www.dtv.de**

MIX
Papier aus verantwortungsvollen Quellen
FSC® C019821
FSC
www.fsc.org

Originalausgabe 2013
2. Auflage 2017
dtv Verlagsgesellschaft mbH & Co. KG, München

Umschlagkonzept: Balk & Brumshagen
Umschlagbild: bridgemanart.com/Scottish National
Portrait Gallery, Edingburgh, Scottland
Gesetzt aus der Apollo MT
Satz: Bernd Schumacher, Obergriesbach
Druck: Druckerei C.H.Beck, Nördlingen
Gedruckt auf säurefreiem, chlorfrei gebleichtem Papier
Printed in Germany · ISBN 978-3-423-14236-6

Inhalt

Brennendes Geheimnis

Der Partner

Die Lokomotive schrie heiser auf: der Semmering war erreicht. Eine Minute rasteten die schwarzen Wagen im silbrigen Licht der Höhe, warfen paar bunte Menschen aus, schluckten andere ein, Stimmen gingen geärgert hin und her, dann schrie vorne wieder die heisere Maschine und riß die schwarze Kette rasselnd in die Höhle des Tunnels hinab. Rein ausgespannt, mit klaren, vom nassen Wind reingefegten Hintergründen lag wieder die hingebreitete Landschaft.

Einer der Angekommenen, jung, durch gute Kleidung und eine natürliche Elastizität des Schrittes sympathisch auffallend, nahm den andern rasch voraus einen Fiaker zum Hotel. Ohne Hast trappten die Pferde den ansteigenden Weg. Es lag Frühling in der Luft. Jene weißen, unruhigen Wolken flatterten am Himmel, die nur der Mai und der Juni hat, jene weißen, selbst noch jungen und flattrigen Gesellen, die spielend über die blaue Bahn rennen, um sich plötzlich hinter hohen Bergen zu verstecken, die sich umarmen und fliehen, sich bald wie Taschentücher zerknüllen, bald in Streifen zerfasern und schließlich im Schabernack den Bergen weiße Mützen aufsetzen. Unruhe war auch oben im Wind, der die mageren, noch vom Regen feuchten Bäume so unbändig schüttelte, daß sie leise in den Gelenken krachten und tausend Tropfen wie Funken von sich wegsprühten. Manchmal schien auch Duft vom Schnee kühl aus den Bergen herüberzukommen, dann spürte man im Atem etwas, das süß und scharf war zugleich. Alles in Luft und Erde war Bewegung und gärende Ungeduld. Leise schnaubend liefen die Pferde den jetzt niedersteigenden Weg, die Schellen klirrten ihnen weit voraus.

Im Hotel war der erste Weg des jungen Mannes zu der Liste der anwesenden Gäste, die er – bald enttäuscht – durchflog. ›Wozu bin ich eigentlich hier‹, begann es unruhig in ihm zu fragen. ›Allein hier auf dem Berg zu sein, ohne Gesellschaft, ist ärger als das Bureau. Offenbar bin ich zu früh gekommen oder zu spät. Ich habe nie Glück mit meinem Urlaub. Keinen einzigen bekannten Namen finde ich unter all den Leuten. Wenn wenigstens ein paar Frauen da wären, irgendein kleiner, im Notfall sogar argloser Flirt, um diese Woche nicht gar zu trostlos zu verbringen.‹ Der junge Mann, ein Baron von nicht sehr klangvollem österreichischem Beamtenadel, in der Statthalterei angestellt, hatte sich diesen kleinen Urlaub ohne jegliches Bedürfnis genommen, eigentlich nur, weil sich all seine Kollegen eine Frühjahrswoche durchgesetzt hatten und er die seine dem Dienst nicht schenken wollte. Er war, obwohl innerer Befähigung nicht entbehrend, eine durchaus gesellschaftliche Natur, als solche beliebt, in allen Kreisen gern gesehen und sich seiner Unfähigkeit zur Einsamkeit voll bewußt. In ihm war keine Neigung, sich selber allein gegenüberzustehen, und er vermied möglichst diese Begegnungen, weil er intimere Bekanntschaft mit sich selbst gar nicht wollte. Er wußte, daß er die Reibfläche von Menschen brauchte, um all seine Talente, die Wärme und den Übermut seines Herzens aufflammen zu lassen, und er allein frostig und sich selber nutzlos war, wie ein Zündholz in der Schachtel.

Verstimmt ging er in der leeren Hall auf und ab, bald unschlüssig in den Zeitungen blätternd, bald wieder im Musikzimmer am Klavier einen Walzer antastend, bei dem ihm aber der Rhythmus nicht recht in die Finger sprang. Schließlich setzte er sich verdrossen hin, sah hinaus, wie das Dunkel langsam niederfiel, der Nebel als Dampf grau aus den Fichten brach. Eine Stunde zerbröselte er so, nutzlos und nervös. Dann flüchtete er in den Speisesaal.

Dort waren erst ein paar Tische besetzt, die er alle mit eiligem Blick überflog. Vergeblich! Keine Bekannten, nur dort – er gab lässig einen Gruß zurück – ein Trainer, dort wieder ein Gesicht von der Ringstraße her, sonst nichts. Keine Frau, nichts, was ein auch flüchtiges Abenteuer versprach. Sein Mißmut wurde ungeduldiger. Er war einer jener jungen Menschen, deren hübschem Gesicht viel geglückt ist und in denen nun beständig alles für eine neue Begegnung, ein neues Erlebnis bereit ist, die immer gespannt sind, sich ins Unbekannte eines Abenteuers zu schnellen, die nichts überrascht, weil sie alles lauernd berechnet haben, die nichts Erotisches übersehen, weil schon ihr erster Blick jeder Frau in das Sinnliche greift, prüfend und ohne Unterschied, ob es die Gattin ihres Freundes ist oder das Stubenmädchen, das die Türe zu ihr öffnet. Wenn man solche Menschen mit einer gewissen leichtfertigen Verächtlichkeit Frauenjäger nennt, so geschieht es, ohne zu wissen, wieviel beobachtende Wahrheit in dem Worte versteinert ist, denn tatsächlich, alle leidenschaftlichen Instinkte der Jagd, das Aufspüren, die Erregtheit und die seelische Grausamkeit flackern in dem rastlosen Wachsein solcher Menschen. Sie sind beständig auf dem Anstand, immer bereit und entschlossen, die Spur eines Abenteuers bis hart an den Abgrund zu verfolgen. Sie sind immer geladen mit Leidenschaft, aber nicht der des Liebenden, sondern der des Spielers, der kalten, berechnenden und gefährlichen. Es gibt unter ihnen Beharrliche, denen weit über die Jugend hinaus das ganze Leben durch diese Erwartung zum ewigen Abenteuer wird, denen sich der einzelne Tag in hundert kleine, sinnliche Erlebnisse auflöst – ein Blick im Vorübergehen, ein weghuschendes Lächeln, ein im Gegenübersitzen gestreiftes Knie – und das Jahr wieder in hundert solcher Tage, für die das sinnliche Erlebnis ewig fließende, nährende und anfeuernde Quelle des Lebens ist.

Hier waren keine Partner zu einem Spiele, das übersah der Suchende sofort. Und keine Gereiztheit ist ärgerlicher als die des Spielers, der mit den Karten in der Hand im Bewußtsein seiner Überlegenheit vor dem grünen Tisch sitzt und vergeblich den Partner erwartet. Der Baron rief nach einer Zeitung. Mürrisch ließ er die Blicke über die Zeilen rinnen, aber seine Gedanken waren lahm und stolperten wie betrunken den Worten nach.

Da hörte er hinter sich ein Kleid rauschen und eine Stimme, leicht ärgerlich und mit affektiertem Akzent sagen: *»Mais tais-toi donc, Edgar!«*

An seinem Tisch knisterte im Vorüberschreiten ein seidenes Kleid, hoch und üppig schattete eine Gestalt vorbei und hinter ihr in einem schwarzen Samtanzug ein kleiner, blasser Bub, der ihn neugierig mit dem Blick anstreifte. Die beiden setzten sich gegenüber an den reservierten Tisch, das Kind sichtbar um eine Korrektheit bemüht, die der schwarzen Unruhe in seinen Augen zu widersprechen schien. Die Dame – und nur auf sie hatte der junge Baron acht – war sehr soigniert und mit sichtbarer Eleganz gekleidet, ein Typus überdies, den er sehr liebte, eine jener leicht üppigen Jüdinnen im Alter knapp vor der Überreife, offenbar auch leidenschaftlich, aber erfahren, ihr Temperament hinter einer vornehmen Melancholie zu verbergen. Er vermochte zunächst noch nicht in ihre Augen zu sehen und bewunderte nur die schön geschwungene Linie der Augenbrauen, rein über einer zarten Nase gerundet, die ihre Rasse zwar verriet, aber doch durch edle Form das Profil scharf und interessant machte. Die Haare waren, wie alles Weibliche an diesem vollen Körper, von einer auffallenden Üppigkeit, ihre Schönheit schien im sichern Selbstgefühl vieler Bewunderungen satt und prahlerisch geworden zu sein. Sie bestellte mit sehr leiser Stimme, wies den Buben, der mit der Gabel spielend klirrte, zurecht – all dies mit anscheinender Gleichgültigkeit gegen den vorsichtig anschleichenden Blick des Barons, den sie nicht zu bemerken schien, während es doch in Wirklichkeit nur seine rege Wachsamkeit war, die ihr diese gebändigte Sorgfalt aufzwang.

Das Dunkel im Gesichte des Barons war mit einem Male aufgehellt, unterirdisch belebend liefen die Nerven hin, strafften die Falten, rissen die Muskeln auf, daß seine Gestalt aufschnellte und Lichter in den Augen flackerten. Er war selber den Frauen nicht unähnlich, die erst die Gegenwart eines Mannes brauchen, um aus sich ihre ganze Gewalt herauszuholen. Erst ein sinnlicher Reiz spannte seine Energie zu voller Kraft. Der Jäger in ihm witterte hier eine Beute. Herausfordernd suchte sein Auge ihrem Blick zu begegnen, der ihn manchmal mit einer glitzernden Unbestimmtheit des Vorbeisehens kreuzte, nie aber blank eine klare Antwort bot. Auch um den Mund glaubte er manchmal ein Fließen wie von beginnendem Lächeln zu spüren, aber all dies war unsicher, und eben diese Unsicherheit erregte ihn. Das einzige, was ihm versprechend schien, war dieses stete Vorbeischauen, weil es Widerstand war und Befangenheit zugleich, und dann die merkwürdig sorgfältige, auf einen Zuschauer sichtlich eingestellte Art der Konversation mit dem Kinde. Eben das aufdringlich Vorgehaltene dieser Ruhe bedeutete, das fühlte er, ein erstes Beunruhigtsein. Auch er war erregt: das Spiel hatte begonnen. Er verzögerte sein Diner, hielt diese Frau eine halbe Stunde fast unablässig mit dem Blick fest, bis er jede Linie ihres Gesichtes nachgezeichnet, an jede Stelle ihres üppigen Körpers unsichtbar gerührt hatte. Draußen fiel drückend das Dunkel nieder, die Wälder seufzten in kindischer Furcht, als jetzt die großen Regenwolken graue Hände nach ihnen reckten, immer finstrer drängten die Schatten ins Zimmer hinein, immer mehr schienen die Menschen hier zusammengepreßt durch das Schweigen. Das Gespräch der Mutter mit ihrem Kinde wurde, das merkte er, unter der Drohung dieser Stille immer gezwungener, immer künstlicher, bald, fühlte er, würde es zu Ende sein. Da beschloß er eine Probe. Er stand als erster auf, ging langsam, mit einem langen Blick auf die Landschaft an ihr vorbeisehend, zur Türe. Dort zuckte er rasch, als hätte er etwas vergessen, mit dem Kopf herum. Und ertappte sie, wie sie ihm lebhaften Blickes nachsah.

Das reizte ihn. Er wartete in der Hall. Sie kam bald nach, den Buben an der Hand, blätterte im Vorübergehen unter den Zeitschriften, zeigte dem Kind ein paar Bilder. Aber als der Baron, wie zufällig, an den Tisch trat, anscheinend um auch eine Zeitschrift zu suchen, in Wahrheit, um tiefer in das feuchte Glitzern ihrer Augen zu dringen, vielleicht sogar ein Gespräch zu beginnen, wandte sie sich weg, klopfte ihrem Sohn leicht auf die Schulter: *»Viens, Edgar! Au lit!«* und rauschte kühl an ihm vorbei. Ein wenig enttäuscht, sah ihr der Baron nach. Er hatte eigentlich auf ein Bekanntwerden noch an diesem Abend gerechnet, und diese schroffe Art enttäuschte ihn. Aber schließlich, in diesem Widerstand war Reiz, und gerade das Unsichere entzündete seine Begier. Immerhin: er hatte seinen Partner, und ein Spiel konnte beginnen.

Rasche Freundschaft

Als der Baron am nächsten Morgen in die Hall trat, sah er dort das Kind der schönen Unbekannten in eifrigem Gespräch mit den beiden Liftboys, denen es Bilder in einem Buch von Karl May zeigte. Seine Mama war nicht zugegen, offenbar noch mit der Toilette beschäftigt. Jetzt erst besah sich der Baron den Buben. Es war ein scheuer, unentwikkelter nervöser Junge von etwa zwölf Jahren mit fahrigen Bewegungen und dunkel herumjagenden Augen. Er machte, wie Kinder in diesen Jahren so oft, den Eindruck von Verschrecktheit, gleichsam als ob er eben aus dem Schlaf gerissen und plötzlich in fremde Umgebung gestellt sei. Sein Gesicht war nicht unhübsch, aber noch ganz unentschieden, der Kampf des Männlichen mit dem Kindlichen schien eben erst einsetzen zu wollen, noch war alles darin nur wie geknetet und noch nicht geformt, nichts in reinen Linien ausgesprochen, nur blaß und unruhig gemengt. Überdies war er gerade in jenem unvorteilhaften Alter, wo Kinder nie in ihre Kleider passen, Ärmel und Hosen schlaff um die mageren Gelenke schlottern und noch keine Eitelkeit sie mahnt, auf ihr Äußeres zu wachen.

Der Junge machte hier, unschlüssig herumirrend, einen recht kläglichen Eindruck. Eigentlich stand er allen im Wege. Bald schob ihn der Portier beiseite, den er mit allerhand Fragen zu belästigen schien, bald störte er am Eingang; offenbar fehlte es ihm an freundschaftlichem Umgang. So suchte er in seinem kindlichen Schwatzbedürfnis sich an die Bediensteten des Hotels heranzumachen, die ihm, wenn sie gerade Zeit hatten, antworteten, das Gespräch aber sofort unterbrachen, wenn ein Erwachsener in Sicht kam oder etwas Vernünftiges getan werden mußte. Der Baron sah lächelnd und mit Interesse dem unglücklichen Buben zu, der auf alles mit Neugier schaute und dem alles unfreundlich entwich. Einmal faßte er einen dieser neugierigen Blicke fest an, aber die schwarzen Augen krochen sofort ängstlich in sich hinein, sobald er sie auf der Suche ertappte, und duckten sich hinter gesenkten Lidern. Das amüsierte den Baron. Der Bub begann ihn zu interessieren, und er fragte sich, ob ihm dieses Kind, das offenbar nur aus Furcht so scheu war, nicht als raschester Vermittler einer Annäherung dienen könnte. Immerhin: er wollte es versuchen. Unauffällig folgte er dem Buben, der eben wieder zur Türe hinauspendelte und in seinem kindischen Zärtlichkeitsbedürfnis die rosa Nüstern eines Schimmels liebkoste, bis ihn –er hatte wirklich kein Glück – auch hier der Kutscher ziemlich barsch wegwies. Gekränkt und gelangweilt stand er jetzt wieder herum mit seinem leeren und ein wenig traurigen Blick. Da sprach ihn der Baron an.

»Na, junger Mann, wie gefällts dir da?« setzte er plötzlich ein, bemüht, die Ansprache möglichst jovial zu halten.

Das Kind wurde feuerrot und starrte ängstlich auf. Es zog die Hand irgendwie in Furcht an sich und wand sich hin und her vor Verlegenheit. Das geschah ihm zum erstenmal, daß ein fremder Herr mit ihm ein Gespräch begann.

»Ich danke, gut«, konnte er gerade noch herausstammeln. Das letzte Wort war schon mehr gewürgt als gesprochen.

»Das wundert mich«, sagte der Baron lachend, »es ist doch eigentlich ein fader Ort, besonders für einen jungen Mann, wie du einer bist. Was treibst du denn den ganzen Tag?«

Der Bub war noch immer zu sehr verwirrt, um rasch zu antworten. War es wirklich möglich, daß dieser fremde elegante Herr mit ihm, um den sich sonst keiner kümmerte, ein Gespräch suchte? Der Gedanke machte ihn scheu und stolz zugleich. Mühsam raffte er sich zusammen.

»Ich lese, und dann, wir gehen viel spazieren. Manchmal fahren wir auch im Wagen, die Mama und ich. Ich soll mich hier erholen, ich war krank. Ich muß darum auch viel in der Sonne sitzen, hat der Arzt gesagt.«

Die letzten Worte sagte er schon ziemlich sicher. Kinder sind immer stolz auf eine Krankheit, weil sie wissen, daß Gefahr sie ihren Angehörigen doppelt wichtig macht.

»Ja, die Sonne ist schon gut für junge Herren, wie du einer bist, sie wird dich schon braun brennen. Aber du solltest doch nicht den ganzen Tag dasitzen. Ein Bursch wie du sollte herumlaufen, übermütig sein und auch ein bißchen

Unfug anstellen. Mir scheint, du bist zu brav, du siehst auch so aus wie ein Stubenhocker mit deinem großen dicken Buch unterm Arm. Wenn ich denke, was ich in deinem Alter für ein Galgenstrick war, jeden Abend bin ich mit zerrissenen Hosen nach Hause gekommen. Nur nicht zu brav sein!«

Unwillkürlich mußte das Kind lächeln, und das nahm ihm die Angst. Es hätte gern etwas erwidert, aber all dies schien ihm zu frech, zu selbstbewußt vor diesem lieben fremden Herrn, der so freundlich mit ihm sprach. Vorlaut war er nie gewesen und immer leicht verlegen, und so kam er jetzt vor Glück und Scham in die ärgste Verwirrung. Er hätte so gern das Gespräch fortgesetzt, aber es fiel ihm nichts ein. Glücklicherweise kam gerade der große gelbe Bernhardiner des Hotels vorbei, schnüffelte sie beide an und ließ sich willig liebkosen.

»Hast du Hunde gern?« fragte der Baron.

»O sehr, meine Großmama hat einen in ihrer Villa in Baden, und wenn wir dort wohnen, ist er immer den ganzen Tag mit mir. Das ist aber nur im Sommer, wenn wir dort zu Besuch sind.«

»Wir haben zu Hause, auf unserem Gut, ich glaube, zwei Dutzend. Wenn du hier brav bist, kriegst du einen von mir geschenkt. Einen braunen mit weißen Ohren, einen ganz jungen. Willst du?«

Das Kind errötete vor Vergnügen.

»O ja.«

Es fuhr ihm so heraus, heiß und gierig. Aber gleich hinterher stolperte, ängstlich und wie erschrocken, das Bedenken.

»Aber Mama wird es nicht erlauben. Sie sagt, sie duldet keinen Hund zu Hause. Sie machen zuviel Schererei.«

Der Baron lächelte. Endlich hielt das Gespräch bei der Mama.

»Ist die Mama so streng?«

Das Kind überlegte, blickte eine Sekunde zu ihm auf,

gleichsam fragend, ob man diesem fremden Herrn schon vertrauen dürfe. Die Antwort blieb vorsichtig.

»Nein, streng ist die Mama nicht. Jetzt, weil ich krank war, erlaubt sie mir alles. Vielleicht erlaubt sie mir sogar einen Hund.«

»Soll ich sie darum bitten?«

»Ja, bitte tun Sie das«, jubelte der Bub. »Dann wird es die Mama sicher erlauben. Und wie sieht er aus? Weiße Ohren hat er, nicht wahr? Kann er apportieren?«

»Ja, er kann alles.« Der Baron mußte lächeln über die heißen Funken, die er so rasch aus den Augen des Kindes geschlagen hatte. Mit einem Male war die anfängliche Befangenheit gebrochen, und die von der Angst zurückgehaltene Leidenschaftlichkeit sprudelte über. In blitzschneller Verwandlung war das scheue verängstigte Kind von früher ein ausgelassener Bub. ›Wenn nur die Mutter auch so wäre‹, dachte unwillkürlich der Baron, ›so heiß hinter ihrer Angst!‹ Aber schon sprang der Bub mit zwanzig Fragen an ihm hinauf:

»Wie heißt der Hund?«

»Karo.«

»Karo«, jubelte das Kind. Es mußte irgendwie lachen und jubeln über jedes Wort, ganz betrunken von dem unerwarteten Geschehen, daß sich jemand seiner in Freundlichkeit angenommen hatte. Der Baron staunte selbst über seinen raschen Erfolg und beschloß, das heiße Eisen zu schmieden. Er lud den Knaben ein, mit ihm ein bißchen spazierenzugehen, und der arme Bub, seit Wochen ausgehungert nach einem geselligen Beisammensein, war von diesem Vorschlag entzückt. Unbedacht plauderte er alles aus, was ihm sein neuer Freund mit kleinen, wie zufälligen Fragen entlockte. Bald wußte der Baron alles über die Familie, vor allem, daß Edgar der einzige Sohn eines Wiener Advokaten sei, offenbar aus der vermögenden jüdischen Bourgeoisie. Und durch geschickte Umfragen erkundete er rasch, daß die Mutter sich über den Aufenthalt am Semmering durchaus nicht entzückt geäußert und den Mangel an sympathischer Gesellschaft beklagt habe, ja er glaubte sogar, aus der ausweichenden Art, mit der Edgar die Frage beantwortete, ob die Mama den Papa sehr gern habe, entnehmen zu können, daß hier nicht alles zum besten stünde. Beinahe schämte er sich, wie leicht es ihm wurde, dem arglosen Buben all diese kleinen Familiengeheimnisse zu entlocken, denn Edgar, ganz stolz, daß irgend etwas von dem, was er zu erzählen hatte, einen Erwachsenen interessieren konnte, drängte sein Vertrauen dem neuen Freunde geradezu auf. Sein kindisches Herz klopfte vor Stolz – der Baron hatte im Spazierengehen ihm seinen Arm um die Schulter gelegt –, in solcher Intimität öffentlich mit einem Erwachsenen gesehen zu werden, und allmählich vergaß er seine eigene Kindheit, schnatterte frei und ungezwungen wie zu einem Gleichaltrigen. Edgar war, wie sein Gespräch zeigte, sehr klug, etwas frühreif wie die meisten kränklichen Kinder, die viel mit Erwachsenen beisammen waren, und von einer merkwürdig überreizten Leidenschaft der Zuneigung oder Feindlichkeit. Zu nichts schien er ein ruhiges Verhältnis zu haben, von jedem Menschen oder Ding sprach er entweder in Verzückung oder mit einem Hasse, der so heftig war, daß er sein Gesicht unangenehm verzerrte und es fast bösartig und häßlich machte. Etwas Wildes und Sprunghaftes, vielleicht noch bedingt durch die kürzlich überstandene Krankheit, gab seinen Reden fanatisches Feuer, und es schien, daß seine Linkischkeit nur mühsam unterdrückte Angst vor der eigenen Leidenschaft war.

Der Baron gewann mit Leichtigkeit sein Vertrauen. Eine halbe Stunde bloß, und er hatte dieses heiße und unruhig zuckende Herz in der Hand. Es ist ja so unsäglich leicht, Kinder zu betrügen, diese Arglosen, um deren Liebe so selten geworben wird. Er brauchte sich selbst nur in die Vergangenheit zu vergessen, und so natürlich, so ungezwungen wurde ihm das kindliche Gespräch, daß auch der Bub ihn ganz als seinesgleichen empfand und nach wenigen Minuten jedes Distanzgefühl verlor. Er war nur selig vor Glück, hier an diesem einsamen Ort plötzlich einen Freund gefunden zu haben, und welch einen Freund! Vergessen waren sie alle in Wien, die kleinen Jungen mit ihren dünnen Stimmen, ihrem unerfahrenen Geschwätz, wie weggeschwemmt waren ihre Bilder von dieser einen neuen Stunde! Seine ganze schwärmerische Leidenschaft gehörte jetzt diesem neuen, seinem großen Freunde, und sein Herz dehnte sich vor Stolz, als dieser ihn jetzt zum Abschied nochmals einlud, morgen vormittags wiederzukommen, und der neue Freund ihm nun zuwinkte von der Ferne, ganz wie ein Bruder. Diese Minute war vielleicht die schönste seines Lebens. Es ist so leicht, Kinder zu betrügen. – Der Baron lächelte dem Davonstürmenden nach. Der Vermittler war nun gewonnen. Der Bub würde jetzt, das wußte er, seine Mutter mit Erzählungen bis zur Erschöpfung quälen, jedes einzelne Wort wiederholen – und dabei erinnerte er sich mit Vergnügen, wie geschickt er einige Komplimente an ihre Adresse eingeflochten, wie er immer nur von Edgars »schöner Mama« gesprochen hatte. Es war ausgemachte Sache für ihn, daß der mitteilsame Knabe nicht früher ruhen würde, ehe er seine Mama und ihn zusammengeführt hätte. Er selbst brauchte nun keinen Finger zu rühren, um die Distanz zwischen sich und der schönen Unbekannten zu verringern, konnte nun ruhig träumen und die Landschaft überschauen, denn er wußte, ein paar heiße Kinderhände bauten ihm die Brücke zu ihrem Herzen.

Terzett

Der Plan war, wie sich eine Stunde später erwies, vortrefflich und bis in die letzten Einzelheiten gelungen. Als der junge Baron, mit Absicht etwas verspätet, den Speisesaal betrat, zuckte Edgar vom Sessel auf, grüßte eifrig mit einem beglückten Lächeln und winkte ihm zu. Gleichzeitig zupfte er seine Mutter am Ärmel, sprach hastig und erregt auf sie ein, mit auffälligen Gesten gegen den Baron hindeutend. Sie verwies ihm geniert und errötend sein allzu reges Benehmen, konnte es aber doch nicht vermeiden, einmal hinüberzusehen, um dem Buben seinen Willen zu tun, was der Baron sofort zum Anlaß einer respektvollen Verbeugung nahm. Die Bekanntschaft war gemacht. Sie mußte danken, beugte aber von nun ab das Gesicht tiefer über den Teller und vermied sorgfältig während des ganzen Diners, nochmals hinüberzublicken. Anders Edgar, der unablässig hinguckte, einmal sogar versuchte hinüberzusprechen, eine Unstatthaftigkeit, die ihm sofort von seiner Mutter energisch verwiesen wurde. Nach Tisch wurde ihm bedeutet, daß er schlafen zu gehen habe, und ein emsiges Wispern begann zwischen ihm und seiner Mama, dessen Endresultat war, daß es seinen heißen Bitten verstattet wurde, zum andern Tisch hinüberzugehen und sich bei seinem Freund zu empfehlen. Der Baron sagte ihm ein paar herzliche Worte, die wieder die Augen des Kindes zum Flackern brachten, plauderte mit ihm ein paar Minuten. Plötzlich aber, mit einer geschickten Wendung, drehte er sich, aufstehend, zum andern Tisch hinüber, beglückwünschte die etwas verwirrte Nachbarin zu ihrem klugen, aufgeweckten Sohn, rühmte den Vormittag, den er so vortrefflich mit ihm verbracht hatte – Edgar stand dabei, rot vor Freude und Stolz –, und erkundigte sich schließlich nach seiner Gesundheit so ausführlich und mit so viel Einzelfragen, daß die Mutter zur Antwort gezwungen war. Und so gerieten sie unaufhaltsam in ein längeres Gespräch, dem der Bub beglückt und mit einer Art Ehrfurcht lauschte. Der Baron stellte sich vor und glaubte zu bemerken, daß sein klingender Name auf die Eitle einen gewissen Eindruck machte.

Jedenfalls war sie von außerordentlicher Zuvorkommenheit gegen ihn, wiewohl sie sich nichts vergab und sogar frühen Abschied nahm, des Buben halber, wie sie entschuldigend beifügte.

Der protestierte heftig, er sei nicht müde und gerne bereit, die ganze Nacht aufzubleiben. Aber schon hatte seine Mutter dem Baron die Hand geboten, der sie respektvoll küßte.

Edgar schlief schlecht in dieser Nacht. Es war eine Wirrnis in ihm von Glückseligkeit und kindischer Verzweiflung. Denn heute war etwas Neues in seinem Leben geschehn. Zum ersten Male hatte er in die Schicksale von Erwachsenen eingegriffen. Er vergaß, schon im Halbtraum, seine eigene Kindheit und dünkte sich mit einem Male groß. Bisher hatte er, einsam erzogen und oft kränklich, wenig Freunde gehabt. Für all sein Zärtlichkeitsbedürfnis war niemand dagewesen als die Eltern, die sich wenig um ihn kümmerten, und die Dienstboten. Und die Gewalt einer Liebe wird immer falsch bemessen, wenn man sie nur nach ihrem Anlaß wertet und nicht nach der Spannung, die ihr vorausgeht, jenem hohlen, dunkeln Raum von Enttäuschung und Einsamkeit, der vor allen großen Ereignissen des Herzens liegt. Ein überschweres, ein unverbrauchtes Gefühl hatte hier gewartet und stürzte nun mit ausgebreiteten Armen dem ersten entgegen, der es zu verdienen schien. Edgar lag im Dunkeln, beglückt und verwirrt, er wollte lachen und mußte weinen. Denn er liebte diesen Menschen, wie er nie einen Freund, nie Vater und Mutter und nicht einmal Gott geliebt hatte. Die ganze unreife Leidenschaft seiner früheren Jahre umklammerte das Bild dieses Menschen, dessen Namen er vor zwei Stunden noch nicht gekannt hatte.

Aber er war doch klug genug, um durch das Unerwartete und Eigenartige dieser neuen Freundschaft nicht bedrängt zu sein. Was ihn so sehr verwirrte, war das Gefühl seiner Unwertigkeit, seiner Nichtigkeit. ›Bin ich denn seiner würdig, ich, ein kleiner Bub, zwölf Jahre alt, der noch die Schule vor sich hat, der abends vor allen andern ins Bett geschickt wird?‹ quälte er sich ab. ›Was kann ich ihm sein, was kann ich ihm bieten?‹ Gerade dieses qualvoll empfundene Unvermögen, irgendwie sein Gefühl zeigen zu können, machte ihn unglücklich. Sonst, wenn er einen Kameraden liebgewonnen hatte, war es sein Erstes, die paar kleinen Kostbarkeiten seines Pultes, Briefmarken und Steine, den kindischen Besitz der Kindheit, mit ihm zu teilen, aber all diese Dinge, die ihm gestern noch von hoher Bedeutung und seltenem Reiz waren, schienen ihm mit einem Male entwertet, läppisch und verächtlich. Denn wie konnte er derlei diesem neuen Freunde bieten, dem er nicht einmal wagen durfte, das Du zu erwidern; wo war ein Weg, eine Möglichkeit, seine Gefühle zu verraten? Immer mehr und mehr empfand er die Qual, klein zu sein, etwas Halbes, Unreifes, ein Kind von zwölf Jahren, und noch nie hatte er so stürmisch das Kindsein verflucht, so herzlich sich gesehnt, anders aufzuwachen, so wie er sich träumte: groß und stark, ein Mann, ein Erwachsener wie die andern.

In diese unruhigen Gedanken flochten sich rasch die ersten farbigen Träume von dieser neuen Welt des Mannseins. Edgar schlief endlich mit einem Lächeln ein, aber doch, die Erinnerung der morgigen Verabredung unterhöhlte seinen Schlaf. Er schreckte schon um sieben Uhr mit der Angst auf, zu spät zu kommen. Hastig zog er sich an, begrüßte die erstaunte Mutter, die ihn sonst nur mit Mühe aus dem Bett bringen konnte, in ihrem Zimmer und stürmte, ehe sie weitere Fragen stellen konnte, hinab. Bis neun Uhr trieb er sich ungeduldig umher, vergaß sein Frühstück, einzig besorgt, den Freund für den Spaziergang nicht lange warten zu lassen.

Um halb zehn kam endlich der Baron sorglos angeschlendert. Er hatte natürlich längst die Verabredung vergessen, jetzt aber, da der Knabe gierig auf ihn losschnellte, mußte er lächeln über so viel Leidenschaft und zeigte sich bereit, sein Versprechen einzuhalten. Er nahm den Buben wieder unterm Arm, ging mit dem Strahlenden auf und nieder, nur daß er sanft, aber nachdrücklich abwehrte, schon jetzt den gemeinsamen Spaziergang zu beginnen. Er schien auf irgend etwas zu warten, wenigstens deutete darauf sein nervös die Türen abgreifender Blick. Plötzlich straffte er sich empor. Edgars Mama war hereingetreten und kam, den Gruß erwidernd, freundlich auf beide zu. Sie lächelte zustimmend, als sie von dem beabsichtigten Spaziergang vernahm, den ihr Edgar als etwas zu Kostbares verschwiegen hatte, ließ sich aber rasch von der Einladung des Barons zum Mitgehen bestimmen.

Edgar wurde sofort mürrisch und biß die Lippen. Wie ärgerlich, daß sie gerade jetzt vorbeikommen mußte! Dieser Spaziergang hatte doch ihm allein gehört, und wenn er seinen Freund auch der Mama vorgestellt hatte, so war das nur eine Liebenswürdigkeit von ihm gewesen, aber teilen wollte er ihn deshalb nicht. Schon regte sich in ihm etwas wie Eifersucht, als er die Freundlichkeit des Barons zu seiner Mutter bemerkte.

Sie gingen dann zu dritt spazieren, und das gefährliche Gefühl seiner Wichtigkeit und plötzlichen Bedeutsamkeit wurde in dem Kinde noch genährt durch das auffällige Interesse, das beide ihm widmeten. Edgar war fast ausschließlich Gegenstand der Konversation, indem sich die Mutter mit etwas erheuchelter Besorgnis über seine Blässe und Nervosität aussprach, während der Baron wieder dies lächelnd abwehrte und sich rühmend über die nette Art seines »Freundes«, wie er ihn nannte, erging. Es war Edgars schönste Stunde. Er hatte Rechte, die ihm niemals im Laufe seiner Kindheit zugestanden worden waren. Er durfte mitreden, ohne sofort zur Ruhe verwiesen zu werden, sogar allerhand vorlaute Wünsche äußern, die ihm bislang übel aufgenommen worden wären. Und es war nicht verwunderlich, daß in ihm das trügerische Gefühl üppig wuchernd wuchs, daß er ein Erwachsener sei. Schon lag die Kindheit in seinen hellen Träumen hinter ihm, wie ein weggeworfenes entwachsenes Kleid.

Mittag saß der Baron, der Einladung der immer freundlicheren Mutter Edgars folgend, an ihrem Tisch. Aus dem Vis-à-vis war ein Nebeneinander geworden, aus der Bekanntschaft eine Freundschaft. Das Terzett war im Gang, und die drei Stimmen der Frau, des Mannes und des Kindes klangen rein zusammen.

Angriff

Nun schien es dem ungeduldigen Jäger an der Zeit, sein Wild anzuschleichen. Das Familiäre, der Dreiklang in dieser Angelegenheit mißfiel ihm. Es war ja ganz nett, so zu dritt zu plaudern, aber schließlich, Plaudern war nicht seine Absicht. Und er wußte, daß das Gesellschaftliche mit dem Maskenspiel seiner Begehrlichkeit das Erotische zwischen Mann und Frau immer retardiert, den Worten die Glut, dem Angriff sein Feuer nimmt. Sie sollte über der Konversation nie seine eigentliche Absicht vergessen, die er – dessen war er sicher – von ihr bereits verstanden wußte.

Daß sein Bemühen bei dieser Frau nicht vergeblich sein würde, hatte viel Wahrscheinlichkeiten. Sie war in jenen entscheidenden Jahren, wo eine Frau zu bereuen beginnt, einem eigentlich nie geliebten Gatten treu geblieben zu sein, und wo der purpurne Sonnenuntergang ihrer Schönheit ihr noch eine letzte dringlichste Wahl zwischen dem Mütterlichen und dem Weiblichen gewährt. Das Leben, das schon längst beantwortet schien, wird in dieser Minute noch einmal zur Frage, zum letzten Male zittert die magnetische Nadel des Willens zwischen der Hoffnung auf erotisches Erleben und der endgültigen Resignation. Eine Frau hat dann die gefährliche Entscheidung, ihr eigenes Schicksal oder das ihrer Kinder zu leben, Frau oder Mutter zu sein. Und der Baron, scharfsichtig in diesen Dingen, glaubte bei ihr gerade dieses gefährliche Schwanken zwischen Lebensglut und Aufopferung zu bemerken. Sie vergaß beständig im Gespräch, ihren Gatten zu erwähnen, der offenbar nur ihren äußeren Bedürfnissen, nicht aber ihren durch vornehme Lebensführung gereizten Snobismus zu befriedigen schien, und wußte innerlich eigentlich herzlich wenig von ihrem Kinde. Ein Schatten von Langeweile, als Melancholie in den dunklen Augen verschleiert, lag über ihrem Leben und verdunkelte ihre Sinnlichkeit. Der Baron beschloß, rasch vorzugehen, aber gleichzeitig jeden Anschein von Eile zu vermeiden. Im Gegenteil, er wollte, wie der Angler den Haken lockend zurückzieht, dieser neuen Freundschaft seinerseits äußerliche Gleichgültigkeit entgegensetzen, wollte um sich werben lassen, während er doch in Wahrheit der Werbende war. Er nahm sich vor, einen gewissen Hochmut zu outrieren, den Unterschied ihres sozialen Standes scharf herauszukehren, und der Gedanke reizte ihn, nur durch das Betonen seines Hochmutes, durch ein Äußeres, durch einen klingenden aristokratischen Namen und kalte Manieren diesen üppigen, vollen, schönen Körper gewinnen zu können.

Das heiße Spiel begann ihn schon zu erregen, und darum zwang er sich zur Vorsicht. Den Nachmittag verblieb er in seinem Zimmer mit dem angenehmen Bewußtsein, gesucht und vermißt zu werden. Aber diese Abwesenheit wurde nicht so sehr von ihr bemerkt, gegen die sie eigentlich gezielt war, sondern gestaltete sich für den armen Buben zur Qual. Edgar fühlte sich den ganzen Nachmittag unendlich hilflos und verloren; mit der Knaben eigenen hartnäckigen Treue wartete er die ganzen langen Stunden unablässig auf seinen

Freund. Es wäre ihm wie ein Vergehen gegen die Freundschaft erschienen, wegzugehen oder irgend etwas allein zu tun. Unnütz trollte er sich in den Gängen herum, und je später es wurde, um so mehr füllte sich sein Herz mit Unglück an. In der Unruhe seiner Phantasie träumte er schon von einem Unfall oder einer unbewußt zugefügten Beleidigung und war schon nahe daran, zu weinen vor Ungeduld und Angst.

Als der Baron dann abends zu Tisch kam, wurde er glänzend empfangen. Edgar sprang, ohne auf den abmahnenden Ruf seiner Mutter und das Erstaunen der anderen Leute zu achten, ihm entgegen, umfaßte stürmisch seine Brust mit den mageren Ärmchen. »Wo waren Sie? Wo sind Sie gewesen?« rief er hastig. »Wir haben Sie überall gesucht.« Die Mutter errötete bei dieser unwillkommenen Einbeziehung und sagte ziemlich hart: *»Sois sage, Edgar! Assieds-toi!«* (Sie sprach nämlich immer französisch mit ihm, obwohl ihr diese Sprache gar nicht so sehr selbstverständlich war und sie bei umständlichen Erläuterungen leicht auf Sand geriet.) Edgar gehorchte, ließ aber nicht ab, den Baron auszufragen. »Aber vergiß doch nicht, daß der Herr Baron tun kann, was er will. Vielleicht langweilt ihn unsere Gesellschaft.« Diesmal bezog sie sich selber ein, und der Baron fühlte mit Freude, wie dieser Vorwurf um ein Kompliment warb.

Der Jäger in ihm wachte auf. Er war berauscht, erregt, so rasch hier die richtige Fährte gefunden zu haben, das Wild ganz nahe vor dem Schuß nun zu fühlen. Seine Augen glänzten, das Blut flog ihm leicht durch die Adern, die Rede sprudelte ihm, er wußte selbst nicht wie, von den Lippen. Er war, wie jeder stark erotisch veranlagte Mensch, doppelt so gut, doppelt er selbst, wenn er wußte, daß er Frauen gefiel, so wie manche Schauspieler erst feurig werden, wenn sie die Hörer, die atmende Masse vor ihnen ganz im Bann spüren. Er war immer ein guter, mit sinnlichen Bildern begabter Erzähler gewesen, aber heute – er trank ein paar Gläser Champagner dazwischen, den er zu Ehren der neuen Freundschaft bestellt hatte – übertraf er sich selbst. Er erzählte von indischen Jagden, denen er als Gastfreund eines hohen aristokratischen englischen Freundes beigewohnt hatte, klug dies Thema wählend, weil es indifferent war und er anderseits spürte, wie alles Exotische und für sie Unerreichbare diese Frau erregte. Wen er aber damit bezauberte, das war vor allem Edgar, dessen Augen vor Begeisterung flammten. Er vergaß zu essen, zu trinken und starrte dem Erzähler die Worte von den Lippen weg. Nie hatte er gehofft, einen Menschen wirklich zu sehen, der diese ungeheuren Dinge erlebt hatte, von denen er in seinen Büchern las, die Tigerjagden, die braunen Menschen, die Hindus und das Dschaggernat, das furchtbare Rad, das tausend Menschen unter seinen Speichen begrub. Bislang hatte er nie daran gedacht, daß es solche Menschen wirklich gäbe, so wenig wie er die Länder der Märchen glaubte, und diese Sekunde sprengte in ihm irgendein großes Gefühl zum ersten Male auf. Er konnte den Blick von seinem Freunde nicht wenden, starrte mit gepreßtem Atem auf die Hände da hart vor ihm, die einen Tiger getötet hatten. Kaum wagte er etwas zu fragen, und dann klang seine Stimme fiebrig erregt. Seine rasche Phantasie zauberte ihm immer das Bild zu den Erzählungen herauf, er sah den Freund hoch auf einem Elefanten mit purpurner Schabracke, braune Männer rechts und links mit kostbaren Turbans und dann plötzlich den Tiger, der mit seinen gebleckten Zähnen aus dem Dschungel vorsprang und dem Elefanten die Pranke in den Rüssel schlug. Jetzt erzählte der Baron noch Interessanteres, wie listig man Elefanten fing, indem man durch alte, gezähmte Tiere die jungen, wilden und übermütigen in die Verschläge locken ließ: die Augen des Kindes sprühten Feuer. Da sagte – ihm war, als fiele plötzlich ein Messer vor ihm nieder – die Mama plötzlich, mit einem Blick auf die Uhr: *»Neuf heures! Au lit!«*

Edgar wurde blaß vor Schreck. Für alle Kinder ist das Zu-Bette-geschickt-Werden ein furchtbares Wort, weil es für sie die offenkundigste Demütigung vor den Erwachsenen ist, das Eingeständnis, das Stigma der Kindheit, des Kleinseins, der kindischen Schlafbedürftigkeit. Aber wie furchtbar war solche Schmach in diesem interessantesten Augenblick, da sie ihn solche unerhörte Dinge versäumen ließ.

»Nur das eine noch, Mama, das von den Elefanten, nur das laß mich hören!«

Er wollte zu betteln beginnen, besann sich aber rasch auf seine neue Würde als Erwachsener. Einen einzigen Versuch wagte er bloß. Aber seine Mutter war heute merkwürdig streng. »Nein, es ist schon spät. Geh nur hinauf! *Sois sage, Edgar.* Ich erzähl dir schon alle die Geschichten des Herrn Barons genau wieder.«

Edgar zögerte. Sonst begleitete ihn seine Mutter immer zu Bette. Aber er wollte nicht betteln vor dem Freunde. Sein kindischer Stolz wollte diesem kläglichen Abgang noch einen Schein von Freiwilligkeit retten.

»Aber wirklich, Mama, du erzählst mir alles, alles! Das von den Elefanten und alles andere!«

»Ja, mein Kind.«

»Und sofort! Noch heute!«

»Ja, ja, aber jetzt geh nur schlafen. Geh!«

Edgar bewunderte sich selbst, daß es ihm gelang, dem Baron und seiner Mama die Hand zu reichen, ohne zu erröten, obschon das Schluchzen ihm schon ganz hoch in der Kehle saß. Der Baron beutelte ihm freundschaftlich den Schopf, das zwang noch ein Lächeln über sein gespanntes Gesicht. Aber dann mußte er rasch zur Türe eilen, sonst hätten sie gesehen, wie ihm die dicken Tränen über die Wangen liefen.

Die Mutter blieb noch eine Zeitlang unten mit dem Baron bei Tisch, aber sie sprachen nicht von Elefanten und Jagden mehr. Eine leise Schwüle, eine rasch auffliegende Verlegenheit kam in ihr Gespräch, seit der Bub sie verlassen hatte. Schließlich gingen sie hinüber in die Hall und setzten sich in eine Ecke. Der Baron war blendender als je, sie selbst leicht befeuert durch die paar Glas Champagner, und so nahm die Konversation rasch einen gefährlichen Charakter an. Der Baron war eigentlich nicht hübsch zu nennen, er war nur jung und blickte sehr männlich aus seinem dunkelbraunen energischen Bubengesicht mit dem kurzgeschorenen Haar und entzückte sie durch die frischen, fast ungezogenen Bewegungen. Sie sah ihn gern jetzt von der Nähe und fürchtete auch nicht mehr seinen Blick. Doch allmählich schlich sich in seine Reden eine Kühnheit, die sie leicht verwirrte, etwas, das wie Greifen an ihrem Körper war, ein Betasten und wieder Lassen, irgendein unfaßbar Begehrliches, das ihr das Blut in die Wangen trieb. Aber dann lachte er wieder leicht, ungezwungen, knabenhaft, und das gab all den kleinen Begehrlichkeiten den losen Schein kindlicher Scherze. Manchmal war ihr, als müßte sie ein Wort schroff zurückweisen, aber kokett von Natur, wurde sie durch diese kleinen Lüsternheiten nur gereizt, mehr abzuwarten. Und hingerissen von dem verwegenen Spiel versuchte sie am Ende sogar, ihm nachzutun. Sie warf kleine, flatternde Versprechungen auf den Blicken hinüber, gab sich in Worten und Bewegungen schon hin, duldete sogar sein Heranrücken, die Nähe dieser Stimme, deren Atem sie manchmal warm und zuckend an den Schultern spürte. Wie alle Spieler vergaßen sie die Zeit und verloren sich so gänzlich in dem heißen Gespräch, daß sie erst aufschreckten, als die Hall sich um Mitternacht abzudunkeln begann.

Sie sprang sofort empor, dem ersten Erschrecken gehorchend, und fühlte mit einem Male, wie verwegen weit sie sich vorgewagt hatte. Ihr war sonst das Spiel mit dem Feuer nicht fremd, aber jetzt spürte ihr aufgereizter Instinkt, wie nahe dieses Spiel schon dem Ernste war. Mit Schauern entdeckte sie, daß sie sich nicht mehr ganz sicher fühlte, daß irgend etwas in ihr zu gleiten begann und sich beängstigend dem Wirbel zudrehte. Im Kopf wogte alles in einem Wirbel von Angst, von Wein und heißen Reden, eine dumme, sinnlose Angst überfiel sie, jene Angst, die sie schon einige Male in ihrem Leben in solchen gefährlichen Sekunden gekannt hatte, aber nie so schwindelnd und gewalttätig. »Gute Nacht, gute Nacht. Auf morgen früh«, sagte sie hastig und wollte entlaufen. Entlaufen nicht ihm so sehr wie der Gefahr dieser Minute und einer neuen, fremdartigen Unsicherheit in sich selbst. Aber der Baron hielt die dargebotene Abschiedshand mit sanfter Gewalt, küßte sie, und nicht nur in Korrektheit ein einziges Mal, sondern vier- oder fünfmal mit den Lippen von den feinen Fingerspitzen bis hinauf zum Handgelenk, zitternd, wobei sie mit einem leichten Frösteln seinen rauhen Schnurrbart über den Handrücken kitzeln fühlte. Irgendein warmes und beklemmendes Gefühl flog von dort mit dem Blut durch den ganzen Körper, Angst schoß heiß empor, hämmerte drohend an die Schläfen, ihr Kopf glühte, die Angst, die sinnlose Angst zuckte jetzt durch ihren ganzen Körper, und sie entzog ihm rasch die Hand.

»Bleiben Sie doch noch«, flüsterte der Baron. Aber schon eilte sie fort mit einer Ungelenkigkeit der Hast, die ihre Angst und Verwirrung augenfällig machte. In ihr war jetzt die Erregtheit, die der andere wollte, sie fühlte, wie alles in ihr verworren war. Die grausam brennende Angst jagte sie, der Mann hinter ihr möchte ihr folgen und sie fassen, gleichzeitig aber, noch im Entspringen, spürte sie schon ein Bedauern, daß er es nicht tat. In dieser Stunde hätte das geschehen können, was sie seit Jahren unbewußt ersehnte, das Abenteuer, dessen nahen Hauch sie wollüstig liebte, um ihm bisher immer im letzten Augenblick zu entweichen, das große und gefährliche, nicht nur der flüchtige, aufreizende Flirt. Aber der Baron war zu stolz, einer günstigen Sekunde nachzulaufen. Er war seines Sieges zu gewiß, um diese Frau räuberisch in einer schwachen, weintrunkenen Minute zu nehmen, im Gegenteil, den fairen Spieler reizte nur der Kampf und die Hingabe bei vollem Bewußtsein. Entrinnen konnte sie ihm nicht. Ihr zuckte, das merkte er, das heiße Gift schon in den Adern.

Oben auf der Treppe blieb sie stehen, die Hand an das keuchende Herz gepreßt. Sie mußte ausruhen eine Sekunde. Ihre Nerven versagten. Ein Seufzer brach aus der Brust, halb Beruhigung, einer Gefahr entronnen zu sein, halb Bedauern; aber das alles war verworren und wirrte im Blut nur als leises Schwindligsein weiter. Mit halbgeschlossenen Augen, wie eine Betrunkene, tappte sie weiter zu ihrer Türe und atmete auf, da sie jetzt die kühle Klinke faßte. Jetzt empfand sie sich erst in Sicherheit!

Leise bog sie die Türe ins Zimmer. Und schrak schon zurück in der nächsten Sekunde. Irgend etwas hatte sich gerührt in dem Zimmer, ganz rückwärts im Dunkeln. Ihre erregten Nerven zuckten grell, schon wollte sie um Hilfe schreien, da kam es leise von drinnen, mit ganz schlaftrunkener Stimme: »Bist du es, Mama?«

»Um Gottes willen, was machst du da?« Sie stürzte hin zum Divan, wo Edgar zusammengeknüllt lag und sich eben vom Schlafe aufraffte. Ihr erster Gedanke war, das Kind müsse krank sein oder Hilfe bedürftig.

Aber Edgar sagte, ganz verschlafen noch und mit leisem Vorwurf: »Ich habe so lange auf dich gewartet, und dann bin ich eingeschlafen.«

»Warum denn?«

»Wegen der Elefanten.«

»Was für Elefanten?«

Jetzt erst begriff sie. Sie hatte ja dem Kinde versprochen, alles zu erzählen, heute noch, von der Jagd und den Abenteuern. Und da hatte sich dieser Bub auf ihr Zimmer geschlichen, dieser einfältige, kindische Bub, und im sicheren Vertrauen gewartet, bis sie kam, und war darüber eingeschlafen. Die Extravaganz empörte sie. Oder eigentlich, sie fühlte Zorn gegen sich selbst, ein leises Raunen von Schuld und Scham, das sie überschreien wollte. »Geh sofort zu Bett, du ungezogener Fratz«, schrie sie ihn an. Edgar staunte ihr entgegen. Warum war sie so zornig mit ihm, er hatte doch nichts getan? Aber diese Verwunderung reizte die schon Aufgeregte noch mehr. »Geh sofort in dein Zimmer«, schrie sie wütend, weil sie fühlte, daß sie ihm unrecht tat. Edgar ging ohne ein Wort. Er war eigentlich furchtbar müde und spürte nur stumpf durch den drückenden Nebel von Schlaf, daß seine Mutter ein Versprechen nicht gehalten hatte und daß man in irgendeiner Weise gegen ihn schlecht war. Aber er revoltierte nicht. In ihm war alles stumpf durch die Müdigkeit; und dann, er ärgerte sich sehr, hier oben eingeschlafen zu sein, statt wach zu warten. »Ganz wie ein kleines Kind«, sagte er empört zu sich selber, ehe er wieder in Schlaf fiel.

Denn seit gestern haßte er seine eigene Kindheit.

Geplänkel

Der Baron hatte schlecht geschlafen. Es ist immer gefährlich, nach einem abgebrochenen Abenteuer zu Bette zu gehen: eine unruhige, von schwülen Träumen gefährdete Nacht ließ es ihn bald bereuen, die Minute nicht mit hartem Griff gepackt zu haben. Als er morgens, noch von Schlaf und Mißmut umwölkt, hinunterkam, sprang ihm der Knabe aus einem Versteck entgegen, schloß ihn begeistert in die Arme und begann ihn mit tausend Fragen zu quälen. Er war glücklich, seinen großen Freund wieder eine Minute für sich zu haben und nicht mit der Mama teilen zu müssen. Nur ihm sollte er erzählen, nicht mehr Mama, bestürmte er ihn, denn die hätte, trotz ihres Versprechens, ihm nichts von all den wunderbaren Dingen wiedergesagt. Er überschüttete den unangenehm Aufgeschreckten, der seine Mißlaune nur schlecht verbarg, mit hundert kindischen Belästigungen. In diese Fragen mengte er überdies stürmische Bezeugungen seiner Liebe, glückselig, wieder mit dem Langgesuchten und seit frühmorgens Erwarteten allein zu sein.

Der Baron antwortete unwirsch. Dieses ewige Auflauern des Kindes, die Läppischkeit der Fragen, wie überhaupt die unbegehrte Leidenschaft begann ihn zu langweilen. Er war müde, nun tagaus, tagein mit einem zwölfjährigen Buben herumzuziehen und mit ihm Unsinn zu schwatzen. Ihm lag jetzt nur daran, die Mutter allein zu fassen, was eben durch des Kindes unerwünschte Anwesenheit zum Problem wurde. Ein erstes Unbehagen vor dieser unvorsichtig geweckten Zärtlichkeit bemächtigte sich seiner, denn vorläufig sah er keine Möglichkeit, den allzu anhänglichen Freund loszuwerden.

Immerhin: es kam auf den Versuch an. Bis zehn Uhr, der Stunde, die er mit der Mutter zum Spaziergang verabredet hatte, ließ er das eifrige Gerede des Buben achtlos über sich hinplätschern, warf hin und wieder einen Brocken Gespräch hin, um ihn nicht zu beleidigen, durchblätterte aber gleichzeitig die Zeitung. Endlich, als der Zeiger fast senkrecht stand, bat er Edgar, wie sich plötzlich erinnernd, für ihn ins andere Hotel bloß einen Augenblick hinüberzugehen, um dort nachzufragen, ob der Graf Grundheim, sein Vetter, schon angekommen sei.

Das arglose Kind, glückselig, endlich einmal seinem Freund

mit etwas dienlich sein zu können, stolz auf seine Würde als Bote, sprang sofort weg und stürmte so toll den Weg hin, daß die Leute ihm verwundert nachstarrten. Aber ihm war gelegen, zu zeigen, wie flink er war, wenn man ihm Botschaften vertraute. Der Graf war, so sagte man ihm dort, noch nicht eingetroffen, ja zur Stunde gar nicht angemeldet. Diese Nachricht brachte er in neuerlichem Sturmschritt zurück. Aber in der Hall war der Baron nicht mehr zu finden. So klopfte er an seine Zimmertür – vergeblich! Beunruhigt rannte er alle Räume ab, das Musikzimmer und das Kaffeehaus, stürmte aufgeregt zu seiner Mama, um Erkundigungen einzuziehen: auch sie war fort. Der Portier, an den er sich schließlich ganz verzweifelt wandte, sagte ihm zu seiner Verblüffung, sie seien beide vor einigen Minuten gemeinsam weggegangen!

Edgar wartete geduldig. Seine Arglosigkeit vermutete nichts Böses. Sie konnten ja nur eine kurze Weile wegbleiben, dessen war er sicher, denn der Baron brauchte ja seinen Bescheid. Aber die Zeit streckte breit ihre Stunden, Unruhe schlich sich an ihn heran. Überhaupt, seit dem Tage, da sich dieser fremde, verführerische Mensch in sein kleines, argloses Leben gemengt hatte, war das Kind den ganzen Tag angespannt, gehetzt und verwirrt. In einen so feinen Organismus wie den der Kinder drückt jede Leidenschaft wie in weiches Wachs ihre Spuren. Das nervöse Zittern der Augenlider trat wieder auf, schon sah er blässer aus. Edgar wartete und wartete, geduldig zuerst, dann wild erregt und schließlich schon dem Weinen nah. Aber argwöhnisch war er noch immer nicht. Sein blindes Vertrauen in diesen wundervollen Freund vermutete ein Mißverständnis, und geheime Angst quälte ihn, er mochte vielleicht den Auftrag falsch verstanden haben.

Wie seltsam aber war erst dies, daß sie jetzt, da sie endlich zurückkamen, heiter plaudernd blieben und gar keine Verwunderung bezeigten. Es schien, als hätten sie ihn gar nicht sonderlich vermißt: »Wir sind dir entgegengegangen, weil wir hofften, dich am Weg zu treffen, Edi«, sagte der Baron, ohne sich nach dem Auftrag zu erkundigen. Und als das Kind, ganz erschrocken, sie könnten ihn vergebens gesucht haben, zu beteuern begann, er sei nur auf dem geraden Wege der Hochstraße gelaufen, und wissen wollte, welche Richtung sie gewählt hätten, da schnitt die Mama kurz das Gespräch ab. »Schon gut, schon gut! Kinder sollen nicht soviel reden.«

Edgar wurde rot vor Ärger. Das war nun schon das zweite Mal so ein niederträchtiger Versuch, ihn vor seinem Freund herabzusetzen. Warum tat sie das, warum versuchte sie immer, ihn als Kind darzustellen, das er doch – er war davon überzeugt – nicht mehr war? Offenbar war sie ihm neidisch auf seinen Freund und plante, ihn zu sich herüberzuziehen. Ja, und sicherlich war sie es auch, die den Baron mit Absicht den falschen Weg geführt hatte. Aber er ließ sich nicht von ihr mißhandeln, das sollte sie sehen. Er wollte ihr schon Trotz bieten. Und Edgar beschloß, heute bei Tisch kein Wort mit ihr zu reden, nur mit seinem Freund allein.

Doch das wurde ihm hart. Was er am wenigsten erwartet hatte, trat ein: man bemerkte seinen Trotz nicht. Ja, sogar ihn selber schienen sie nicht zu sehen, ihn, der doch gestern Mittelpunkt ihres Beisammenseins gewesen war! Sie sprachen beide über ihn hinweg, scherzten zusammen und lachten, als ob er unter den Tisch gesunken wäre. Das Blut stieg ihm zu den Wangen, in der Kehle saß ein Knollen, der ihm den Atem erwürgte. Mit Schauern wurde er sich seiner entsetzlichen Machtlosigkeit bewußt. Er sollte also hier ruhig sitzen und zusehen, wie seine Mutter ihm den Freund wegnahm, den einzigen Menschen, den er liebte, und sollte sich nicht wehren können, nicht anders als durch Schweigen? Ihm war, als müßte er aufstehen und plötzlich mit beiden Fäusten auf den Tisch losschlagen. Nur damit sie ihn bemerkten. Aber er hielt sich zusammen, legte bloß Gabel und Messer nieder und rührte keinen Bissen mehr an. Aber auch dies hartnäckige Fasten merkten sie lange nicht, erst beim letzten Gang fiel es der Mutter auf, und sie fragte, ob er sich nicht wohl fühle. ›Widerlich‹, dachte er sich, ›immer denkt sie nur das eine, ob ich nicht krank bin, sonst ist ihr alles einerlei.‹ Er antwortete kurz, er habe keine Lust, und damit gab sie sich zufrieden. Nichts, gar nichts erzwang ihm Beachtung. Der Baron schien ihn vergessen zu haben, wenigstens richtete er nicht ein einziges Mal das Wort an ihn. Heißer und heißer quoll es ihm in die Augen, und er mußte die kindische List anwenden, rasch die Serviette zu heben, ehe es jemand sehen konnte, daß Tränen über seine Wangen sprangen und ihm salzig die Lippen näßten. Er atmete auf, wie das Essen zu Ende war.

Während des Diners hatte seine Mutter eine gemeinsame Wagenfahrt nach Maria-Schutz vorgeschlagen. Edgar hatte es gehört, die Lippe zwischen den Zähnen. Nicht eine Minute wollte sie ihn also mehr mit seinem Freunde allein lassen. Aber sein Haß stieg erst wild auf, als sie ihm jetzt beim Aufstehen sagte: »Edgar, du wirst noch alles für die Schule vergessen, du solltest doch einmal zu Hause bleiben, ein bißchen nachlernen!« Wieder ballte er die kleine Kinderfaust. Immer wollte sie ihn vor seinem Freund demütigen, immer daran öffentlich erinnern, daß er noch ein Kind war, daß er in die Schule gehen mußte und nur geduldet unter Erwachsenen war. Diesmal war ihm die Absicht aber doch zu durchsichtig. Er gab gar keine Antwort, sondern drehte sich kurzweg um.

»Aha, wieder beleidigt«, sagte sie lächelnd und dann zum Baron: »Wäre das wirklich so arg, wenn er einmal eine Stunde arbeiten möchte?«

Und da – im Herzen des Kindes wurde etwas kalt und starr – sagte der Baron, er, der sich seinen Freund nannte, er, der ihn als Stubenhocker verhöhnt hatte: »Na, eine Stunde oder zwei könnten wirklich nicht schaden.«

War das ein Einverständnis? Hatten sie sich wirklich beide gegen ihn verbündet? In dem Blick des Kindes flammte der Zorn. »Mein Papa hat verboten, daß ich hier lerne, Papa will, daß ich mich hier erhole«, schleuderte er heraus mit dem ganzen Stolz auf seine Krankheit, verzweifelt sich an das Wort, an die Autorität seines Vaters anklammernd. Wie eine Drohung stieß er es heraus. Und was das merkwürdigste war: das Wort schien tatsächlich in den beiden ein Mißbehagen zu erwecken. Die Mutter sah weg und trommelte nur nervös mit den Fingern auf den Tisch. Ein peinliches Schweigen stand breit zwischen ihnen. »Wie du meinst, Edi«, sagte schließlich der Baron mit einem erzwungenen Lächeln. »Ich muß ja keine Prüfung machen, ich bin schon längst bei allen durchgefallen.«

Aber Edgar lächelte nicht zu dem Scherz, sondern sah ihn nur an mit einem prüfenden, sehnsüchtig eindringenden Blick, als wollte er ihm bis in die Seele greifen. Was ging da vor? Etwas war verändert zwischen ihnen, und das Kind wußte nicht, warum. Unruhig ließ es die Augen wandern. In seinem Herzen hämmerte ein kleiner, hastiger Hammer: der erste Verdacht.

Brennendes Geheimnis

›Was hat sie so verwandelt?‹ sann das Kind, das ihnen im rollenden Wagen gegenübersaß. ›Warum sind sie nicht mehr zu mir wie früher? Weshalb vermeidet Mama immer meinen Blick, wenn ich sie ansehe? Warum sucht er immer vor mir Witze zu machen und den Hanswurst zu spielen? Beide reden sie nicht mehr zu mir wie gestern und vorgestern, mir ist beinahe, als hätten sie andere Gesichter bekommen. Mama hat heute so rote Lippen, sie muß sie gefärbt haben. Das habe ich nie gesehen an ihr. Und er zieht immer die Stirne kraus, als sei er beleidigt. Ich habe ihnen doch nichts getan, kein Wort gesagt, das sie verdrießen konnte? Nein, ich kann nicht die Ursache sein, denn sie sind selbst zueinander anders wie vordem. Sie sind so, als ob sie etwas angestellt hätten, das sie sich nicht zu sagen getrauen. Sie plaudern nicht mehr wie gestern, sie lachen auch nicht, sie sind befangen, sie verbergen etwas. Irgendein Geheimnis ist zwischen ihnen, das sie mir nicht verraten wollen. Ein Geheimnis, das ich ergründen muß um jeden Preis. Ich kenne es schon, es muß dasselbe sein, vor dem sie mir immer die Türe verschließen, von dem in den Büchern die Rede ist und in den Opern, wenn die Männer und die Frauen mit ausgebreiteten Armen gegeneinander singen, sich umfassen und sich wegstoßen. Es muß irgendwie dasselbe sein, wie das mit meiner französischen Lehrerin, die sich mit Papa so schlecht vertrug und die dann weggeschickt wurde. All diese Dinge hängen zusammen, das spüre ich, aber ich weiß nur nicht, wie. Oh, es zu wissen, endlich zu wissen, dieses Geheimnis, ihn zu fassen, diesen Schlüssel, der alle Türen aufschließt, nicht länger mehr Kind sein, vor dem man alles versteckt und verhehlt, sich nicht mehr hinhalten lassen und betrügen. Jetzt oder nie! Ich will es ihnen entreißen, dieses furchtbare Geheimnis.‹ Eine Falte grub sich in seine Stirne, beinahe alt sah der schmächtige Zwölfjährige aus, wie er so ernst vor sich hin grübelte, ohne einen einzigen Blick an die Landschaft zu wenden, die sich in klingenden Farben rings entfaltete, die Berge im gereinigten Grün ihrer Nadelwälder, die Täler im noch zarten Glanz des verspäteten Frühlings. Er sah nur immer die beiden ihm gegenüber im Rücksitz des Wagens an, als könnte er mit diesen heißen Blicken wie mit einer Angel das Geheimnis aus den glitzernden Tiefen ihrer Augen herausreißen. Nichts schärft Intelligenz mehr als ein leidenschaftlicher Verdacht, nichts entfaltet mehr alle Möglichkeiten eines unreifen Intellekts als eine Fährte, die ins Dunkel läuft. Manchmal ist es ja nur eine einzige dünne Tür, die Kinder von der Welt, die wir die wirkliche nennen, abtrennt, und ein zufälliger Windhauch sprengt sie ihnen auf.

Edgar fühlte sich mit einem Male dem Unbekannten, dem großen Geheimnis so greifbar nahe wie noch nie, er spürte es knapp vor sich, zwar noch verschlossen und unenträtselt, aber nah, ganz nah. Das erregte ihn und gab ihm diesen plötzlichen, feierlichen Ernst. Denn unbewußt ahnte er, daß er am Rand seiner Kindheit stand.

Die beiden gegenüber fühlten irgendeinen dumpfen Widerstand vor sich, ohne zu ahnen, daß er von dem Knaben ausging. Sie fühlten sich eng und gehemmt zu dritt im Wagen. Die beiden Augen ihnen gegenüber mit ihrer dunkel in sich flackernden Glut behinderten sie. Sie wagten kaum zu reden, kaum zu blicken. Zu ihrer vormaligen leichten, gesellschaftlichen Konversation fanden sie jetzt nicht mehr zurück, schon zu sehr verstrickt in dem Ton der heißen Vertraulichkeiten, jener gefährlichen Worte, in denen die schmeichelnde Unzüchtigkeit von heimlichen Betastungen zittert. Ihr Gespräch stieß immer auf Lücken und Stockungen. Es blieb stehen, wollte weiter, aber stolperte immer wieder über das hartnäckige Schweigen des Kindes.

Besonders für die Mutter war sein verbissenes Schweigen eine Last. Sie sah ihn vorsichtig von der Seite an und erschrak, als sie plötzlich in der Art, wie das Kind die Lippen verkniff, zum erstenmal eine Ähnlichkeit mit ihrem Mann erkannte, wenn er gereizt oder verärgert war. Der Gedanke war ihr unbehaglich, gerade jetzt an ihren Mann erinnert zu werden, da sie mit einem Abenteuer Versteck spielen wollte. Wie ein Gespenst, ein Wächter des Gewissens, doppelt unerträglich hier in der Enge des Wagens, zehn Zoll gegenüber mit seinen dunkel arbeitenden Augen und dem Lauern hinter der blassen Stirn, schien ihr das Kind. Da schaute Edgar plötzlich auf, eine Sekunde lang. Beide senkten sie sofort den Blick: sie spürten, daß sie sich belauerten, zum erstenmal in ihrem Leben. Bisher hatten sie einander blind vertraut, jetzt aber war etwas zwischen Mutter und Kind, zwischen ihr und ihm plötzlich anders geworden. Zum ersten Male in ihrem Leben begannen sie, sich zu beobachten, ihre beiden Schicksale voneinander zu trennen, beide schon mit einem heimlichen Haß gegeneinander, der nur noch zu neu war, als daß sie sich ihn einzugestehen wagten.

Alle drei atmeten sie auf, als die Pferde wieder vor dem Hotel hielten. Es war ein verunglückter Ausflug gewesen, alle fühlten es, und keiner wagte es zu sagen. Edgar sprang zuerst ab. Seine Mutter entschuldigte sich mit Kopfschmerzen und ging eilig hinauf. Sie war müde und wollte allein sein. Edgar und der Baron blieben zurück. Der Baron zahlte dem Kutscher, sah auf die Uhr und schritt gegen die Hall zu, ohne den Buben zu beachten. Er ging vorbei an ihm mit seinem feinen, schlanken Rücken, diesem rhythmisch leichten Wiegegang, der das Kind so bezauberte und den es gestern schon nachzuahmen versucht hatte. Er ging vorbei, glatt vorbei. Offenbar hatte er den Knaben vergessen und ließ ihn stehen neben dem Kutscher, neben den Pferden, als gehörte er nicht zu ihm.

In Edgar riß irgend etwas entzwei, wie er ihn so vorübergehen sah, ihn, den er trotz alldem noch immer so abgöttisch liebte. Verzweiflung brach aus seinem Herzen, als er so vorbeiging, ohne ihn mit dem Mantel zu streifen, ohne ihm ein Wort zu sagen, der sich doch keiner Schuld bewußt war. Die mühsam bewahrte Fassung zerriß, die künstlich erhöhte Last der Würde glitt ihm von den zu schmalen Schultern, er wurde wieder ein Kind, klein und demütig wie gestern und vordem. Es riß ihn weiter wider seinen Willen. Mit rasch zitternden Schritten ging er dem Baron nach, trat ihm, der eben die Treppe hinauf wollte, in den Weg und sagte gepreßt, mit schwer verhaltenen Tränen:

»Was habe ich Ihnen getan, daß Sie nicht mehr auf mich achten? Warum sind Sie jetzt immer so mit mir? Und die Mama auch? Warum wollen Sie mich immer wegschicken? Bin ich Ihnen lästig, oder habe ich etwas getan?«

Der Baron schrak auf. In der Stimme war etwas, das ihn verwirrte und weich stimmte. Mitleid überkam ihn mit dem arglosen Buben. »Edi, du bist ein Narr! Ich war nur schlechter Laune heute. Und du bist ein lieber Bub, den ich wirklich gern hab.« Dabei schüttelte er ihn am Schopf tüchtig hin und her, aber doch das Gesicht halb abgewendet, um nicht diese großen, feuchten, flehenden Kinderaugen sehen zu müssen. Die Komödie, die er spielte, begann ihm peinlich zu werden. Er schämte sich eigentlich schon, mit der Liebe dieses Kindes so frech gespielt zu haben, und diese dünne, von unterirdischem Schluchzen geschüttelte Stimme tat ihm weh. »Geh jetzt hinauf, Edi, heute abend werden wir uns wieder vertragen, du wirst schon sehen«, sagte er begütigend.

»Aber Sie dulden nicht, daß mich Mama gleich hinaufschickt, nicht wahr?«

»Nein, nein, Edi, ich dulde es nicht«, lächelte der Baron. »Geh nur jetzt hinauf, ich muß mich anziehen für das Abendessen.«

Edgar ging, beglückt für den Augenblick. Aber bald begann der Hammer im Herzen sich wieder zu rühren. Er war um Jahre älter geworden seit gestern; ein fremder Gast, das Mißtrauen, saß jetzt schon fest in seiner kindischen Brust.

Er wartete. Es galt ja die entscheidende Probe. Sie saßen zusammen bei Tisch. Es wurde neun Uhr, aber die Mutter schickte ihn nicht zu Bett. Schon wurde er unruhig. Warum ließ sie ihn gerade heute so lange hier bleiben, sie, die sonst so genau war? Hatte ihr am Ende der Baron seinen Wunsch und das Gespräch verraten? Brennende Reue überfiel ihn plötzlich, ihm heute mit seinem vollen vertrauenden Herzen nachgelaufen zu sein. Um zehn erhob sich plötzlich seine Mutter und nahm Abschied vom Baron. Und seltsam, auch der schien durch diesen frühen Aufbruch keineswegs verwundert zu sein, suchte auch nicht, wie sonst immer, sie zurückzuhalten. Immer heftiger schlug der Hammer in der Brust des Kindes.

Nun galt es scharfe Probe. Auch er stellte sich nichtsahnend und folgte ohne Widerrede seiner Mutter zur Tür. Dort aber zuckte er plötzlich auf mit den Augen. Und wirklich, er fing in dieser Sekunde einen lächelnden Blick auf, der über seinen Kopf von ihr gerade zum Baron hinüberging, einen Blick des Einverständnisses, irgendeines Geheimnisses. Der Baron hatte ihn also verraten. Deshalb also der frühe Aufbruch: er sollte heute eingewiegt werden in Sicherheit, um ihnen morgen nicht mehr im Wege zu sein.

»Schuft«, murmelte er.

»Was meinst du?« fragte die Mutter.

»Nichts«, stieß er zwischen den Zähnen heraus. Auch er hatte jetzt sein Geheimnis. Es hieß Haß, grenzenloser Haß gegen sie beide.

Schweigen

Edgars Unruhe war nun vorbei. Endlich genoß er ein reines, klares Gefühl: Haß und offene Feindschaft. Jetzt, da er gewiß war, ihnen im Weg zu sein, wurde das Zusammensein für ihn zu einer grausam komplizierten Wollust. Er weidete sich im Gedanken, sie zu stören, ihnen nun endlich mit der ganzen geballten Kraft seiner Feindseligkeit entgegenzutreten. Dem Baron wies er zuerst die Zähne. Als der morgens herabkam und ihn im Vorübergehen herzlich mit einem »Servus, Edi« begrüßte, knurrte Edgar, der, ohne aufzuschauen, im Fauteuil sitzen blieb, ihm nur ein hartes »Morgen« zurück. »Ist die Mama schon unten?« Edgar blickte in die Zeitung: »Ich weiß nicht.«

Der Baron stutzte. Was war das auf einmal? »Schlecht geschlafen, Edi, was?« Ein Scherz sollte wie immer hinüberhelfen. Aber Edgar warf ihm nur wieder verächtlich ein »Nein« hin und vertiefte sich neuerdings in die Zeitung. »Dummer Bub«, murmelte der Baron vor sich hin, zuckte die Achseln und ging weiter. Die Feindschaft war erklärt.

Auch gegen seine Mama war Edgar kühl und höflich. Einen ungeschickten Versuch, ihn auf den Tennisplatz zu schicken, wies er ruhig zurück. Sein Lächeln, knapp an den Lippen aufgerollt und leise von Erbitterung gekräuselt, zeigte, daß er sich nicht mehr betrügen lasse. »Ich gehe lieber mit euch spazieren, Mama«, sagte er mit falscher Freundlichkeit und blickte ihr in die Augen. Die Antwort war ihr sichtlich ungelegen. Sie zögerte und schien etwas zu suchen. »Warte hier auf mich«, entschied sie endlich und ging zum Frühstück.

Edgar wartete. Aber sein Mißtrauen war rege. Ein unruhiger Instinkt arbeitete nun zwischen jedem Wort dieser beiden eine geheime feindselige Absicht heraus. Der Argwohn gab ihm jetzt manchmal eine merkwürdige Hellsichtigkeit der Entschlüsse. Und statt, wie ihm angewiesen war, in der Hall zu warten, zog Edgar es vor, sich auf der Straße zu postieren, wo er nicht nur den einen Hauptausgang, sondern alle Türen überwachen konnte. Irgend etwas in ihm witterte Betrug. Aber sie sollten ihm nicht mehr entwischen. Auf der Straße drückte er sich, wie er es in seinen Indianerbüchern gelernt hatte, hinter einen Holzstoß. Und lachte nur zufrieden, als er nach etwa einer halben Stunde seine Mutter tatsächlich aus der Seitentür treten sah, einen Busch prachtvoller Rosen in der Hand und gefolgt vom Baron, dem Verräter.

Beide schienen sehr übermütig. Atmeten sie schon auf, ihm entgangen zu sein, allein für ihr Geheimnis? Sie lachten im Gespräch und schickten sich an, den Waldweg hinabzugehen.

Jetzt war der Augenblick gekommen. Edgar schlenderte gemächlich, als hätte ein Zufall ihn hergeführt, hinter dem Holzstoß hervor. Ganz, ganz gelassen ging er auf sie zu, ließ sich Zeit, sehr viel Zeit, um sich ausgiebig an ihrer Überraschung zu weiden. Die beiden waren verblüfft und tauschten einen befremdeten Blick. Langsam, mit gespielter Selbstverständlichkeit kam das Kind heran und ließ seinen höhnischen Blick nicht von ihnen. »Ah, da bist du, Edi, wir haben dich schon drin gesucht«, sagte endlich die Mutter. ›Wie frech sie lügt‹, dachte das Kind. Aber die Lippen blieben hart. Sie hielten das Geheimnis des Hasses hinter den Zähnen.

Unschlüssig standen sie alle drei. Einer lauerte auf den andern. »Also gehen wir«, sagte resigniert die verärgerte Frau und zerpflückte eine der schönen Rosen. Wieder dieses leichte Zittern um die Nasenflügel, das bei ihr Zorn verriet. Edgar blieb stehen, als ginge ihn das nichts an, sah ins Blaue, wartete, bis sie gingen, dann schickte er sich an, ihnen zu folgen. Der Baron machte noch einen Versuch. »Heute ist Tennisturnier, hast du das schon einmal gesehen?« Edgar blickte ihn nur verächtlich an. Er antwortete ihm gar nicht mehr, zog nur die Lippen krumm, als ob er pfeifen wollte. Das war sein Bescheid. Sein Haß wies die blanken Zähne.

Wie ein Alp lastete nun seine unerbetene Gegenwart auf den beiden. Sträflinge gehen so hinter dem Wärter, mit heimlich geballten Fäusten. Das Kind tat eigentlich gar nichts und wurde ihnen doch in jeder Minute mehr unerträglich mit seinen lauernden Blicken, die feucht waren von verbissenen Tränen, seiner gereizten Mürrischkeit, die alle Annäherungsversuche wegknurrte. »Geh voraus«, sagte plötzlich wütend die Mutter, beunruhigt durch sein fortwährendes Lauschen. »Tanz mir nicht immer vor den Füßen, das macht mich nervös!« Edgar gehorchte, aber immer nach ein paar Schritten wandte er sich um, blieb wartend stehen, wenn sie zurückgeblieben waren, sie mit seinem Blick wie der schwarze Pudel mephistophelisch umkreisend und einspinnend in dieses feurige Netz von Haß, in dem sie sich unentrinnbar gefangen fühlten.

Sein böses Schweigen zerriß wie eine Säure ihre gute Laune, sein Blick vergällte ihnen das Gespräch von den Lippen weg. Der Baron wagte kein einziges werbendes Wort mehr, er spürte, mit Zorn, diese Frau ihm wieder entgleiten, ihre mühsam angefachte Leidenschaftlichkeit jetzt wieder auskühlen in der Furcht vor diesem lästigen, widerlichen Kind. Immer versuchten sie wieder zu reden, immer brach ihre Konversation zusammen. Schließlich trotteten sie alle drei schweigend über den Weg, hörten nur mehr die Bäume flüsternd gegeneinander schlagen und ihren eigenen verdrossenen Schritt. Das Kind hatte ihr Gespräch erdrosselt.

Jetzt war in allen dreien die gereizte Feindseligkeit. Mit Wollust spürte das verratene Kind, wie sich ihre Wut wehrlos gegen seine mißachtete Existenz ballte. Mit zwinkernd höhnischen Blicken streifte er ab und zu das verbissene Gesicht des Barons. Er sah, wie der zwischen den Zähnen Schimpfworte knirschte und an sich halten mußte, um sie nicht gegen ihn zu speien, merkte zugleich auch mit diabolischer Lust den aufsteigenden Zorn seiner Mutter, und daß beide nur einen Anlaß ersehnten, sich auf ihn zu stürzen, ihn wegzuschieben oder unschädlich zu machen. Aber er bot keine Gelegenheit, sein Haß war in langen Stunden berechnet und gab sich keine Blößen.

»Gehen wir zurück!« sagte plötzlich die Mutter. Sie fühlte, daß sie nicht länger an sich halten könnte, daß sie etwas tun müßte, aufschreien zumindest unter dieser Folter. »Wie schade«, sagte Edgar ruhig, »es ist so schön.«

Beide merkten, daß das Kind sie verhöhnte. Aber sie wagten nichts zu sagen, dieser Tyrann hatte in zwei Tagen zu wundervoll gelernt, sich zu beherrschen. Kein Zucken im Gesicht verriet die schneidende Ironie. Ohne Wort gingen sie den langen Weg wieder heim. In ihr flackerte die Erregung noch nach, als sie dann beide allein im Zimmer waren. Sie warf den Sonnenschirm und ihre Handschuhe ärgerlich weg. Edgar merkte sofort, daß ihre Nerven erregt waren und nach Entladung verlangten, aber er wollte einen Ausbruch und blieb mit Absicht im Zimmer, um sie zu reizen. Sie ging auf und ab, setzte sich wieder hin, ihre Finger trommelten auf dem Tisch, dann sprang sie wieder auf. »Wie zerrauft du bist, wie schmutzig du umhergehst! Es ist eine Schande vor den Leuten. Schämst du dich nicht in deinem Alter?« Ohne ein Wort der Gegenrede ging das Kind hin und kämmte sich. Dieses Schweigen, dieses obstinate kalte Schweigen mit dem Zittern von Hohn auf den Lippen machte sie rasend. Am liebsten hätte sie ihn geprügelt. »Geh auf dein Zimmer«, schrie sie ihn an. Sie konnte seine Gegenwart nicht mehr ertragen. Edgar lächelte und ging.

Wie sie jetzt beide zitterten vor ihm, wie sie Angst hatten, der Baron und sie, vor jeder Stunde des Zusammenseins, dem unbarmherzig harten Griff seiner Augen! Je unbehaglicher sie sich fühlten, in um so satterem Wohlbehagen beglänzte sich sein Blick, um so herausfordernder wurde seine Freude. Edgar quälte die Wehrlosen jetzt mit der ganzen, fast noch tierischen Grausamkeit der Kinder. Der Baron konnte seinen Zorn noch dämmen, weil er immer hoffte, dem Buben noch einen Streich spielen zu können, und nur an sein Ziel dachte. Aber sie, die Mutter, verlor immer wieder die Beherrschung. Für sie war es eine Erleichterung, ihn anschreien zu können. »Spiel nicht mit der Gabel«, fuhr sie ihn bei Tisch an. »Du bist ein unerzogener Fratz, verdienst noch gar nicht unter Erwachsenen zu sitzen.« Edgar lächelte nur immer, lächelte, den Kopf ein wenig schief zur Seite gelegt. Er wußte, daß dieses Schreien Verzweiflung war, und empfand Stolz, daß sie sich so verrieten. Er hatte jetzt einen ganz ruhigen Blick, wie den eines Arztes. Früher wäre er vielleicht boshaft gewesen, um sie zu ärgern, aber man lernt viel und rasch im Haß. Jetzt schwieg er nur, schwieg und schwieg, bis sie zu schreien begann unter dem Druck seines Schweigens.

Seine Mutter konnte es nicht länger ertragen. Als sie jetzt vom Essen aufstanden und Edgar wieder mit dieser selbstverständlichen Anhänglichkeit ihnen folgen wollte, brach es plötzlich los aus ihr. Sie vergaß alle Rücksicht und spie die Wahrheit aus. Gepeinigt von seiner schleichenden Gegenwart, bäumte sie sich wie ein von Fliegen gefoltertes Pferd. »Was rennst du mir immer nach wie ein dreijähriges Kind? Ich will dich nicht immer in der Nähe haben. Kinder gehören nicht zu Erwachsenen. Merk dir das! Beschäftige dich doch einmal eine Stunde mit dir selbst. Lies etwas oder tu, was du willst. Laß mich in Ruh! Du machst mich nervös mit deinem Herumschleichen, deiner widerlichen Verdrossenheit.«

Endlich hatte er es ihr entrissen, das Geständnis! Edgar lächelte, während der Baron und sie jetzt verlegen schienen. Sie wandte sich ab und wollte weiter, wütend über sich selbst, daß sie ihr Unbehagen dem Kind eingestanden hatte. Aber Edgar sagte nur kühl: »Papa will nicht, daß ich allein hier herumgehe. Papa hat mir das Versprechen abgenommen, daß ich nicht unvorsichtig bin und bei dir bleibe.«

Er betonte das Wort »Papa«, weil er damals bemerkt hatte, daß es eine gewisse lähmende Wirkung auf die beiden übte. Auch sein Vater mußte also irgendwie verstrickt sein in dieses heiße Geheimnis. Papa mußte irgendeine geheime Macht über die beiden haben, die er nicht kannte, denn schon die Erwähnung seines Namens schien ihnen Angst und Unbehagen zu bereiten. Auch diesmal entgegneten sie nichts. Sie streckten die Waffen. Die Mutter ging voran, der Baron mit ihr. Hinter ihnen kam Edgar, aber nicht demütig wie ein Diener, sondern hart, streng und unerbittlich wie ein Wächter. Unsichtbar klirrte er mit der Kette, an der sie rüttelten und die nicht zu zersprengen war. Der Haß hatte seine kindische Kraft gestählt, er, der Unwissende, war stärker als sie beide, denen das Geheimnis die Hände band.

Die Lügner

Aber die Zeit drängte. Der Baron hatte nur mehr wenige Tage, und die wollten genützt sein. Widerstand gegen die Hartnäckigkeit des gereizten Kindes war, das fühlten sie, vergeblich, und so griffen sie zum letzten, zum schmählichsten Ausweg: zur Flucht, nur um für eine oder zwei Stunden seiner Tyrannei zu entgehen.

»Gib diese Briefe rekommandiert zur Post«, sagte die Mutter zu Edgar. Sie standen beide in der Hall, der Baron sprach draußen mit einem Fiaker.

Mißtrauisch übernahm Edgar die beiden Briefe. Er hatte bemerkt, daß früher ein Diener irgendeine Botschaft seiner Mutter übermittelt hatte. Bereiteten sie am Ende etwas gemeinsam gegen ihn vor?

Er zögerte. »Wo erwartest du mich?«

»Hier.«

»Bestimmt?«

»Ja.«

»Daß du aber nicht weggehst! Du wartest also hier in der Hall auf mich, bis ich zurückkomme?«

Er sprach im Gefühl seiner Überlegenheit mit seiner Mutter schon befehlshaberisch. Seit vorgestern hatte sich viel verändert.

Dann ging er mit den beiden Briefen. An der Tür stieß er

mit dem Baron zusammen. Er sprach ihn an, zum erstenmal seit zwei Tagen.

»Ich gebe nur die zwei Briefe auf. Meine Mama wartet auf mich, bis ich zurückkomme. Bitte gehen Sie nicht früher fort.«

Der Baron drückte sich rasch vorbei. »Ja, ja, wir warten schon.«

Edgar stürmte zum Postamt. Er mußte warten. Ein Herr vor ihm hatte ein Dutzend langweiliger Fragen. Endlich konnte er sich des Auftrags entledigen und rannte sofort mit den Rezipissen zurück. Und kam eben zurecht, um zu sehen, wie seine Mutter und der Baron im Fiaker davonfuhren.

Er war starr vor Wut. Fast hätte er sich niedergebückt und ihnen einen Stein nachgeschleudert. Sie waren ihm also doch entkommen, aber mit einer wie gemeinen, wie schurkischen Lüge! Daß seine Mutter log, wußte er seit gestern. Aber daß sie so schamlos sein konnte, ein offenes Versprechen zu mißachten, das zerriß ihm ein letztes Vertrauen. Er verstand das ganze Leben nicht mehr, seit er sah, daß die Worte, hinter denen er die Wirklichkeit vermutet hatte, nur farbige Blasen waren, die sich blähten und in nichts zersprangen. Aber was für ein furchtbares Geheimnis mußte das sein, das erwachsene Menschen so weit trieb, ihn, ein Kind, zu belügen, sich wegzustehlen wie Verbrecher? In den Büchern, die er gelesen hatte, mordeten und betrogen die Menschen, um Geld zu gewinnen, oder Macht, oder Königreiche. Was aber war hier die Ursache, was wollten diese beiden, warum versteckten sie sich vor ihm, was suchten sie unter hundert Lügen zu verhüllen? Er zermarterte sein Gehirn. Dunkel spürte er, daß dieses Geheimnis der Riegel der Kindheit sei, daß, es erobert zu haben, bedeutete, erwachsen zu sein, endlich, endlich ein Mann. Oh, es zu fassen! Aber er konnte nicht mehr klar denken. Die Wut, daß sie ihm entkommen waren, verbrannte und verqualmte ihm den klaren Blick.

Er lief hinaus in den Wald, gerade konnte er sich noch ins Dunkel retten, wo ihn niemand sah, und da brach es heraus, in einem Strom heißer Tränen. »Lügner, Hunde, Betrüger, Schurken« – er mußte diese Worte laut herausschreien, sonst wäre er erstickt. Die Wut, die Ungeduld, der Ärger, die Neugier, die Hilflosigkeit und der Verrat der letzten Tage, im kindischen Krampf, im Wahn seiner Erwachsenheit niedergehalten, sprengten jetzt die Brust und wurden Tränen. Es war das letzte Weinen seiner Kindheit, das letzte wildeste Weinen, zum letztenmal gab er sich weibisch hin an die Wollust der Tränen. Er weinte in dieser Stunde fassungsloser Wut alles aus sich heraus, Vertrauen, Liebe, Gläubigkeit, Respekt – seine ganze Kindheit.

Der Knabe, der dann zum Hotel zurückging, war ein anderer. Er war kühl und handelte vorbedacht. Zunächst ging er in sein Zimmer, wusch sorgfältig das Gesicht und die Augen, um den beiden nicht den Triumph zu gönnen, die Spuren seiner Tränen zu sehen. Dann bereitete er die Abrechnung vor. Und wartete geduldig, ohne jede Unruhe.

Die Hall war recht gut besucht, als der Wagen mit den beiden Flüchtigen draußen wieder hielt. Ein paar Herren spielten Schach, andere lasen ihre Zeitung, die Damen plauderten. Unter ihnen hatte reglos, ein wenig blaß mit zitternden Blicken das Kind gesessen. Als jetzt seine Mutter und der Baron zur Türe hereinkamen, ein wenig geniert, ihn so plötzlich zu sehen, und schon die vorbereitete Ausrede stammeln wollten, trat er ihnen aufrecht und ruhig entgegen und sagte herausfordernd: »Herr Baron, ich möchte Ihnen etwas sagen.«

Dem Baron wurde es unbehaglich. Er kam sich irgendwie ertappt vor. »Ja, ja, später, gleich!«

Aber Edgar warf die Stimme hoch und sagte hell und scharf, daß alle rings es hören konnten: »Ich will aber jetzt mit Ihnen reden. Sie haben sich niederträchtig benommen.

Sie haben mich angelogen. Sie wußten, daß meine Mama auf mich wartet, und sind ...«

»Edgar!« schrie die Mutter, die alle Blicke auf sich gerichtet sah, und stürzte gegen ihn los.

Aber das Kind kreischte jetzt, da es sah, daß sie seine Worte überschreien wollten, plötzlich gellend auf:

»Ich sage es Ihnen nochmals vor allen Leuten. Sie haben infam gelogen, und das ist gemein, das ist erbärmlich.«

Der Baron stand blaß, die Leute starrten auf, einige lächelten.

Die Mutter packte das vor Erregung zitternde Kind: »Komm sofort auf dein Zimmer, oder ich prügle dich hier vor allen Leuten«, stammelte sie heiser.

Edgar aber war schon wieder ruhig. Es tat ihm leid, so leidenschaftlich gewesen zu sein. Er war unzufrieden mit sich selbst, denn eigentlich wollte er ja den Baron kühl herausfordern, aber die Wut war wilder gewesen als sein Wille. Ruhig, ohne Hast wandte er sich zur Treppe.

»Entschuldigen Sie, Herr Baron, seine Ungezogenheit. Sie wissen ja, er ist ein nervöses Kind«, stotterte sie noch, verwirrt von den ein wenig hämischen Blicken der Leute, die sie ringsum anstarrten. Nichts in der Welt war ihr fürchterlicher als Skandal, und sie wußte, daß sie nun Haltung bewahren mußte. Statt gleich die Flucht zu ergreifen, ging sie zuerst zum Portier, fragte nach Briefen und anderen gleichgültigen Dingen und rauschte dann hinauf, als ob nichts geschehen wäre. Aber hinter ihr wisperte ein leises Kielwasser von Zischeln und unterdrücktem Gelächter.

Unterwegs verlangsamte sich ihr Schritt. Sie war immer ernsten Situationen gegenüber hilflos und hatte eigentlich Angst vor dieser Auseinandersetzung. Daß sie schuldig war, konnte sie nicht leugnen, und dann: sie fürchtete sich vor dem Blick des Kindes, diesem neuen, fremden, so merkwürdigen Blick, der sie lähmte und unsicher machte. Aus Furcht beschloß sie, es mit Milde zu versuchen. Denn bei einem Kampf war, das wußte sie, dieses gereizte Kind jetzt der Stärkere.

Leise klinkte sie die Türe auf. Der Bub saß da, ruhig und kühl. Die Augen, die er zu ihr aufhob, waren ganz ohne Angst, verrieten nicht einmal Neugierde. Er schien sehr sicher zu sein.

»Edgar«, begann sie möglichst mütterlich, »was ist dir eingefallen? Ich habe mich geschämt für dich. Wie kann man nur so ungezogen sein, schon gar als Kind zu einem Erwachsenen! Du wirst dich dann sofort beim Herrn Baron entschuldigen.«

Edgar schaute zum Fenster hinaus. Das »Nein« sagte er gleichsam zu den Bäumen gegenüber.

Seine Sicherheit begann sie zu befremden.

»Edgar, was geht denn vor mit dir? Du bist ja ganz anders als sonst? Ich kenne mich gar nicht mehr in dir aus. Du warst doch sonst immer ein kluges, artiges Kind, mit dem man reden konnte. Und auf einmal benimmst du dich so, als sei der Teufel in dich gefahren. Was hast du denn gegen den Baron? Du hast ihn doch sehr gern gehabt. Er war immer so lieb gegen dich.«

»Ja, weil er dich kennenlernen wollte.«

Ihr wurde unbehaglich. »Unsinn! Was fällt dir ein. Wie kannst du so etwas denken?«

Aber da fuhr das Kind auf.

»Ein Lügner ist er, ein falscher Mensch. Was er tut, ist Berechnung und Gemeinheit. Er hat dich kennenlernen wollen, deshalb war er freundlich zu mir und hat mir einen Hund versprochen. Ich weiß nicht, was er dir versprochen hat und warum er zu dir freundlich ist, aber auch von dir will er etwas, Mama, ganz bestimmt. Sonst wäre er nicht so höflich und freundlich. Er ist ein schlechter Mensch. Er lügt. Sieh dir ihn nur einmal an, wie falsch er immer schaut.

Oh, ich hasse ihn, diesen erbärmlichen Lügner, diesen Schurken …«

»Aber Edgar, wie kann man so etwas sagen.« Sie war verwirrt und wußte nicht zu antworten. In ihr regte sich ein Gefühl, das dem Kind recht gab.

»Ja, er ist ein Schurke, das lasse ich mir nicht ausreden. Das mußt du selbst sehen. Warum hat er denn Angst vor mir? Warum versteckt er sich vor mir? Weil er weiß, daß ich ihn durchschaue, daß ich ihn kenne, diesen Schurken!«

»Wie kann man so etwas sagen, wie kann man so etwas sagen.« Ihr Gehirn war ausgetrocknet, nur die Lippen stammelten blutlos immer wieder die beiden Sätze. Sie begann jetzt plötzlich eine furchtbare Angst zu haben und wußte eigentlich nicht, ob vor dem Baron oder vor dem Kinde.

Edgar sah, daß seine Mahnung Eindruck machte. Und es verlockte ihn, sie zu sich herüberzureißen, einen Genossen zu haben im Hasse, in der Feindschaft gegen ihn. Weich ging er auf seine Mutter zu, umfaßte sie, und seine Stimme wurde schmeichlerisch vor Erregung.

»Mama,« sagte er, »du mußt es doch selbst bemerkt haben, daß er nichts Gutes will. Er hat dich ganz anders gemacht. Du bist verändert und nicht ich. Er hat dich aufgehetzt gegen mich, nur um dich allein zu haben. Sicher will er dich betrügen. Ich weiß nicht, was er dir versprochen hat. Ich weiß nur, er wird es nicht halten. Du solltest dich hüten vor ihm. Wer einen belügt, belügt auch den andern. Er ist ein böser Mensch, dem man nicht trauen soll.«

Diese Stimme, weich und fast in Tränen, klang wie aus ihrem eigenen Herzen. In ihr war seit gestern ein Mißbehagen erwacht, das ihr dasselbe sagte: eindringlicher und eindringlicher. Aber sie schämte sich, dem eigenen Kinde recht zu geben. Und rettete sich, wie viele, aus der Verlegenheit eines überwältigenden Gefühls in die Rauheit des Ausdrucks. Sie reckte sich auf.

»Kinder verstehen so etwas nicht. Du hast in solche Sachen nicht dreinzureden. Du hast dich anständig zu benehmen. Das ist alles.«

Edgars Gesicht fror wieder kalt ein. »Wie du meinst«, sagte er hart, »ich habe dich gewarnt.«

»Also du willst dich nicht entschuldigen?«

»Nein.«

Sie standen sich schroff gegenüber. Sie fühlte, es ging um ihre Autorität.

»Dann wirst du hier oben speisen. Allein. Und nicht eher an unseren Tisch kommen, bis du dich entschuldigt hast. Ich werde dich noch Manieren lehren. Du wirst dich nicht vom Zimmer rühren, bis ich es dir erlaube. Hast du verstanden?«

Edgar lächelte. Dieses tückische Lächeln schien schon mit seinen Lippen verwachsen zu sein. Innerlich war er zornig gegen sich selbst. Wie töricht von ihm, daß er wieder einmal sein Herz hatte entlaufen lassen und sie, die Lügnerin, noch warnen wollte.

Die Mutter rauschte hinaus, ohne ihn noch einmal anzusehen. Sie fürchtete diese schneidenden Augen. Das Kind war ihr unbehaglich geworden, seit sie fühlte, daß es seine Augen offen hatte und ihr gerade das sagte, was sie nicht wissen und nicht hören wollte. Schreckhaft war es ihr, eine innere Stimme, ihr Gewissen, abgelöst von sich selber, als Kind verkleidet, als ihr eigenes Kind herumgehen und sie warnen, sie verhöhnen zu sehen. Bisher war dieses Kind neben ihrem Leben gewesen, ein Schmuck, ein Spielzeug, irgendein Liebes und Vertrautes, manchmal vielleicht eine Last, aber immer etwas, das in derselben Strömung im gleichen Takt ihres Lebens lief. Zum erstenmal bäumte das sich heute auf und trotzte gegen ihren Willen. Etwas wie Haß mischte sich jetzt immer in die Erinnerung an ihr Kind.

Aber dennoch: jetzt, da sie die Treppe, ein wenig müde, niederstieg, klang die kindische Stimme aus ihrer eigenen

Brust. »Du solltest dich hüten vor ihm.« – Die Mahnung ließ sich nicht zum Schweigen bringen. Da glänzte ihr im Vorüberschreiten ein Spiegel entgegen, fragend blickte sie hinein, tiefer und immer tiefer, bis sich dort die Lippen leise lächelnd auftaten und sich rundeten wie zu einem gefährlichen Wort. Noch immer klang von innen die Stimme; aber sie warf die Achseln hoch, als schüttelte sie all diese unsichtbaren Bedenken von sich herab, gab dem Spiegel einen hellen Blick, raffte das Kleid und ging hinab mit der entschlossenen Geste eines Spielers, der sein letztes Goldstück klingend über den Tisch rollen läßt.

Spuren im Mondlicht

Der Kellner, der Edgar das Essen in seinen Stubenarrest gebracht hatte, schloß die Türe. Hinter ihm knackte das Schloß. Das Kind fuhr wütend auf: das war offenbar im Auftrag seiner Mutter geschehen, daß man ihn einsperrte wie ein bösartiges Tier. Finster rang es sich aus ihm.

›Was geschieht nun da drunten, während ich hier eingeschlossen bin? Was mögen die beiden jetzt bereden? Geschieht am Ende jetzt dort das Geheime, und ich muß es versäumen? Oh, dieses Geheimnis, das ich immer und überall spüre, wenn ich unter Erwachsenen bin, vor dem sie die Türe zuschließen in der Nacht, das sie in leises Gespräch versenken, trete ich unversehens herein, dieses große Geheimnis, das mir jetzt seit Tagen nahe ist, hart vor den Händen, und das ich noch immer nicht greifen kann! Was habe ich nicht schon getan, um es zu fassen! Ich habe Papa damals Bücher aus dem Schreibtisch gestohlen und sie gelesen, und alle diese merkwürdigen Dinge waren darin, nur daß ich sie nicht verstand. Es muß irgendwie ein Siegel daran sein, das erst abzulösen ist, um es zu finden, vielleicht in mir, vielleicht in den anderen. Ich habe das Dienstmädchen gefragt, sie gebeten, mir diese Stellen in den Büchern zu erklären, aber sie hat mich ausgelacht. Furchtbar, Kind zu sein, voll von Neugier, und doch niemand fragen zu dürfen, immer lächerlich zu sein vor diesen Großen, als ob man etwas Dummes oder Nutzloses wäre. Aber ich werde es erfahren, ich fühle, ich werde es jetzt bald wissen. Ein Teil ist schon in meinen Händen, und ich will nicht früher ablassen, ehe ich das Ganze besitze!‹

Er horchte, ob niemand käme. Ein leichter Wind flog draußen durch die Bäume und brach den starren Spiegel des Mondlichtes zwischen dem Geäste in hundert schwanke Splitter.

›Es kann nichts Gutes sein, was die beiden vorhaben, sonst hätten sie nicht solche erbärmliche Lügen gesucht, um mich fortzukriegen. Gewiß, sie lachen jetzt über mich, die Verfluchten, daß sie mich endlich los sind, aber ich werde zuletzt lachen. Wie dumm von mir, mich hier einsperren zu lassen, ihnen eine Sekunde Freiheit zu geben, statt an ihnen zu kleben und jede ihrer Bewegungen zu belauschen. Ich weiß, die Großen sind ja immer unvorsichtig, und auch sie werden sich verraten. Sie glauben immer von uns, daß wir noch ganz klein sind und abends immer schlafen, sie vergessen, daß man sich auch schlafend stellen kann und lauschen, daß man sich dumm geben kann und sehr klug sein. Jüngst, wie meine Tante ein Kind bekam, haben sie es lange vorausgewußt und sich nur vor mir verwundert gestellt, als seien sie überrascht worden. Aber ich habe es auch gewußt, denn ich habe sie reden gehört, vor Wochen am Abend, als sie glaubten, ich schliefe. Und so werde ich auch diesmal sie überraschen, diese Niederträchtigen. Oh, wenn ich durch die Türe spähen könnte, sie heimlich jetzt beobachten, während sie sich sicher wähnen. Sollte ich nicht vielleicht läuten jetzt, dann käme das Mädchen, sperrte die Tür auf und fragte, was ich wollte. Oder ich könnte poltern, könnte Geschirr zerschlagen, dann sperrte man auch auf. Und in dieser Sekunde könnte ich hinausschlüpfen und sie belauschen. Aber nein, das will ich nicht. Niemand soll sehen, wie niederträchtig sie mich behandeln. Ich bin zu stolz dazu. Morgen will ich es ihnen schon heimzahlen.‹

Unten lachte eine Frauenstimme. Edgar schrak zusammen: das könnte seine Mutter sein. Die hatte ja Grund zu lachen, ihn zu verhöhnen, den Kleinen, Hilflosen, hinter dem man den Schlüssel abdrehte, wenn er lästig war, den man in den Winkel warf wie ein Bündel nasser Kleider. Vorsichtig beugte er sich zum Fenster hinaus. Nein, sie war es nicht, sondern fremde übermütige Mädchen, die einen Burschen neckten.

Da, in dieser Minute bemerkte er, wie wenig hoch sich eigentlich sein Fenster über die Erde erhob. Und schon, kaum daß er's merkte, war der Gedanke da: hinausspringen, jetzt, wo sie sich ganz sicher wähnten, sie belauschen. Er fieberte vor Freude über seinen Entschluß. Ihm war, als hielt er damit das große, das funkelnde Geheimnis der Kindheit in den Händen. ›Hinaus, hinaus‹, zitterte es in ihm. Gefahr war keine. Menschen gingen nicht vorüber, und schon sprang er. Es gab ein leises Geräusch von knirschendem Kies, das keiner vernahm.

In diesen zwei Tagen war ihm das Beschleichen, das Lauern zur Lust seines Lebens geworden. Und Wollust fühlte er jetzt gemengt mit einem leisen Schauer von Angst, als er auf ganz leisen Sohlen um das Hotel schlich, sorgsam den stark ausstrahlenden Widerschein der Lichter vermeidend. Zunächst blickte er, die Wange vorsichtig an die Scheiben pressend, in den Speisesaal. Ihr gewohnter Platz war leer. Er spähte dann weiter, von Fenster zu Fenster. Ins Hotel selbst wagte er sich nicht hinein, aus Furcht, er könnte ihnen zwischen den Gängen unversehens in den Weg laufen. Nirgends waren sie zu finden. Schon wollte er verzweifeln, da sah er zwei Schatten aus der Türe vorfallen und – er zuckte zurück und duckte sich in das Dunkel – seine Mutter mit ihrem nun unvermeidlichen Begleiter heraustreten. Gerade war er also zurecht gekommen. Was sprachen sie? Er konnte es nicht verstehen. Sie redeten leise, und der Wind rumorte zu unruhig in den Bäumen. Jetzt aber zog deutlich ein Lachen vorüber, die Stimme seiner Mutter. Es war ein Lachen, das er an ihr gar nicht kannte, ein seltsam scharfes, wie gekitzeltes, gereiztes nervöses Lachen, das ihn fremd anmutete und vor dem er erschrak. Sie lachte. Also konnte es nichts Gefährliches sein, nicht etwas ganz Großes und Gewaltiges, das man vor ihm verbarg. Edgar war ein wenig enttäuscht.

Aber warum verließen sie das Hotel? Wohin gingen sie jetzt allein in der Nacht? Hoch oben mußten mit riesigen Flügeln Winde dahinstreifen, denn der Himmel, eben noch rein und mondklar, wurde jetzt dunkel. Schwarze Tücher, von unsichtbaren Händen geworfen, wickelten manchmal den Mond ein, und die Nacht wurde dann so undurchdringlich, daß man kaum den Weg sehen konnte, um bald wieder hell zu glänzen, wenn sich der Mond befreite. Silber floß kühl über die Landschaft. Geheimnisvoll war dieses Spiel zwischen Licht und Schatten und aufreizend wie das Spiel einer Frau mit Blöße und Verhüllungen. Gerade jetzt entkleidete die Landschaft wieder ihren blanken Leib: Edgar sah schräg über dem Weg die wandelnden Silhouetten oder vielmehr die eine, denn so aneinandergepreßt gingen sie, als drängte sie eine innere Furcht zusammen. Aber wohin gingen sie jetzt, die beiden? Die Föhren ächzten, es war eine unheimliche Geschäftigkeit im Wald, als wühlte die wilde Jagd darin. ›Ich folge ihnen,‹ dachte Edgar, ›sie können meinen Schritt nicht hören in diesem Aufruhr von Wind und Wald.‹ Und er sprang, indes die unten auf der breiten, hellen Straße gingen, oben im Gehölz von einem Baum zum anderen leise weiter, von Schatten zu Schatten. Er folgte ihnen zäh und unerbittlich, segnete den Wind, der seine Schritte unhörbar machte, und verfluchte ihn, weil er ihm immer die Worte von drüben wegtrug. Nur einmal, wenn er hätte ihr Gespräch hören können, war er sicher, das Geheimnis zu halten.

Die beiden unten gingen ahnungslos. Sie fühlten sich selig allein in dieser weiten verwirrten Nacht und verloren sich in ihrer wachsenden Erregung. Keine Ahnung warnte sie, daß oben im vielverzweigten Dunkel jedem ihrer Schritte gefolgt wurde und zwei Augen sie mit der ganzen Kraft von Haß und Neugier umkrallt hielten.

Plötzlich blieben sie stehen. Auch Edgar hielt sofort inne und preßte sich enge an einen Baum. Ihn befiel eine stürmische Angst. Wie, wenn sie jetzt umkehrten und vor ihm das Hotel erreichten, wenn er sich nicht retten konnte in sein Zimmer und die Mutter es leer fand? Dann war alles verloren, dann wußten sie, daß er sie heimlich belauerte, und er durfte nie mehr hoffen, ihnen das Geheimnis zu entreißen. Aber die beiden zögerten, offenbar in einer Meinungsverschiedenheit. Glücklicherweise war Mondlicht, und er konnte alles deutlich sehen. Der Baron deutete auf einen dunklen schmalen Seitenweg, der in das Tal hinabführte, wo das Mondlicht nicht wie hier auf der Straße einen weiten vollen Strom rauschte, sondern nur in Tropfen und seltsamen Strahlen durchs Dickicht sickerte. ›Warum will er dort hinab?‹ zuckte es in Edgar. Seine Mutter schien »nein« zu sagen, er aber, der andere, sprach ihr zu. Edgar konnte an der Art seiner Gestikulation merken, wie eindringlich er sprach. Angst befiel das Kind. Was wollte dieser Mensch von seiner Mutter? Warum versuchte er, dieser Schurke, sie ins Dunkel zu schleppen? Aus seinen Büchern, die für ihn die Welt waren, kamen plötzlich lebendige Erinnerungen von Mord und Entführung, von finsteren Verbrechen. Sicherlich, er wollte sie ermorden, und dazu hatte er ihn weggehalten, sie einsam hierhergelockt. Sollte er um Hilfe schreien? Mörder! Der Ruf saß ihm schon ganz oben in der Kehle, aber die Lippen waren vertrocknet und brachten keinen Laut heraus. Seine Nerven spannten sich vor Aufregung, kaum konnte er sich geradehalten, erschreckt vor Angst griff er nach einem Halt – da knackte ihm ein Zweig unter den Händen.

Die beiden wandten sich erschreckt um und starrten ins Dunkel. Edgar blieb stumm an den Baum gelehnt mit angepreßten Armen, den kleinen Körper tief in den Schatten geduckt. Es blieb Totenstille. Aber doch, sie schienen erschreckt. »Kehren wir um«, hörte er seine Mutter sagen. Es klang geängstigt von ihren Lippen. Der Baron, offenbar selbst beunruhigt, willigte ein. Die beiden gingen langsam und eng aneinandergeschmiegt zurück. Ihre innere Befangenheit war Edgars Glück. Auf allen vieren, ganz unten im Holz, kroch er, die Hände sich blutig reißend bis zur Wendung des Waldes, von dort lief er mit aller Geschwindigkeit, daß ihm der Atem stockte, bis zum Hotel und da mit ein paar Sprüngen hinauf. Der Schlüssel, der ihn eingesperrt hatte, steckte glücklicherweise von außen, er drehte ihn um, stürzte ins Zimmer und schon hin aufs Bett. Ein paar Minuten mußte er rasten, denn das Herz schlug ungestüm an seine Brust wie ein Klöppel an die klingende Glockenwand.

Dann wagte er sich auf, lehnte am Fenster und wartete, bis sie kamen. Es dauerte lange. Sie mußten sehr, sehr langsam gegangen sein. Vorsichtig spähte er aus dem umschatteten Rahmen. Jetzt kamen sie langsam daher, Mondlicht auf den Kleidern. Gespensterhaft sahen sie aus in diesem grünen Licht, und wieder überfiel ihn das süße Grauen, ob das wirklich ein Mörder sei und welch furchtbares Geschehen er durch seine Gegenwart verhindert hatte. Deutlich sah er in die kreidehellen Gesichter. In dem seiner Mutter war ein Ausdruck von Verzücktheit, den er an ihr nicht kannte, er hingegen schien hart und verdrossen. Offenbar, weil ihm seine Absicht mißlungen war.

Ganz nahe waren sie schon. Erst knapp vor dem Hotel lösten sich ihre Gestalten voneinander. Ob sie heraufsehen würden? Nein, keiner blickte herauf. ›Sie haben mich vergessen‹, dachte der Knabe mit einem wilden Ingrimm, mit einem heimlichen Triumph, ›aber ich nicht euch. Ihr denkt wohl, daß ich schlafe oder nicht auf der Welt bin, aber ihr sollt eueren Irrtum sehen. Jeden Schritt will ich euch überwachen, bis ich ihm, dem Schurken, das Geheimnis entrissen habe, das furchtbare, das mich nicht schlafen läßt. Ich werde euer Bündnis schon zerreißen. Ich schlafe nicht.‹

Langsam traten die beiden in die Türe. Und als sie jetzt, einer hinter dem anderen, hineingingen, umschlangen sich wieder für eine Sekunde die fallenden Silhouetten, als einziger schwarzer Streif schwand ihr Schatten in die erhellte Tür. Dann lag der Platz im Mondlicht wieder blank vor dem Hause wie eine weite Wiese von Schnee.

Der Überfall

Edgar trat atmend zurück vom Fenster. Das Grauen schüttelte ihn. Noch nie war er in seinem Leben ähnlich Geheimnisvollem so nah gewesen. Die Welt der Aufregungen, der spannenden Abenteuer, jene Welt von Mord und Betrug aus seinen Büchern war in seiner Anschauung immer dort gewesen, wo die Märchen waren, hart hinter den Träumen, im Unwirklichen und Unerreichbaren. Jetzt auf einmal aber schien er mitten hineingeraten in diese grauenhafte Welt, und sein ganzes Wesen wurde fieberhaft geschüttelt durch so unverhoffte Begegnung. Wer war dieser Mensch, der geheimnisvolle, der plötzlich in ihr ruhiges Leben getreten war? War er wirklich ein Mörder, daß er immer das Entlegene suchte und seine Mutter hinschleppen wollte, wo es dunkel war? Furchtbares schien bevorzustehen. Er wußte nicht, was zu tun. Morgen, das war er sicher, wollte er dem Vater schreiben oder telegraphieren. Aber konnte es nicht noch jetzt geschehen, heute abend? Noch war ja seine Mutter nicht in ihrem Zimmer, noch war sie mit diesem verhaßten, fremden Menschen.

Zwischen der inneren Tür und der äußeren, leicht beweglichen Tapetentür war ein schmaler Zwischenraum, nicht größer als das Innere eines Kleiderschrankes. Dort in diese Handbreit Dunkel preßte er sich hinein, um auf ihre Schritte im Gang zu lauern. Denn nicht einen Augenblick, so hatte er beschlossen, wollte er sie allein lassen. Der Gang lag jetzt um Mitternacht leer, matt nur beleuchtet von einer einzelnen Flamme.

Endlich – die Minuten dehnten sich ihm fürchterlich – hörte er behutsame Schritte heraufkommen. Er horchte angestrengt. Es war nicht ein rasches Losschreiten, wie wenn jemand gerade in sein Zimmer will, sondern schleifende, zögernde, sehr verlangsamte Schritte, wie einen unendlich schweren und steilen Weg empor. Dazwischen immer wieder Geflüster und ein Innehalten. Edgar zitterte vor Erregung. Waren es am Ende die beiden, blieb er noch immer mit ihr? Das Flüstern war zu entfernt. Aber die Schritte, wenn auch noch zögernd, kamen immer näher. Und jetzt hörte er auf einmal die verhaßte Stimme des Barons leise und heiser etwas sagen, das er nicht verstand, und dann gleich die seiner Mutter in rascher Abwehr: »Nein, nicht heute! Nein.«

Edgar zitterte, sie kamen näher, und er mußte alles hören. Jeder Schritt gegen ihn zu tat ihm, so leise er auch war, weh in der Brust. Und die Stimme, wie häßlich schien sie ihm, diese gierig werbende, widerliche Stimme des Verhaßten! »Seien Sie nicht grausam. Sie waren so schön heute abend.« Und die andere wieder: »Nein, ich darf nicht, ich kann nicht, lassen Sie mich los.«

Es ist so viel Angst in der Stimme seiner Mutter, daß das

Kind erschrickt. Was will er denn noch von ihr? Warum fürchtet sie sich? Sie sind immer näher gekommen und müssen jetzt schon ganz vor seiner Tür sein. Knapp hinter ihnen steht er, zitternd und unsichtbar, eine Hand weit, geschützt nur durch die dünne Scheibe Tuch. Die Stimmen sind jetzt atemnah.

»Kommen Sie, Mathilde, kommen Sie!« Wieder hört er seine Mutter stöhnen, schwächer jetzt, in erlahmendem Widerstand.

Aber was ist dies? Sie sind ja weitergegangen im Dunkeln. Seine Mutter ist nicht in ihr Zimmer, sondern daran vorbeigegangen! Wohin schleppt er sie? Warum spricht sie nicht mehr? Hat er ihr einen Knebel in den Mund gestopft, preßt er ihr die Kehle zu?

Die Gedanken machen ihn wild. Mit zitternder Hand stößt er die Türe eine Spannweite auf. Jetzt sieht er im dunkelnden Gang die beiden. Der Baron hat seiner Mutter den Arm um die Hüfte geschlungen und führt sie, die schon nachzugeben scheint, leise fort. Jetzt macht er halt vor seinem Zimmer. ›Er will sie wegschleppen‹, erschrickt das Kind, ›jetzt will er das Furchtbare tun.‹

Ein wilder Ruck, er schlägt die Türe zu und stürzt hinaus, den beiden nach. Seine Mutter schreit auf, wie jetzt da aus dem Dunkel plötzlich etwas auf sie losstürzt, scheint in eine Ohnmacht gesunken, vom Baron nur mühsam gehalten. Der aber fühlt in dieser Sekunde eine kleine, schwache Faust in seinem Gesicht, die ihm die Lippe hart an die Zähne schlägt, etwas, was sich katzenhaft an seinen Körper krallt. Er läßt die Erschreckte los, die rasch entflieht, und schlägt blind, ehe er noch weiß, gegen wen er sich wehrt, mit der Faust zurück.

Das Kind weiß, daß es der Schwächere ist, aber es gibt nicht nach. Endlich, endlich ist der Augenblick da, der lang ersehnte, all die verratene Liebe, den aufgestapelten Haß leidenschaftlich zu entladen. Er hämmert mit seinen kleinen Fäusten blind darauflos, die Lippen verbissen in einer fiebrigen, sinnlosen Gereiztheit. Auch der Baron hat ihn jetzt erkannt, auch er steckt voll Haß gegen diesen heimlichen Spion, der ihm die letzten Tage vergällte und das Spiel verdarb; er schlägt derb zurück, wohin es eben trifft. Edgar stöhnt auf, läßt aber nicht los und schreit nicht um Hilfe. Sie ringen eine Minute stumm und verbissen in dem mitternächtigen Gang. Allmählich wird dem Baron das Lächerliche seines Kampfes mit einem halbwüchsigen Buben bewußt, er packt ihn fest an, um ihn wegzuschleudern. Aber das Kind, wie es jetzt seine Muskeln nachlassen spürt und weiß, daß es in der nächsten Sekunde der Besiegte, der Geprügelte sein wird, schnappt in wilder Wut nach dieser starken, festen Hand, die ihn im Nacken fassen will. Unwillkürlich stößt der Gebissene einen dumpfen Schrei aus und läßt frei – eine Sekunde, die das Kind benützt, um in sein Zimmer zu flüchten und den Riegel vorzuschieben.

Eine Minute nur hat dieser mitternächtige Kampf gedauert. Niemand rechts und links hat ihn gehört. Alles ist still, alles scheint in Schlaf ertrunken. Der Baron wischt sich die blutende Hand mit dem Taschentuch, späht beunruhigt in das Dunkel. Niemand hatte gelauscht. Nur oben flimmert – ihm dünkt höhnisch – ein letztes, unruhiges Licht.

Gewitter

›War das Traum, ein böser, gefährlicher Traum?‹ fragte sich Edgar am nächsten Morgen, als er mit versträhntem Haar aus einer Wirrnis von Angst erwachte. Den Kopf quälte dumpfes Dröhnen, die Gelenke ein erstarrtes, hölzernes Gefühl, und jetzt, wie er an sich hinabsah, merkte er erschreckt, daß er noch in den Kleidern stak. Er sprang auf, taumelte an den Spiegel und schauerte zurück vor seinem eigenen blassen, verzerrten Gesicht, das über der Stirne zu einem rötlichen

Striemen verschwollen war. Mühsam raffte er seine Gedanken zusammen und erinnerte sich jetzt beängstigt an alles, an den nächtigen Kampf draußen im Gang, sein Zurückstürzen ins Zimmer, und daß er dann, zitternd im Fieber, angezogen und fluchtbereit sich auf das Bett geworfen habe. Dort mußte er eingeschlafen sein, hinabgestürzt in diesen dumpfen, verhangenen Schlaf, in dessen Träumen dann all dies noch einmal wiedergekehrt war, nur anders und noch furchtbarer, mit einem feuchten Geruch von frischem, fließendem Blut.

Unten gingen Schritte knirschend über den Kies, Stimmen flogen wie unsichtbare Vögel herauf, und die Sonne griff tief ins Zimmer hinein. Es mußte schon spät am Vormittag sein, aber die Uhr, die er erschreckt befragte, deutete auf Mitternacht, er hatte in seiner Aufregung vergessen, sie gestern aufzuziehen. Und diese Ungewißheit, irgendwo lose in der Zeit zu hängen, beunruhigte ihn, verstärkt durch das Gefühl der Unkenntnis, was eigentlich geschehen war. Er richtete sich rasch zusammen und ging hinab, Unruhe und ein leises Schuldgefühl im Herzen.

Im Frühstückszimmer saß seine Mama allein am gewohnten Tisch. Edgar atmete auf, daß sein Feind nicht zugegen war, daß er sein verhaßtes Gesicht nicht sehen mußte, in das er gestern im Zorn seine Faust geschlagen hatte. Und doch, wie er nun an den Tisch herantrat, fühlte er sich unsicher.

»Guten Morgen«, grüßte er.

Seine Mutter antwortete nicht. Sie blickte nicht einmal auf, sondern betrachtete mit merkwürdig starren Pupillen in der Ferne die Landschaft. Sie sah sehr blaß aus, hatte die Augen leicht umrändert und um die Nasenflügel jenes nervöse Zucken, das so verräterisch für ihre Erregung war. Edgar verbiß die Lippen. Dieses Schweigen verwirrte ihn. Er wußte eigentlich nicht, ob er den Baron gestern schwer verletzt hatte und ob sie überhaupt um diesen nächtigen Zusammenstoß wissen konnte. Und diese Unsicherheit quälte ihn.

Aber ihr Gesicht blieb so starr, daß er gar nicht versuchte, zu ihr aufzublicken, aus Angst, die jetzt gesenkten Augen möchten plötzlich hinter den verhangenen Lidern aufspringen und ihn fassen. Er wurde ganz still, wagte nicht einmal, Lärm zu machen, ganz vorsichtig hob er die Tasse und stellte sie wieder zurück, verstohlen hinblickend auf die Finger seiner Mutter, die sehr nervös mit dem Löffel spielten und in ihrer Gekrümmtheit geheimen Zorn zu verraten schienen. Eine Viertelstunde saß er so in dem schwülen Gefühl der Erwartung auf etwas, das nicht kam. Kein Wort, kein einziges erlöste ihn. Und jetzt, da seine Mutter aufstand, noch immer, ohne seine Gegenwart bemerkt zu haben, wußte er nicht, was er tun sollte: allein hier beim Tisch sitzen bleiben oder ihr folgen. Schließlich erhob er sich doch, ging demütig hinter ihr her, die ihn geflissentlich übersah, und spürte immer dabei, wie lächerlich sein Nachschleichen war. Immer kleiner machte er seine Schritte, um mehr und mehr hinter ihr zurückzubleiben, die, ohne ihn zu beachten, in ihr Zimmer ging. Als Edgar endlich nachkam, stand er vor einer hart geschlossenen Türe.

Was war geschehen? Er kannte sich nicht mehr aus. Das sichere Bewußtsein von gestern hatte ihn verlassen. War er am Ende gestern im Unrecht gewesen mit diesem Überfall? Und bereiteten sie gegen ihn eine Strafe vor oder eine neue Demütigung? Etwas mußte geschehen, das fühlte er, etwas Furchtbares mußte sehr bald geschehen. Zwischen ihnen war die Schwüle eines aufziehenden Gewitters, die elektrische Spannung zweier geladener Pole, die sich im Blitz erlösen mußte. Und diese Last des Vorgefühls schleppte er durch vier einsame Stunden mit sich herum, von Zimmer zu Zimmer, bis sein schmaler Kindernacken niederbrach von unsichtbarem Gewicht und er mittags, nun schon ganz demütig, an den Tisch trat.

»Guten Tag«, sagte er wieder. Er mußte dieses Schweigen zerreißen, dieses furchtbar drohende, das über ihm als schwarze Wolke hing.

Wieder antwortete die Mutter nicht, wieder sah sie an ihm vorbei. Und mit neuem Erschrecken fühlte sich Edgar jetzt einem besonnenen, geballten Zorn gegenüber, wie er ihn bisher in seinem Leben noch nicht gekannt hatte. Bisher waren ihre Streitigkeiten immer nur Wutausbrüche mehr der Nerven als des Gefühls gewesen, rasch verflüchtigt in ein Lächeln der Begütigung. Diesmal aber hatte er, das spürte er, ein wildes Gefühl aus dem untersten Grund ihres Wesens aufgewühlt, und erschrak vor dieser unvorsichtig beschworenen Gewalt. Kaum vermochte er zu essen. In seiner Kehle quoll etwas Trockenes auf, das ihn zu erwürgen drohte. Seine Mutter schien von alldem nichts zu merken. Nur jetzt, beim Aufstehen, wandte sie sich wie gelegentlich zurück und sagte:

»Komm dann hinauf, Edgar, ich habe mit dir zu reden.«

Es klang nicht drohend, aber doch so eisig kalt, daß Edgar die Worte schauernd fühlte, als hätte man ihm eine eiserne Kette plötzlich um den Hals gelegt. Sein Trotz war zertreten. Schweigend, wie ein geprügelter Hund, folgte er ihr hinauf in das Zimmer.

Sie verlängerte ihm die Qual, indem sie einige Minuten schwieg. Minuten, in denen er die Uhr schlagen hörte und draußen ein Kind lachen und in sich selbst das Herz an die Brust hämmern. Aber auch in ihr mußte eine große Unsicherheit sein, denn sie sah ihn nicht an, während sie jetzt zu ihm sprach, sondern wandte ihm den Rücken.

»Ich will nicht mehr über dein Betragen von gestern reden. Es war unerhört, und ich schäme mich jetzt, wenn ich daran denke. Du hast dir die Folgen selber zuzuschreiben. Ich will dir jetzt nur sagen, es war das letztemal, daß du allein unter Erwachsenen sein durftest. Ich habe eben an deinen Papa geschrieben, daß du einen Hofmeister bekommst oder in ein Pensionat geschickt wirst, um Manieren zu lernen. Ich werde mich nicht mehr mit dir ärgern.«

Edgar stand mit gesenktem Kopf da. Er spürte, daß dies nur eine Einleitung, eine Drohung war, und wartete beunruhigt auf das Eigentliche.

»Du wirst dich jetzt sofort beim Baron entschuldigen.«

Edgar zuckte auf, aber sie ließ sich nicht unterbrechen.

»Der Baron ist heute abgereist, und du wirst ihm einen Brief schreiben, den ich dir diktieren werde.«

Edgar rührte sich wieder, aber seine Mutter war fest.

»Keine Widerrede. Da ist Papier und Tinte, setze dich hin.«

Edgar sah auf. Ihre Augen waren gehärtet von einem unbeugsamen Entschluß. So hatte er seine Mutter nie gekannt, so hart und gelassen. Furcht überkam ihn. Er setzte sich hin, nahm die Feder, duckte aber das Gesicht tief auf den Tisch.

»Oben das Datum. Hast du? Vor der Überschrift eine Zeile leer lassen. So! Sehr geehrter Herr Baron! Rufzeichen. Wieder eine Zeile freilassen. Ich erfahre soeben zu meinem Bedauern – hast du? – zu meinem Bedauern, daß Sie den Semmering schon verlassen haben, – Semmering mit zwei m – und so muß ich brieflich tun, was ich persönlich beabsichtigt hatte, nämlich – etwas rascher, er muß nicht kalligraphiert sein! – Sie um Entschuldigung bitten für mein gestriges Betragen. Wie Ihnen meine Mama gesagt haben wird, bin ich noch rekonvaleszent von einer schweren Erkrankung und sehr reizbar. Ich sehe dann oft Dinge, die übertrieben sind und die ich im nächsten Augenblick bereue …«

Der gekrümmte Rücken über dem Tisch schnellte auf. Edgar drehte sich um: sein Trotz war wieder wach.

»Das schreibe ich nicht, das ist nicht wahr!«

»Edgar!«

Sie drohte mit der Stimme.

»Es ist nicht wahr. Ich habe nichts getan, was ich zu bereuen habe. Ich habe nichts Schlechtes getan, wofür ich mich zu entschuldigen hätte. Ich bin dir nur zu Hilfe gekommen, wie du gerufen hast!«

Ihre Lippen wurden blutlos, die Nasenflügel spannten sich.

»Ich habe um Hilfe gerufen? Du bist toll!«

Edgar wurde zornig, mit einem Ruck sprang er auf.

»Ja, du hast um Hilfe gerufen, da draußen im Gang, gestern nacht, wie er dich angefaßt hat. ›Lassen Sie mich, lassen Sie mich‹, hast du gerufen. So laut, daß ich's bis ins Zimmer hinein gehört habe.«

»Du lügst, ich war nie mit dem Baron im Gang hier. Er hat mich nur bis zur Treppe begleitet ...«

In Edgar stockte das Herz bei dieser kühnen Lüge. Die Stimme verschlug sich ihm, er starrte sie an mit gläsernen Augensternen.

»Du ... warst nicht ... im Gang? Und er ... er hat dich nicht gehalten? Nicht mit Gewalt herumgefaßt?«

Sie lachte. Ein kaltes, trockenes Lachen.

»Du hast geträumt.«

Das war zuviel für das Kind. Er wußte jetzt ja schon, daß die Erwachsenen logen, daß sie kleine, kecke Ausreden hatten, Lügen, die durch enge Maschen schlüpften, und listige Zweideutigkeiten. Aber dies freche, kalte Ableugnen, Stirn gegen Stirn, machte ihn rasend.

»Und da diese Striemen habe ich auch geträumt?«

»Wer weiß, mit wem du dich herumgeschlagen hast. Aber ich brauche ja mit dir keine Diskussion zu führen, du hast zu parieren, und damit Schluß. Setze dich hin und schreib!«

Sie war sehr blaß und suchte mit letzter Kraft ihre Anspannung aufrechtzuhalten.

Aber in Edgar brach irgendwie etwas jetzt zusammen,

irgendeine letzte Flamme von Gläubigkeit. Daß man die Wahrheit so einfach mit dem Fuß ausstampfen konnte wie ein brennendes Zündholz, das ging ihm nicht ein. Eisig zog's sich in ihm zusammen, alles wurde spitz, boshaft, ungefaßt, was er sagte:

»So, das habe ich geträumt? Das im Gang und den Striemen da? Und daß ihr beide gestern dort im Mondschein promeniert seid, und daß er dich den Weg hinabführen wollte, das vielleicht auch? Glaubst du, ich lasse mich einsperren im Zimmer wie ein kleines Kind! Nein, ich bin nicht so dumm, wie ihr glaubt. Ich weiß, was ich weiß.«

Frech starrte er ihr in das Gesicht, und das brach ihre Kraft: das Gesicht ihres eigenen Kindes zu sehen, knapp vor sich und verzerrt vor Haß. Ungestüm brach ihr Zorn heraus.

»Vorwärts, du wirst sofort schreiben! Oder ...«

»Oder was ...?« Herausfordernd frech war jetzt seine Stimme geworden.

»Oder ich prügle dich wie ein kleines Kind.«

Edgar trat einen Schritt näher, höhnisch, und lachte nur.

Da fuhr ihm schon ihre Hand ins Gesicht. Edgar schrie auf. Und wie ein Ertrinkender, der mit den Händen um sich schlägt, nur ein dumpfes Brausen in den Ohren, rotes Flirren vor den Augen, so hieb er blind mit den Fäusten zurück. Er spürte, daß er in etwas Weiches schlug, jetzt gegen das Gesicht, hörte einen Schrei ...

Dieser Schrei brachte ihn zu sich. Plötzlich sah er sich selbst, und das Ungeheure wurde ihm bewußt: daß er seine Mutter schlug. Eine Angst überfiel ihn, Scham und Entsetzen, das ungestüme Bedürfnis, jetzt weg zu sein, in den Boden zu sinken, fort zu sein, fort, nur nicht mehr unter diesen Blicken. Er stürzte zur Türe und die Treppe rasch hinab, durch das Haus auf die Straße, fort, nur fort, als hetzte hinter ihm eine rasende Meute.

Weiter drunten am Weg blieb er endlich stehen. Er mußte sich an einem Baum festhalten, so sehr zitterten seine Glieder in Angst und Erregung, so röchelnd brach ihm der Atem aus der überhetzten Brust. Hinter ihm war das Grauen vor der eigenen Tat gerannt, nun faßte es seine Kehle und schüttelte ihn wie im Fieber hin und her. Was sollte er jetzt tun? Wohin fliehen? Denn hier schon, mitten im nahen Wald, eine Viertelstunde nur vom Haus, wo er wohnte, befiel ihn das Gefühl der Verlassenheit. Alles schien anders, feindlicher, gehässiger, seit er allein und ohne Hilfe war. Die Bäume, die gestern ihn noch brüderlich umrauscht hatten, ballten sich mit einem Male finster wie eine Drohung. Um wieviel aber mußte all dies, was noch vor ihm war, fremder und unbekannter sein? Dieses Alleinsein gegen die große, unbekannte Welt machte das Kind schwindelig. Nein, er konnte es noch nicht ertragen, noch nicht allein ertragen. Aber zu wem sollte er fliehen? Vor seinem Vater hatte er Angst, der war leicht erregbar, unzugänglich und würde ihn sofort zurückschicken. Zurück aber wollte er nicht, eher noch in die gefährliche Fremdheit des Unbekannten hinein; ihm war, als könnte er nie mehr das Gesicht seiner Mutter sehen, ohne zu denken, daß er mit der Faust hineingeschlagen hatte.

Da fiel ihm seine Großmutter ein, diese alte, gute, freundliche Frau, die ihn von Kindheit an verzärtelt hatte, immer sein Schutz gewesen war, wenn ihm zu Hause eine Züchtigung, ein Unrecht drohte. Bei ihr in Baden wollte er sich verstecken, bis der erste Zorn vorüber war, wollte dort einen Brief an die Eltern schreiben und sich entschuldigen. In dieser Viertelstunde war er schon so gedemütigt, bloß durch den Gedanken, allein mit seinen unerfahrenen Händen in der Welt zu stehen, daß er seinen Stolz verwünschte, diesen dummen Stolz, den ihm ein fremder Mensch mit einer Lüge ins Blut gejagt hatte. Er wollte ja nichts sein als das Kind von vordem, gehorsam, geduldig ohne die Anmaßung, deren lächerliche Übertriebenheit er jetzt fühlte.

Aber wie hinkommen nach Baden? Wie stundenweit das Land überfliegen? Hastig griff er in sein kleines, ledernes Portemonnaie, das er immer bei sich trug. Gott sei Dank, da blinkte es noch, das neue, goldene Zwanzigkronenstück, das ihm zum Geburtstag geschenkt worden war. Nie hatte er sich entschließen können, es auszugeben. Aber fast täglich hatte er nachgesehen, ob es noch da sei, sich an seinem Anblick geweidet, daran reich gefühlt und dann immer die Münze in dankbarer Zärtlichkeit mit seinem Taschentuch blank geputzt, bis sie funkelte wie eine kleine Sonne. Aber – der jähe Gedanke erschreckte ihn – würde das genügen? Er war so oft schon in seinem Leben mit der Bahn gefahren, ohne daran auch nur zu denken, daß man dafür bezahlen mußte oder schon gar wieviel das kosten könnte, ob eine Krone oder hundert. Zum ersten Male spürte er, daß es da Tatsachen des Lebens gab, an die er nie gedacht hatte, daß all die vielen Dinge, die ihn umringten, die er zwischen den Fingern gehabt und mit denen er gespielt hatte, irgendwie mit einem eigenen Wert gefüllt waren, einem besonderen Gewicht. Er, der sich noch vor einer Stunde allwissend dünkte, war, das spürte er jetzt, an tausend Geheimnissen und Fragen achtlos vorbeigegangen und schämte sich, daß seine arme Weisheit schon über die erste Stufe ins Leben hineinstolperte. Immer verzagter wurde er, immer kleiner waren seine unsicheren Schritte bis hinab zur Station. Wie oft hatte er geträumt von dieser Flucht, gedacht, ins Leben hinauszustürmen, Kaiser zu werden oder König, Soldat oder Dichter, und nun sah er zaghaft auf das kleine helle Haus hin und dachte nur einzig daran, ob die zwanzig Kronen ausreichen würden, ihn bis zu seiner Großmutter zu bringen. Die Schienen glänzten weit ins Land hinaus, der Bahnhof war leer und verlassen. Schüchtern schlich sich Edgar an die Kasse hin und flüsterte, damit niemand anderer ihn hören könnte, wieviel eine Karte nach Baden koste. Ein verwundertes Gesicht sah hinter dem dunklen Verschlag heraus, zwei Augen lächelten hinter den Brillen auf das zaghafte Kind:

»Eine ganze Karte?«

»Ja«, stammelte Edgar. Aber ganz ohne Stolz, mehr in Angst, es möchte zuviel kosten.

»Sechs Kronen!«

»Bitte!«

Erleichtert schob er das blanke, vielgeliebte Stück hin, Geld klirrte zurück, und Edgar fühlte sich mit einem Male wieder unsäglich reich, nun, da er das braune Stück Pappe in der Hand hatte, das ihm die Freiheit verbürgte, und in seiner Tasche die gedämpfte Musik von Silber klang.

Der Zug sollte in zwanzig Minuten eintreffen, belehrte ihn der Fahrplan. Edgar drückte sich in eine Ecke. Ein paar Leute standen am Perron, unbeschäftigt und ohne Gedanken. Aber dem Beunruhigten war, als sähen alle nur ihn an, als wunderten sich alle, daß so ein Kind schon allein fahre, als wäre ihm die Flucht und das Verbrechen an die Stirne geheftet. Er atmete auf, als endlich von ferne der Zug zum ersten Male heulte und dann heranbrauste. Der Zug, der ihn in die Welt tragen sollte. Beim Einsteigen erst bemerkte er, daß seine Karte für die dritte Klasse galt. Bisher war er nur immer erster Klasse gefahren, und wiederum fühlte er, daß hier etwas verändert sei, daß es Verschiedenheiten gab, die ihm entgangen waren. Andere Leute hatte er zu Nachbarn wie bisher. Ein paar italienische Arbeiter mit harten Händen und rauhen Stimmen, Spaten und Schaufel in den Händen, saßen gerade gegenüber und blickten mit dumpfen, trostlosen Augen vor sich hin. Sie mußten offenbar schwer am Weg gearbeitet haben, denn einige von ihnen waren müde und schliefen im ratternden Zug, an das harte und schmutzige Holz gelehnt, mit offenem Munde. Sie hatten gearbeitet, um Geld zu verdienen, dachte Edgar, konnte sich aber nicht denken, wieviel es gewesen sein mochte; er fühlte aber wiederum, daß Geld eine Sache war, die man nicht immer hatte, sondern die irgendwie erworben werden mußte. Zum erstenmal kam ihm jetzt zum Bewußtsein, daß er eine Atmosphäre von Wohlbehagen selbstverständlich gewohnt war und daß rechts und links von seinem Leben Abgründe tief ins Dunkel hineinklafften, an die sein Blick nie gerührt hatte. Mit einem Male bemerkte er, daß es Berufe gab und Bestimmungen, daß rings um sein Leben Geheimnisse geschart waren, nah zum Greifen und doch nie beachtet. Edgar lernte viel von dieser einen Stunde, seit er allein stand, er begann vieles zu sehn aus diesem engen Abteil mit den Fenstern ins Freie. Und leise begann in seiner dunklen Angst etwas aufzublühen, das noch nicht Glück war, aber doch schon ein Staunen vor der Mannigfaltigkeit des Lebens. Er war geflüchtet aus Angst und Feigheit, das empfand er in jeder Sekunde, aber doch zum ersten Male hatte er selbständig gehandelt, etwas erlebt von dem Wirklichen, an dem er bisher vorbeigegangen war. Zum ersten Male war er vielleicht der Mutter und dem Vater selbst Geheimnis geworden, wie ihm bislang die Welt. Mit anderen Blicken sah er aus dem Fenster. Und es war ihm, als ob er zum ersten Male alles Wirkliche sähe, als ob ein Schleier von den Dingen gefallen sei und sie ihm nun alles zeigten, das Innere ihrer Absicht, den geheimen Nerv ihrer Tätigkeit. Häuser flogen vorbei wie vom Wind weggerissen, und er mußte an die Menschen denken, die drinnen wohnten, ob sie reich seien oder arm, glücklich oder unglücklich, ob sie auch die Sehnsucht hatten wie er, alles zu wissen, und ob vielleicht Kinder dort seien, die auch nur mit den Dingen bisher gespielt hatten wie er selbst. Die Bahnwächter, die mit wehenden Fahnen am Weg standen, schienen ihm zum ersten Male nicht, wie bisher, lose Puppen und totes Spielzeug, Dinge, hingestellt von gleichgültigem Zufall, sondern er verstand, daß das ihr Schicksal war, ihr Kampf gegen das Leben. Immer rascher rollten die Räder, nun ließen die runden Serpentinen den Zug zum Tale niedersteigen, immer sanfter wurden die Berge, immer ferner, schon war die Ebene erreicht. Einmal noch sah er zurück, da waren sie schon blau und schattenhaft, weit und unerreichbar, und ihm war, als läge dort, wo sie langsam in dem nebligen Himmel sich lösten, seine eigene Kindheit.

Verwirrende Finsternis

Aber dann in Baden, als der Zug hielt und Edgar sich allein auf dem Perron befand, wo schon die Lichter entflammt waren, die Signale grün und rot in die Ferne glänzten, verband sich unversehens mit diesem bunten Anblick eine plötzliche Bangnis vor der nahen Nacht. Bei Tag hatte er sich noch sicher gefühlt, denn ringsum waren ja Menschen, man konnte sich ausruhen, auf eine Bank setzen oder vor den Läden in die Fenster starren. Wie aber würde er dies ertragen können, wenn die Menschen sich wieder in die Häuser verloren, jeder ein Bett hatte, ein Gespräch und dann eine beruhigte Nacht, während er im Gefühl seiner Schuld allein herumirren mußte, in einer fremden Einsamkeit. Oh, nur bald ein Dach über sich haben, nicht eine Minute mehr unter freiem fremdem Himmel stehen, das war sein einziges klares Gefühl.

Hastig ging er den wohlbekannten Weg, ohne nach rechts und links zu blicken, bis er endlich vor die Villa kam, die seine Großmutter bewohnte. Sie lag schön an einer breiten Straße, aber nicht frei den Blicken dargeboten, sondern hinter Ranken und Efeu eines wohlbehüteten Gartens, ein Glanz hinter einer Wolke von Grün, ein weißes, altväterisch freundliches Haus. Edgar spähte durch das Gitter wie ein Fremder. Innen regte sich nichts, die Fenster waren verschlossen, offenbar waren alle mit Gästen rückwärts im Garten. Schon berührte er die kühle Klinke, als ein Seltsames geschah: mit einem Male schien ihm das, was er sich jetzt seit zwei Stunden so leicht, so selbstverständlich gedacht hatte, unmöglich. Wie sollte er eintreten, wie sie begrüßen, wie diese Fragen ertragen und wie beantworten? Wie diesen ersten Blick aushalten, wenn er berichten mußte, daß er heimlich seiner Mutter entflohen sei? Und wie gar das Ungeheuerliche seiner Tat erklären, die er selbst schon nicht mehr begriff! Innen ging jetzt eine Tür. Mit einem Male befiel ihn eine törichte Angst, es möchte jemand kommen, und er lief weiter, ohne zu wissen wohin.

Vor dem Kurpark hielt er an, weil er dort Dunkel sah und keine Menschen vermutete. Dort konnte er sich vielleicht niedersetzen und endlich, endlich ruhig denken, ausruhen und über sein Schicksal klarwerden. Schüchtern trat er ein. Vorne brannten ein paar Laternen und gaben den noch jungen Blättern einen gespenstigen Wasserglanz von durchsichtigem Grün; weiter rückwärts aber, wo er den Hügel niedersteigen mußte, lag alles wie eine einzige, dumpfe, schwarze, gärende Masse in der wirren Finsternis einer verfrühten Frühlingsnacht. Edgar schlich scheu an den paar Menschen vorbei, die hier unter dem Lichtkreis der Laternen plaudernd oder lesend saßen: er wollte allein sein. Aber auch droben in der schattenden Finsternis der unbeleuchteten Gänge war keine Ruhe. Alles war da erfüllt von einem leisen, lichtscheuen Rieseln und Reden, das vielfach gemischt war mit dem Atem des Windes zwischen den biegsamen Blättern, dem Schlürfen ferner Schritte, dem Flüstern verhaltener Stimmen, mit irgendeinem wollüstigen, seufzenden, angstvoll stöhnenden Getön, das von Menschen und Tieren und der unruhig schlafenden Natur gleichzeitig ausgehen mochte. Es war eine gefährliche

Unruhe, eine geduckte, versteckte und beängstigende, rätselhafte, die hier atmete, irgendein unterirdisches Wühlen im Wald, das vielleicht nur mit dem Frühling zusammenhing, das ratlose Kind aber seltsam verängstigte.

Er preßte sich ganz klein auf eine Bank hin in dieses abgründige Dunkel und versuchte nun zu überlegen, was er zu Hause erzählen sollte. Aber die Gedanken glitten ihm glitschig weg, ehe er sie fassen konnte, gegen seinen eigenen Willen mußte er immer nur lauschen und lauschen auf das gedämpfte Tönen, die mystischen Stimmen des Dunkels. Wie furchtbar diese Finsternis war, wie verwirrend und doch wie geheimnisvoll schön! Waren es Tiere oder Menschen oder nur die gespenstige Hand des Windes, die all dieses Rauschen und Knistern, dieses Surren und Locken ineinanderwebte? Er lauschte. Es war der Wind, der unruhig durch die Bäume schlich, aber – jetzt sah er es deutlich – auch Menschen, verschlungene Paare, die von unten, von der hellen Stadt heraufkamen und die Finsternis mit ihrer rätselhaften Gegenwart belebten. Was wollten sie? Er konnte es nicht begreifen. Sie sprachen nicht miteinander, denn er hörte keine Stimmen, nur die Schritte knirschten unruhig im Kies, und hie und da sah er in der Lichtung ihre Gestalten flüchtig wie Schatten vorüberschweben, immer aber so in eins verschlungen, wie er damals seine Mutter mit dem Baron gesehen hatte. Dieses Geheimnis, das große, funkelnde und verhängnisvolle, es war also auch hier. Immer näher hörte er jetzt Schritte herankommen und nun auch ein gedämpftes Lachen. Angst befiel ihn, die Nahenden möchten ihn hier finden, und noch tiefer ins Dunkel drückte er sich hinein. Aber die beiden, die jetzt durch die undurchdringliche Finsternis den Weg herauftasteten, sahen ihn nicht. Verschlungen gingen sie vorbei, schon atmete Edgar auf, da stockte plötzlich ihr Schritt, knapp vor seiner Bank. Sie preßten die Gesichter aneinander, Edgar konnte nichts deutlich sehen, er hörte nur, wie ein Stöhnen aus dem Munde der Frau brach, der Mann heiße, wahnsinnige Worte stammelte, und irgendein schwüles Vorgefühl durchdrang seine Angst mit einem wollüstigen Schauer. Eine Minute blieben sie so, dann knirschte wieder der Kies unter ihren weiterwandernden Schritten, die dann bald in der Finsternis verklangen.

Edgar schauerte zusammen. Das Blut stürzte ihm jetzt wieder in die Adern zurück, heißer und wärmer als zuvor. Und mit einem Male fühlte er sich unerträglich einsam in dieser verwirrenden Finsternis, urmächtig kam das Bedürfnis über ihn nach irgendeiner befreundeten Stimme, einer Umarmung, nach einem hellen Zimmer, nach Menschen, die er liebte. Ihm war, als wäre die ganze ratlose Dunkelheit dieser wirren Nacht nun in ihn gesunken und zersprenge ihm die Brust.

Er sprang auf. Nur heim, heim, irgendwo zu Hause sein im warmen, im hellen Zimmer, in irgendeinem Zusammenhang mit Menschen. Was konnte ihm denn geschehen? Sollte man ihn schlagen und beschimpfen, er fürchtete nichts mehr, seit er dieses Dunkel gespürt hatte und die Angst vor der Einsamkeit.

Es trieb ihn vorwärts, ohne daß er sich spürte, und plötzlich stand er neuerdings vor der Villa, die Hand wieder an der kühlen Klinke. Er sah, wie jetzt die Fenster erleuchtet durch das Grün glimmerten, sah in Gedanken hinter jeder hellen Scheibe den vertrauten Raum mit seinen Menschen darin. Schon dieses Nahsein gab ihm Glück, schon dieses erste, beruhigende Gefühl, daß er nah sei zu Menschen, von denen er sich geliebt wußte. Und wenn er noch zögerte, so war es nur, um dieses Vorgefühl inniger zu genießen.

Da schrie hinter ihm eine Stimme mit gellem Erschrecken:

»Edgar, da ist er ja!«

Das Dienstmädchen seiner Großmama hatte ihn gesehen, stürzte auf ihn los und faßte ihn bei der Hand. Die Türe wurde innen aufgerissen, bellend sprang ein Hund an ihm empor, aus dem Hause kam man mit Lichtern, er hörte Stimmen mit Jubel und Schreckrufen, einen freudigen Tumult von Schreien und Schritten, die sich näherten, Gestalten, die er jetzt erkannte. Vorerst seine Großmutter mit ausgestrecktem Arm und hinter ihr – er glaubte zu träumen – seine Mutter. Mit verweinten Augen, zitternd und verschüchtert, stand er selbst inmitten dieses heißen Ausbruchs überschwenglicher Gefühle, unschlüssig, was er tun, was er sagen sollte, und selber unklar, was er fühlte: Angst oder Glück.

Der letzte Traum

Das war so geschehen: Man hatte ihn hier längst schon gesucht und erwartet. Seine Mutter, trotz ihres Zornes erschreckt durch das rasende Wegstürzen des erregten Kindes, hatte ihn am Semmering suchen lassen. Schon war alles in furchtbarster Aufregung und voll gefährlicher Vermutungen, als ein Herr die Nachricht brachte, er habe das Kind gegen drei Uhr am Bahnschalter gesehen. Dort erfuhr man rasch, daß Edgar eine Karte nach Baden genommen hatte, und sie fuhr, ohne zu zögern, ihm sofort nach. Telegramme nach Baden und Wien an seinen Vater liefen ihr voran, Aufregung verbreitend, und seit zwei Stunden war alles in Bewegung nach dem Flüchtigen.

Jetzt hielten sie ihn fest, aber ohne Gewalt. In einem unterdrückten Triumph wurde er hineingeführt ins Zimmer, aber wie seltsam war ihm dies, daß er alle die harten Vorwürfe, die sie ihm sagten, nicht spürte, weil er in ihren Augen doch die Freude und die Liebe sah. Und sogar dieser Schein, dieser geheuchelte Ärger dauerte nur einen Augenblick. Dann umarmte ihn wieder die Großmutter mit Tränen, niemand sprach mehr von seiner Schuld, und er fühlte sich von einer wundervollen Fürsorge umringt. Da zog ihm das Mädchen den Rock aus und brachte ihm einen wärmeren, da fragte ihn die Großmutter, ob er nicht Hunger habe oder irgend etwas wollte, sie fragten und quälten ihn mit zärtlicher Besorgnis, und wie sie seine Befangenheit sahen, fragten sie nicht mehr. Wollüstig empfand er das so mißachtete und doch entbehrte Gefühl wieder, ganz Kind zu sein, und Scham befiel ihn über die Anmaßung der letzten Tage, all dies entbehren zu wollen, es einzutauschen für die trügerische Lust einer eigenen Einsamkeit.

Nebenan klingelte das Telephon. Er hörte die Stimme seiner Mutter, hörte einzelne Worte: »Edgar … zurück … herkommen … letzter Zug«, und wunderte sich, daß sie ihn nicht wild angefahren hatte, nur umfaßt mit so merkwürdig verhaltenem Blick. Immer wilder wurde die Reue in ihm, und am liebsten hätte er sich hier all der Sorgfalt seiner Großmutter und seiner Tante entwunden und wäre hineingegangen, sie um Verzeihung zu bitten, ihr ganz in Demut, ganz allein zu sagen, er wolle wieder Kind sein und gehorchen. Aber als er jetzt leise aufstand, sagte die Großmutter leise erschreckt:

»Wohin willst du?«

Da stand er beschämt. Sie hatten schon Angst für ihn, wenn er sich regte. Er hatte sie alle verschreckt, nun fürchteten sie, er wolle wieder entfliehen. Wie würden sie begreifen können, daß niemand mehr diese Flucht bereute als er selbst!

Der Tisch war gedeckt, und man brachte ihm ein eiliges Abendessen. Die Großmutter saß bei ihm und wandte keinen Blick. Sie und die Tante und das Mädchen schlossen ihn in einen stillen Kreis, und er fühlte sich von dieser Wärme wundersam beruhigt. Nur daß seine Mutter nicht ins Zimmer trat, machte ihn wirr. Wenn sie hätte ahnen können, wie demütig er war, sie wäre bestimmt gekommen!

Da ratterte draußen ein Wagen und hielt vor dem Haus.

Die anderen schreckten so sehr auf, daß auch Edgar unruhig wurde. Die Großmutter ging hinaus, Stimmen flogen laut hin und her durch das Dunkel, und auf einmal wußte er, daß sein Vater gekommen war. Scheu merkte Edgar, daß er jetzt wieder allein im Zimmer stand, und selbst dieses kleine Alleinsein verwirrte ihn. Sein Vater war streng, war der einzige, den er wirklich fürchtete. Edgar horchte hinaus, sein Vater schien erregt zu sein, er sprach laut und geärgert. Dazwischen klangen begütigend die Stimmen seiner Großmutter und der Mutter, offenbar wollten sie ihn milder stimmen. Aber die Stimme blieb hart, hart wie die Schritte, die jetzt herankamen, näher und näher, nun schon im Nebenzimmer waren, knapp vor der Türe, die jetzt aufgerissen wurde.

Sein Vater war sehr groß. Und unsäglich klein fühlte sich jetzt Edgar vor ihm, wie er eintrat, nervös und anscheinend wirklich im Zorn.

»Was ist dir eingefallen, du Kerl, davonzulaufen? Wie kannst du deine Mutter so erschrecken?«

Seine Stimme war zornig und in den Händen eine wilde Bewegung. Hinter ihm war mit leisem Schritt jetzt die Mutter hereingetreten. Ihr Gesicht war verschattet.

Edgar antwortete nicht. Er hatte das Gefühl, sich rechtfertigen zu müssen, aber doch, wie sollte er das erzählen, daß man ihn betrogen hatte und geschlagen? Würde er es verstehen?

»Nun, kannst du nicht reden? Was war los? Du kannst es ruhig sagen! War dir etwas nicht recht? Man muß doch einen Grund haben, wenn man davonläuft! Hat dir jemand etwas zuleide getan?« Edgar zögerte. Die Erinnerung machte ihn wieder zornig, schon wollte er anklagen. Da sah er – und sein Herz stand still dabei –, wie seine Mutter hinter dem Rücken des Vaters eine sonderbare Bewegung machte. Eine Bewegung, die er erst nicht verstand. Aber jetzt sah sie ihn an, in ihren Augen war eine flehende Bitte. Und leise, ganz leise hob sie den Finger zum Mund im Zeichen des Schweigens.

Da brach, das Kind fühlte es, plötzlich etwas Warmes, eine ungeheure wilde Beglückung durch seinen ganzen Körper. Er verstand, daß sie ihm das Geheimnis zu hüten gab, daß auf seinen kleinen Kinderlippen ein Schicksal lag. Und wilder, jauchzender Stolz erfüllte ihn, daß sie ihm vertraute, jäh überkam ihn ein Opfermut, ein Wille, seine eigene Schuld noch zu vergrößern, um zu zeigen, wie sehr er schon Mann war. Er raffte sich zusammen:

»Nein, nein … es war gar kein Anlaß. Mama war sehr gut zu mir, aber ich war ungezogen, ich habe mich schlecht benommen … und da … da bin ich davongelaufen, weil ich mich gefürchtet habe.«

Sein Vater sah ihn verdutzt an. Er hatte alles erwartet, nur nicht dieses Geständnis. Sein Zorn war entwaffnet.

»Na, wenn es dir leid tut, dann ist's schon gut. Dann will ich heute nichts mehr darüber reden. Ich glaube, du wirst es dir ein anderes Mal doch überlegen! Daß so etwas nicht mehr vorkommt.«

Er blieb stehen und sah ihn an. Seine Stimme wurde jetzt milder.

»Wie blaß du aussiehst. Aber mir scheint, du bist schon wieder größer geworden. Ich hoffe, du wirst solche Kindereien nicht mehr tun; du bist ja wirklich kein Bub mehr und könntest schon vernünftig sein!«

Edgar blickte die ganze Zeit über nur auf seine Mutter. Ihm war, als funkelte etwas in ihren Augen. Oder war dies nur der Widerschein der Flamme? Nein, es glänzte dort feucht und hell, und ein Lächeln war um ihren Mund, das ihm Dank sagte. Man schickte ihn jetzt zu Bett, aber er war nicht traurig darüber, daß sie ihn allein ließen. Er hatte ja so viel zu überdenken, so viel Buntes und Reiches. All der Schmerz der letzten Tage verging in dem gewaltigen Gefühl des ersten Erlebnisses, er fühlte sich glücklich in einem geheimnisvollen Vorgefühl künftiger Geschehnisse. Draußen rauschten im Dunkel die Bäume in der verfinsterten Nacht, aber er kannte kein Bangen mehr. Er hatte alle Ungeduld vor dem Leben verloren, seit er wußte, wie reich es war. Ihm war, als hätte er es zum erstenmal heute nackt gesehen, nicht mehr verhüllt von tausend Lügen der Kindheit, sondern in seiner ganzen wollüstigen, gefährlichen Schönheit. Er hatte nie gedacht, daß Tage so vollgepreßt sein konnten vom vielfältigen Übergang des Schmerzes und der Lust, und der Gedanke beglückte ihn, daß noch viele solche Tage ihm bevorständen, ein ganzes Leben warte, ihm sein Geheimnis zu entschleiern. Eine erste Ahnung der Vielfältigkeit des Lebens hatte ihn überkommen, zum ersten Male glaubte er das Wesen der Menschen verstanden zu haben, daß sie einander brauchten, selbst wenn sie sich feindlich schienen, und daß es sehr süß sei, von ihnen geliebt zu werden. Er war unfähig, an irgend etwas oder irgend jemanden mit Haß zu denken, er bereute nichts, und selbst für den Baron, den Verführer, seinen bittersten Feind, fand er ein neues Gefühl der Dankbarkeit, weil er ihm die Tür aufgetan hatte zu dieser Welt der ersten Gefühle.

Das war alles sehr süß und schmeichlerisch nun im Dunkel zu denken, leise schon verworren mit Bildern aus Träumen, und beinahe war es schon Schlaf. Da war ihm, als ob plötzlich die Türe ginge und leise etwas käme. Er glaubte sich nicht recht, war auch schon zu schlafbefangen, um die Augen aufzutun. Da spürte er atmend über sich ein Gesicht weich, warm und mild das seine streifen, und wußte, daß seine Mutter es war, die ihn jetzt küßte und ihm mit der Hand übers Haar fuhr. Er fühlte die Küsse und fühlte die Tränen, sanft die Liebkosung erwidernd, und nahm es nur als Versöhnung, als Dankbarkeit für sein Schweigen. Erst später, viele Jahre später, erkannte er in diesen stummen

Tränen ein Gelöbnis der alternden Frau, daß sie von nun ab nur ihm, nur ihrem Kinde gehören wollte, eine Absage an das Abenteuer, ein Abschied von allen eigenen Begehrlichkeiten. Er wußte nicht, daß auch sie ihm dankbar war, aus einem unfruchtbaren Abenteuer gerettet zu sein, und ihm nun mit dieser Umarmung die bitter-süße Last der Liebe für sein zukünftiges Leben wie ein Erbe überließ. All dies verstand das Kind von damals nicht, aber es fühlte, daß es sehr beseligend sei, so geliebt zu sein, und daß es durch diese Liebe schon verstrickt war mit dem großen Geheimnis der Welt.

Als sie dann die Hand von ihm ließ, die Lippen sich den seinen entwanden und die leise Gestalt entrauschte, blieb noch ein Warmes zurück, ein Hauch über seinen Lippen. Und schmeichlerisch flog ihn Sehnsucht an, oft noch solche weichen Lippen zu spüren und so zärtlich umschlungen zu werden, aber dieses ahnungsvolle Vorgefühl des so ersehnten Geheimnisses war schon umwölkt vom Schatten des Schlafes. Noch einmal zogen all die Bilder der letzten Stunden farbig vorbei, noch einmal blätterte sich das Buch seiner Jugend verlockend auf. Dann schlief das Kind ein, und es begann der tiefere Traum seines Lebens.

Angst

Als Frau Irene die Treppe von der Wohnung ihres Geliebten hinabstieg, packte sie mit einem Male wieder jene sinnlose Angst. Ein schwarzer Kreisel surrte plötzlich vor ihren Augen, die Knie froren zu entsetzlicher Starre, und hastig mußte sie sich am Geländer festhalten, um nicht jählings nach vorne zu fallen. Es war nicht das erstemal, daß sie den gefahrvollen Besuch wagte, dieser jähe Schauer ihr keineswegs fremd, immer unterlag sie trotz aller innerlichen Gegenwehr bei jeder Heimkehr solchen grundlosen Anfällen unsinniger und lächerlicher Angst. Der Weg zum Rendezvous war unbedenklich leichter. Da ließ sie den Wagen an der Straßenecke halten, lief hastig und ohne aufzuschauen die wenigen Schritte bis zum Haustor und dann die Stufen eilend empor, wußte sie doch, er warte schon innen auf sie hinter der rasch geöffneten Tür, und diese erste Angst, in der doch auch Ungeduld brannte, zerfloß heiß in einer grüßenden Umarmung. Aber dann, wenn sie heim wollte, stieg es fröstelnd auf, dies andere geheimnisvolle Grauen, nun wirr gemengt mit dem Schauer der Schuld und jenem törichten Wahn, jeder fremde Blick auf der Straße vermöchte ihr abzulesen, woher sie käme, und mit frechem Lächeln ihre Verwirrung erwidern. Noch die letzten Minuten in seiner Nähe waren schon vergiftet von der steigenden Unruhe dieses Vorgefühls; im Fortwollen zitterten ihre Hände vor nervöser Eile, zerstreut fing sie seine Worte auf und wehrte hastig den Nachzüglern seiner Leidenschaft; fort, nur fort wollte dann immer schon alles in ihr, aus seiner Wohnung, seinem Haus,

aus dem Abenteuer in ihre ruhige bürgerliche Welt zurück. Kaum wagte sie in den Spiegel zu schauen, aus Furcht vor dem Mißtrauen im eigenen Blick, und doch war es nötig zu prüfen, ob nichts an ihrer Kleidung die Leidenschaft der Stunde durch Verwirrung verriete. Dann kamen noch jene letzten, vergeblich beruhigenden Worte, die sie vor Aufregung kaum hörte, und jene horchende Sekunde hinter der bergenden Tür, ob niemand die Treppe hinauf und hinab ginge. Draußen aber stand schon die Angst, ungeduldig sie anzufassen, und hemmte ihr so herrisch den Herzschlag, daß sie immer schon atemlos die wenigen Stufen niederstieg, bis sie die nervös zusammengeraffte Kraft versagen fühlte.

Eine Minute stand sie so mit geschlossenen Augen und atmete die dämmerige Kühle des Treppenhauses gierig ein. Da fiel von einem oberen Stockwerk eine Tür ins Schloß, erschreckt raffte sie sich zusammen und hastete, indes ihre Hände unwillkürlich den dichten Schleier noch fester zusammenrafften, die Stufen hinab. Jetzt drohte noch jener letzte furchtbarste Moment, das Grauen, aus fremdem Haustor auf die Straße zu treten und vielleicht in die vordringliche Frage eines vorübergehenden Bekannten hinein, woher sie käme, in die Verwirrung und Gefahr einer Lüge: sie senkte den Kopf wie ein Springer beim Anlauf und eilte mit jähem Entschluß gegen das halboffene Tor.

Da stieß sie hart mit einer Frauensperson zusammen, die offenbar eben eintreten wollte. »Pardon«, sagte sie verlegen und mühte sich, rasch an ihr vorbeizukommen. Aber die Person sperrte ihr breit die Tür und starrte sie zornig und zugleich mit unverstelltem Hohn an. »Daß ich Sie nur einmal erwische!« schrie sie ganz unbekümmert mit einer derben Stimme. »Natürlich, eine anständige Frau, eine sogenannte! Das hat nicht genug an einem Mann und dem vielen Geld und an allem, das muß noch einem armen Mädel ihren Geliebten abspenstig machen ...«

»Um Gottes willen … was haben Sie … Sie irren sich …«, stammelte Frau Irene und machte einen linkischen Versuch durchzuwischen, aber die Person pfropfte ihren massigen Körper breit in die Tür und keifte ihr grell entgegen: »Nein, ich irre mich nicht … ich kenne Sie … Sie kommen von Eduard, meinem Freund … Jetzt habe ich Sie endlich einmal erwischt, jetzt weiß ich, warum er so wenig Zeit für mich in der letzten Zeit hat … Wegen Ihnen also … Sie gemeine …!«

»Um Gottes willen«, unterbrach sie Frau Irene mit erlöschender Stimme, »schreien Sie doch nicht so«, und trat unwillkürlich in den Hausflur wieder zurück. Die Frau sah sie höhnisch an. Diese schlotternde Angst, diese sichtliche Hilflosigkeit schien ihr irgendwie wohlzutun, denn mit einem selbstbewußten und spöttisch zufriedenen Lächeln musterte sie jetzt ihr Opfer. Ihre Stimme wurde vor gemeinem Wohlbehagen ganz breit und beinahe behäbig.

»So sehen sie also aus, diese verheirateten Damen, die nobeln, vornehmen Damen, wenn sie einem die Männer stehlen gehen. Verschleiert, natürlich verschleiert, damit man nachher überall die anständige Frau spielen kann …«

»Was … was wollen Sie denn von mir? … Ich kenne Sie ja gar nicht … Ich muß fort … «

»Fort … ja natürlich … zum Herrn Gemahl … in die warme Stube, die vornehme Dame spielen und sich auskleiden lassen von den Dienstboten … Aber was unsereiner treibt, ob das krepiert vor Hunger, das schert ja so eine vornehme Dame nicht … So einer stehlen sie auch das letzte, diese anständigen Frauen …«

Irene gab sich einen Ruck und griff, einer vagen Eingebung gehorchend, in ihr Portemonnaie und faßte, was ihr gerade an Banknoten in die Hand kam. »Da … da haben Sie … aber lassen Sie mich jetzt … Ich komme nie mehr her … ich schwöre es Ihnen.«

Mit einem bösen Blick nahm die Person das Geld. »Luder«, murmelte sie dabei. Frau Irene zuckte unter dem Wort zusammen, aber sie sah, daß die andere ihr die Tür freigab und stürzte hinaus, dumpf und atemlos, wie ein Selbstmörder vom Turm. Sie spürte Gesichter als verzerrte Fratzen vorbeigleiten, wie sie vorwärts lief, und rang sich mühsam mit schon verdunkeltem Blick durch bis zu einem Automobil, das an der Ecke stand. Wie eine Masse warf sie ihren Körper in die Kissen, dann wurde alles in ihr starr und regunglos, und als der Chauffeur endlich verwundert den sonderbaren Fahrgast fragte, wohin der Weg ginge, starrte sie ihn einen Augenblick ganz leer an, bis ihr benommenes Gehirn seine Worte schließlich erfaßte. »Zum Südbahnhof«, stieß sie dann hastig heraus und, plötzlich vom Gedanken erfaßt, die Person könnte ihr folgen, »rasch, rasch, fahren Sie schnell!«

In der Fahrt erst spürte sie, wie sehr diese Begegnung sie ins Herz getroffen hatte. Sie tastete ihre Hände an, die erstarrt und kalt wie abgestorbene Dinge an ihrem Körper niederhingen, und begann mit einem Male so zu zittern, daß es sie schüttelte. In der Kehle klomm etwas Bitteres empor, sie spürte Brechreiz und zugleich eine sinnlose, dumpfe Wut, die wie ein Krampf das Innere ihrer Brust herauswühlen wollte. Am liebsten hätte sie geschrien oder mit den Fäusten getobt, sich freizumachen von dem Grauen dieser Erinnerung, die fest wie ein Angelhaken in ihrem Gehirn saß, dieses wüste Gesicht mit seinem höhnischen Lachen, dieser Dunst von Gemeinheit, der aufstieg vom schlechten Atem der Proletarierin, dieser wüste Mund, der voll Haß ihr hart bis ins Gesicht die niedrigen Worte gespien, und die gehobene rote Faust, mit der sie ihr gedroht hatte. Immer stärker wurde das Übelkeitsgefühl, immer höher klomm es in die Kehle, dazu schleuderte der rasch rollende Wagen hin und her, und eben wollte sie dem Chauffeur bedeuten, langsamer zu fahren, als ihr noch rechtzeitig einfiel, sie hätte vielleicht nicht mehr genug Geld bei sich, ihn zu bezahlen, da sie doch alle Banknoten an diese Erpresserin gegeben. Hastig gab sie das Signal zum Halten und stieg zu neuerlicher Verwunderung des Chauffeurs plötzlich aus. Glücklicherweise reichte der Rest ihres Geldes. Aber dann fand sie sich in einen fremden Bezirk verschlagen, in einem Geschiebe geschäftiger Menschen, die ihr physisch weh taten mit jedem Wort und jedem Blick. Dabei waren ihre Knie wie aufgeweicht von der Angst und trugen unwillig die Schritte vorwärts, aber sie mußte heim, und alle Energie zusammenraffend, stieß sie sich von Gasse zu Gasse fort mit einer übermenschlichen Anstrengung, als ob sie durch einen Morast watete oder knietiefen Schnee. Endlich kam sie zu ihrem Hause und stürzte mit einer nervösen Hast, die sie aber sofort wieder mäßigte, um nicht durch ihre Unruhe aufzufallen, die Treppe hinauf.

Jetzt erst, da ihr das Dienstmädchen den Mantel abnahm, sie nebenan ihren kleinen Knaben mit der jüngeren Schwester laut spielen hörte und der beruhigte Blick überall Eigenes faßte, Eigentum und Geborgenheit, gewann sie wieder einen äußeren Schein von der Gefaßtheit zurück, indes unterirdisch die Woge der Erregung noch schmerzhaft die gespannte Brust durchrollte. Sie nahm den Schleier ab, glättete mit dem starken Willen, arglos zu scheinen, ihr Gesicht und trat in das Speisezimmer, wo ihr Mann bei dem abendlich gedeckten Tisch die Zeitung las.

»Spät, spät, liebe Irene«, grüßte er mit sanftem Vorwurf, stand auf und küßte sie auf die Wange, was ihr unwillkürlich ein peinliches Gefühl der Scham erweckte. Sie setzten sich zu Tische, und gleichgültig, kaum von der Zeitung weg, fragte er: »Wo warst du so lange?«

»Ich war … bei … bei Amélie … sie mußte da noch etwas besorgen … und ich ging mit«, ergänzte sie und schon zornig über die eigene Unbedachtsamkeit, so schlecht gelogen zu haben. Sonst rüstete sie immer im voraus eine sorgfältig ausgeklügelte, allen Möglichkeiten der Überprüfung trotzende Lüge, heute aber hatte die Angst sie daran vergessen lassen und zu einer so ungeschickten Improvisation gezwungen. Wenn, fuhr es ihr durch den Sinn, ihr Mann, wie jüngst in dem Stück, das sie im Theater sahen, hintelefonierte und sich erkundigte …

»Was hast du denn? … Du scheinst mir so nervös … und warum nimmst du denn den Hut nicht ab?« fragte ihr Mann. Sie schrak zusammen, als sie sich neuerdings in ihrer Verlegenheit ertappt fühlte, stand eilig auf, ging in ihr Zimmer, den Hut abzunehmen, und sah dabei im Spiegel ihr unruhiges Auge so lange an, bis der Blick ihr wieder sicher und fest schien. Dann kehrte sie in das Speisezimmer zurück.

Das Mädchen kam mit der Abendmahlzeit, und es wurde ein Abend wie alle anderen, vielleicht etwas mehr wortkarg und weniger gesellig als sonst, ein Abend mit einem armen, müden, oft hinstolpernden Gespräch. Ihre Gedanken wanderten den Weg unablässig zurück und schraken immer entsetzt empor, wenn sie zu jener Minute kamen, in die grauenhafte Nähe der Erpresserin: dann hob sie immer den Blick, um sich geborgen zu fühlen, griff Ding um Ding der beseelten Nähe, jedes durch Erinnerung und Bedeutung in die Zimmer gestellt, zärtlich an, und eine leichte Beruhigung kehrte in sie zurück. Und die Wanduhr, gemächlich mit ihrem stählernen Schritt das Schweigen durchschreitend, gab ihrem Herzen unmerklich wieder etwas von seinem gleichmäßigen, sorglos-sicheren Takt.

Am nächsten Morgen, als ihr Mann in seine Kanzlei, die Kinder spazierengegangen waren und sie endlich mit sich allein blieb, verlor im klaren Vormittagslicht jene schreckhafte Begegnung bei nachträglicher Überprüfung viel von ihrer Beängstigung. Frau Irene besann sich zunächst, daß ihr Schleier sehr dicht und es jener Person dadurch unmöglich gewesen war, die Züge ihres Gesichtes genau wahrzunehmen und wiedererkennen zu können. Ruhig erwog sie nun alle Maßnahmen der Vorbeugung. Auf keinen Fall würde sie ihren Geliebten nochmals in seiner Wohnung aufsuchen – und damit war wohl die eheste Möglichkeit eines solchen Überfalls beseitigt. Blieb also nur die Gefahr einer zufälligen Wiederbegegnung mit dieser Person, doch auch eine solche war unwahrscheinlich, denn nachgefolgt konnte sie ihr, die doch im Automobil geflüchtet war, nicht sein. Name und Wohnung waren ihr fremd und ein sonstiges zuverlässiges Erkennen nach dem undeutlichen Gesichtsbilde nicht zu befürchten. Aber auch für diesen äußersten Fall war Frau Irene gerüstet. Dann, nicht mehr im Schraubstock der Angst, würde sie einfach, so beschloß sie sofort, ruhige Haltung bewahren, alles ableugnen, kühl einen Irrtum behaupten und, da ein Beweis jenes Besuches anders als zur Stelle kaum zu erbringen war, diese Person eventuell der Erpressung bezichtigen. Nicht umsonst war Frau Irene die Gattin eines der bekanntesten Verteidiger der Residenz, sie wußte genug aus dessen Gesprächen mit Fachkollegen, daß Erpressungen nur sofort und durch größte Kaltblütigkeit gedrosselt werden könnten, weil jede Verzögerung, jeder Schein von Unruhe von seiten des Verfolgten die Überlegenheit seines Gegners nur steigert.

Die erste Gegenmaßregel war ein knapper Brief an ihren Geliebten, sie könne morgen zur vereinbarten Stunde nicht kommen, auch in den nächsten Tagen nicht. Beim Überlesen schien ihr das Billett, in dem sie zum erstenmal ihre Schrift verstellte, etwas frostig im Ton, und schon wollte sie die ungefälligen Worte durch intimere ersetzen, als die Erinnerung an die gestrige Begegnung plötzlich einen unterirdisch regen Groll, der unbewußt die Kälte der Zeilen verschuldet hatte, ihr erklärte. Ihr Stolz war gereizt durch jene peinliche Entdeckung, in der Gunst ihres Liebhabers eine so niedere und unwürdige Vorgängerin abgelöst zu haben, und mit gehässigerem Gefühl die Worte prüfend, freute sie sich nun rachsüchtig der kühlen Art, mit der sie ihr Kommen darin gewissermaßen in die Sphäre ihrer gütigen Laune erhob.

Sie hatte diesen jungen Menschen, einen Pianisten von Ruf, in einem freilich noch begrenzten Kreise, bei einer gelegentlichen Abendunterhaltung kennengelernt und war bald, ohne es recht zu wollen und beinahe ohne es zu begreifen, seine Geliebte geworden. Nichts in ihrem Blute hatte eigentlich nach dem seinen verlangt, nichts Sinnliches und kaum ein Geistiges sie seinem Körper verbunden: sie hatte sich ihm hingegeben, ohne seiner zu bedürfen oder ihn nur stark zu begehren, aus einer gewissen Trägheit des Widerstandes gegen seinen Willen und einer Art unruhigen Neugier. Nichts in ihr, weder ihr durch eheliches Glück voll befriedigtes Blut, noch das bei Frauen so häufige Gefühl, in ihren geistigen Interessen zu verkümmern, hatte ihr einen Liebhaber zum Bedürfnis gemacht, sie war vollkommen glücklich an der Seite eines begüterten, geistig ihr überlegenen Gatten, zweier Kinder, träge und zufrieden gebettet in ihrer behaglichen, breitbürgerlichen, windstillen Existenz. Aber es gibt eine Schlaffheit der Atmosphäre, die ebenso sinnlich macht als Schwüle oder Sturm, eine Wohltemperiertheit des Glükkes, die aufreizender ist als Unglück, und für viele Frauen durch ihre Wunschlosigkeit ebenso verhängnisvoll als eine dauernde Unbefriedigung durch Hoffnungslosigkeit. Sattheit reizt nicht minder wie Hunger, und das Gefahrlose, Gesicherte ihres Lebens gab ihr Neugier nach dem Abenteuer. Nirgends war Widerstand in ihrer Existenz. Überall griff sie ins Weiche, überall war Vorsorglichkeit, Zärtlichkeit, laue Liebe und häusliche Achtung hingebreitet, und ohne zu ahnen, daß diese Gemäßigtheit der Existenz niemals von äußeren Dingen bemessen wird, sondern immer nur Widerspiel einer inneren Beziehungslosigkeit ist, fühlte sie sich irgendwie um das wirkliche Leben durch diese Behaglichkeit betrogen.

Ihre dämmernden Mädchenträume von der großen Liebe und der Ekstase des Gefühls, eingeschläfert von den freundlichen Beruhigungen der ersten Ehejahre und dem spielhaften Reiz junger Mütterlichkeit, begannen jetzt, da sie sich dem dreißigsten Jahre näherte, wieder zu erwachen, und wie jede Frau maß sie sich innerlich die Fähigkeit zu großer Leidenschaft bei, ohne aber dem Willen zum Erleben den Mut beizugesellen, der das Abenteuer mit seinem wahrhaften Preis, der Gefahr, bezahlt. Als ihr nun in diesen Augenblicken einer Zufriedenheit, die sie selbst nicht zu steigern vermochte, dieser junge Mensch mit starkem, unverhehltem Begehren sich ihr näherte und, von der Romantik der Kunst umwittert, in ihre bürgerliche Welt trat, wo sonst die Männer nur mit lauen Späßen und kleinen Koketterien die »schöne Frau« in ihr respektvoll feierten, ohne je ernstlich das Weib in ihr zu begehren, fühlte sie sich zum erstenmal seit ihren Mädchentagen wieder in ihrem Innersten gereizt. An seinem Wesen hatte sie vielleicht nichts verlockt als ein Schatten von Trauer, der über seinem etwas zu interessant arrangierten Gesicht lag und von dem sie nicht zu unterscheiden wußte, daß er eigentlich ebenso erlernt sei wie das Technische seiner Kunst und jene melancholisch verdüsterte Nachdenklichkeit, aus der er ein (längst vorausstudiertes) Impromptu erhob. In dieser Traurigkeit lag für sie, die sich von lauter satten und bürgerlichen Menschen umringt fühlte, eine Ahnung jener höheren Welt, die ihr farbig aus den Büchern entgegenblickte und romantisch in den Theaterstücken sich regte, und unwillkürlich beugte sie sich über den Rand ihrer täglichen Gefühle, um sie zu betrachten. Ein Kompliment, aus der Hingerissenheit der Sekunde, vielleicht etwas heißer als schicklich dargebracht, ließ ihn vom Klavier zu der Frau aufschauen, und schon dieser erste Blick griff nach ihr. Sie erschrak und fühlte gleichzeitig die Wollust aller Angst: ein Gespräch, in dem alles wie von unterirdischen Flammen durchleuchtet und erhitzt schien, beschäftigte und reizte ihre nun schon rege Neugier so sehr, daß sie einer neuerlichen Begegnung in einem öffentlichen Konzert nicht auswich. Sie sahen sich dann öfter, und bald nicht mehr durch Zufall. Der Ehrgeiz, daß sie, die ihrem musikalischen Urteil bisher wenig Wert zugemutet hatte und mit Recht ihrem künstlerischen Gefühl Bedeutung versagte, ihm, einem wirklichen Künstler, als Verstehende und Beratende viel bedeute, wie er ihr wiederholt versicherte, ließ sie wenige Wochen später voreilig seinem Vorschlage vertrauen, er wolle ihr und nur ihr allein sein neuestes Werk bei sich vorspielen – ein Versprechen, das in seiner Absicht vielleicht halb aufrichtig war, aber doch in Küssen und schließlich ihrer überraschten Hingabe unterging. Ihr erstes Gefühl war Erschrecken vor dieser unerwarteten Wendung ins Sinnliche, der geheimnisvolle Schauer, der diese Beziehung umwitterte, war jählings gebrochen, und das Schuldbewußtsein für diesen ungewollten Ehebruch wurde nur teilweise beruhigt durch die prickelnde Eitelkeit, zum erstenmal durch einen, wie sie glaubte, eigenen Entschluß die bürgerliche Welt, in der sie lebte, verneint zu haben. Den Schauer vor ihrer eigenen Schlechtigkeit, der sie in den ersten Tagen erschreckte, verwandelte ihre Eitelkeit so in gesteigerten Stolz. Aber auch diese geheimnisvollen Erregungen hatten ihre volle Spannung nur in den ersten Augenblicken. Ihr Instinkt wehrte sich unterirdisch gegen diesen Menschen und am meisten gegen das Neue in ihm, das Andersartige, das ihre Neugier eigentlich verlockt hatte. Die Extravaganz seiner Kleidung, das Zigeunerische seines Hausstandes, das Ungeregelte seiner finanziellen Existenz, die zwischen Verschwendung und Verlegenheit ewig pendelte, waren ihrem bourgeoisen Empfinden antipathisch; wie die meisten Frauen wollte sie den Künstler sehr romantisch von der Ferne und sehr gesittet im persönlichen Umgang, ein funkelndes Raubtier, aber hinter den Eisenstäben der Sitte. Die Leidenschaft, die sie an seinem Spiel berauschte, beunruhigte in seiner körperlichen Nähe, sie mochte eigentlich diese plötzlichen und herrischen Umarmungen nicht, deren eigenwillige Rücksichtslosigkeit sie unwillkürlich mit der nach Jahren noch scheuen und verehrungsvollen Glut ihres Mannes verglich. Aber nun sie einmal in die Untreue geraten war, kam sie wieder und wieder zu ihm, ohne beglückt, ohne enttäuscht zu sein, aus einem gewissen Gefühl der Verpflichtung und einer Trägheit der Gewöhnung. Sie war eine jener Frauen, die selbst unter den leichtsinnigen und sogar den Kokotten nicht selten sind, deren innere Bürgerlichkeit so stark ist, daß sie selbst in den Ehebruch eine Ordnung, in die Ausschweifung eine Art Häuslichkeit mitbringen und selbst das seltenste Gefühl mit geduldiger Maske in eine Alltäglichkeit zu verspinnen suchen. Nach wenigen Wochen schon paßte sie diesen jungen Menschen, ihren Geliebten, irgendwo säuberlich in ihr Leben ein, bestimmte ihm, so wie ihren Schwiegereltern, einen Tag in der Woche, aber sie gab mit dieser neuen Beziehung nichts von ihrer alten Ordnung auf, sondern legte nur gewissermaßen ihrem Leben etwas hinzu. Dieser Geliebte änderte bald gar nichts mehr am behaglichen Mechanismus ihrer Existenz, er wurde irgendein Zuwachs von temperiertem Glück, wie ein drittes Kind oder ein Automobil, und das Abenteuer schien ihr bald so banal wie der erlaubte Genuß.

Das erstemal nun, da sie das Abenteuer mit seinem wirklichen Preis, der Gefahr, bezahlen sollte, begann sie kleinlich auf seinen Wert zu berechnen. Vom Schicksal verwöhnt, verzärtelt von ihrer Familie, fast wunschlos gemacht durch günstige Vermögensverhältnisse, schien schon die erste Unbequemlichkeit ihrer Wehleidigkeit zu viel. Sie weigerte sich sofort, etwas von ihrer seelischen Sorglosigkeit herzugeben, und war eigentlich ohne Überlegung bereit, den Geliebten ihrer Gemächlichkeit zu opfern.

Die Antwort ihres Geliebten, ein aufgeschreckter, nervös hingestammelter Brief, noch am Nachmittag von einem Boten überbracht, ein Brief, der verstört flehte, klagte und anklagte, machte sie wieder unsicher in ihrem Entschluß, das Abenteuer zu enden, weil diese Gier ihrer Eitelkeit schmeichelte und sie durch seine ekstatische Verzweiflung entzückte. Ihr Geliebter bat sie in dringendsten Worten wenigstens um eine flüchtige Begegnung, damit er doch wenigstens seine Schuld aufklären könne, falls er sie durch irgend etwas unwissend verletzt haben sollte, und nun reizte sie das neue Spiel, weiter mit ihm zu schmollen und durch unmotiviertes Verweigern sich ihm noch kostbarer zu machen. Sie empfand sich jetzt inmitten einer Aufregung, und das tat ihr, wie allen innerlich kühlen Menschen, wohl, umbrandet zu sein von Leidenschaften und doch selbst nicht zu brennen. So bestellte sie ihn in eine Konditorei, von der sie sich plötzlich wieder erinnerte, dort als junges Mädchen ein Rendezvous mit einem Schauspieler gehabt zu haben, eines freilich, das ihr jetzt kindisch dünkte, in seiner Ehrerbietung und Sorglosigkeit. Seltsam, lächelte sie in sich hinein, daß die Romantik in ihrem Leben jetzt wieder aufzublühen begann, die in all den Jahren ihrer Ehe verkümmert war. Und beinahe war sie schon jener brüsken Begegnung mit der Weibsperson von gestern innerlich froh, bei der sie seit langem wieder ein wirkliches Gefühl so stark und stimulierend empfunden hatte, daß ihre sonst ganz leicht entspannten Nerven noch unterirdisch davon bebten.

Sie nahm diesmal ein dunkles, unauffälliges Kleid und einen anderen Hut, um bei der möglichen Begegnung die Erinnerung jener Person irrezumachen. Einen Schleier hatte sie schon bereit, um sich unkenntlicher zu machen, aber ein plötzlich aufsteigender Trotz ließ sie ihn beiseite legen. Sollte sie es denn nicht wagen dürfen, sie, eine geachtete, angesehene Frau, auf die Straße zu gehen, aus Angst vor irgendeiner Person, die sie gar nicht kannte? Und schon mengte sich der Furcht vor der Gefahr ein fremdartig lockender Reiz, eine kampfbereite, gefährlich prickelnde Lust, ähnlich der, mit den Fingern die kühle Schneide eines Dolches zu fühlen oder in die Mündung eines Revolvers zu schauen, in dessen schwarzer Hülse der Tod zusammengepreßt sitzt. In diesem Schauer des Abenteuers war etwas ihrem geborgenen Leben Ungewohntes, dem wieder nahe zu sein es sie spielhaft verlockte, eine Sensation, die ihre Nerven jetzt wundervoll spannte und elektrische Funken durch ihr Blut sprühte.

Ein flüchtiges Angstgefühl überflog sie nur in der ersten Sekunde, da sie die Straße betrat, ein nervöser Schauer von rieselnder Kälte, wie wenn man die Fußspitze prüfend ins Wasser taucht, ehe man sich der Welle voll hingibt. Aber eine Sekunde bloß flog diese Kühle durch sie hin, dann rauschte mit einemmal in ihr eine seltene Lebensfreude auf, die Lust, so leicht, stark und elastisch auszuschreiten, mit einem gespannten, gehobenen Schritt, den sie an sich selber nicht kannte. Fast leid war es ihr, daß die Konditorei so nahe lag, denn irgendein Wille trieb sie jetzt rhythmisch weiter fort in die geheimnisvoll magnetische Anziehung des Abenteuers. Aber die Stunde war knapp, die sie der Begegnung bestimmt hatte, und eine angenehme Sicherheit im Blut verhieß ihr, daß ihr Geliebter sie bereits erwartete. Er saß in einer Ecke, als sie eintrat, und sprang mit einer Erregung auf, die sie angenehm und peinlich zugleich berührte. Sie mußte ihn mahnen, die Stimme zu dämpfen, so heiß sprudelte er aus dem Tumult seiner inneren Erregtheit einen Wirbel von Fragen und Vorwürfen ihr entgegen. Ohne den wahrhaften Grund ihres Ausbleibens auch nur anzudeuten, spielte sie mit Andeutungen, die ihn durch ihre Unbestimmtheit noch mehr entzündeten. Für seine Wünsche blieb sie diesmal unnahbar und zögerte selbst mit Versprechungen, weil sie spürte, wie sehr dies geheimnisvoll plötzliche Entziehen und Versagen ihn aufreizte ... Und als sie ihn nach einer halben Stunde heißen Gesprächs verließ, ohne ihm das mindeste an Zärtlichkeit gewährt oder auch nur verheißen zu haben, loderte sie innen von einem sehr seltsamen Gefühl, wie sie es nur als Mädchen gekannt hatte. Es war ihr, als glimme eine kleine, prickelnde Flamme tief unten und warte nur auf den Wind, der das Feuer aufpeitschte, daß es über ihrem Haupte zusammenschlage. Sie nahm jeden Blick, den ihr die Gasse zusprengte, hastig mit im Vorüberschreiten, und der unerwartete Erfolg vieler solcher männlicher Lockungen reizte ihre Neugier nach dem eigenen Gesicht so sehr, daß sie plötzlich vor dem Spiegel an der Auslage einer Blumenhandlung stehen blieb, um im Rahmen roter Rosen und tauglitzernder Veilchen ihre eigene Schönheit zu sehen. Funkelnd blickte sie sich an, leicht und jung, ein wollüstig halbgeöffneter Mund lächelte ihr von drüben Zufriedenheit zu, und beflügelt fühlte sie nun ihre Glieder im Weiterschreiten; ein Verlangen nach einer körperlichen Entkettung, nach Tanz oder Taumel löste den gewohnten gemächlichen Rhythmus aus ihren Schritten, und ungern hörte sie jetzt von der Michaelerkirche, an der sie vorbeieilte, die Stunde, die sie nach Hause rief, in ihre enge, ordentliche Welt. Seit ihren Mädchentagen hatte sie nie sich so leicht empfunden, nie so beseelt in allen Sinnen, nicht die ersten Tage der Ehe und nicht die Umarmungen ihres Geliebten hatten derart mit Funken ihren Leib gestachelt, und der Gedanke wurde ihr unerträglich, jetzt schon all diese seltene Leichtigkeit, diese süße Besessenheit des Blutes an geregelte Stunden zu verschwenden. Müde ging sie weiter. Vor dem Hause blieb sie noch einmal zögernd stehen, die feurige Luft, das Verwirrende dieser Stunde noch einmal mit geweiteter Brust in sich einzuatmen, sie tief bis ans Herz zu spüren, diese letzte verebbende Welle des Abenteuers.

Da rührte sie jemand an der Schulter. Sie wandte sich um. »Was … was wollen Sie denn schon wieder?« stammelte sie tödlich erschreckt, als sie plötzlich das verhaßte Gesicht sah, und erschrak noch mehr, sich selbst diese verhängnisvollen Worte sagen zu hören. Sie hatte sich doch vorgenommen, diese Frau nicht mehr zu erkennen, wenn sie ihr jemals wieder begegnen sollte, alles abzuleugnen, Stirn an Stirn der Erpresserin entgegenzutreten ... Jetzt war es zu spät.

»Ich warte schon eine halbe Stunde hier auf Sie, Frau Wagner.«

Irene zuckte zusammen, als sie ihren Namen hörte. Die Person wußte ihren Namen, ihre Wohnung. Jetzt war alles verloren, sie ihr rettungslos ausgeliefert. Sie hatte Worte zwischen ihren Lippen, die sorgsam vorbereiteten und berechnenden Worte, aber ihre Zunge war gelähmt und ohne Kraft, einen Laut hervorzubringen.

»Eine halbe Stunde warte ich schon, Frau Wagner.« Drohend wie einen Vorwurf wiederholte die Person ihre Worte.

»Was wollen Sie ... was wollen Sie denn von mir ...«

»Sie wissen schon, Frau Wagner« – Irene zuckte bei dem Namen wieder zusammen –, »Sie wissen ganz genau, warum ich komme.«

»Ich habe ihn nie mehr gesehen ... lassen Sie mich jetzt ... nie mehr werde ich ihn sehen ... nie ...«

Die Person wartete gemächlich, bis Irene in ihrer Erregung nicht mehr weiter konnte. Dann sagte sie barsch wie zu einem Untergebenen:

»Lügen Sie nicht! Ich bin Ihnen ja nachgegangen bis an die Konditorei«, und fügte, als sie Irene zurückweichen sah, noch höhnisch hinzu: »Ich habe ja keine Beschäftigung. Aus dem Geschäft haben sie mich entlassen, wegen Arbeitsmangels, wie sie sagen, und wegen der schlechten Zeiten. Na, das nützt man halt aus, und da geht unsereins auch ein bissl spaziern ... ganz so wie die anständigen Frauen.«

Sie sagte das mit einer kalten Bosheit, die Irene ins Herz stach. Wehrlos fühlte sie sich gegen die nackte Brutalität dieser Gemeinheit, und immer wirbeliger faßte sie der Angstgedanke, die Person könnte jetzt wieder laut zu sprechen anfangen oder ihr Mann vorbeikommen, und dann wäre alles verloren. Rasch tastete sie in den Muff, riß ihre Silbertasche auf und holte alles Geld heraus, das ihr in die Finger kam. Mit Ekel stieß sie es ihr in die Hand, die sich schon langsam in sicherer Erwartung der Beute frech entgegenstreckte.

Aber diesmal sank die freche Hand, sobald sie das Geld spürte, nicht wie damals demütig in sich zusammen, sondern blieb starr in der Luft schweben und offen wie eine Kralle.

»Geben S' mir doch auch die Silbertasche, damit ich das Geld nicht verlier'!« sagte dazu der höhnisch aufgeworfene Mund mit einem leisen, kollernden Lachen.

Irene blickte ihr in das Auge, aber nur eine Sekunde. Dieser freche, gemeine Hohn war nicht zu ertragen. Wie einen brennenden Schmerz spürte sie Ekel ihren ganzen Körper durchdringen. Nur fort, fort, nur dies Gesicht nicht mehr sehen! Abgewandt, mit rascher Bewegung streckte sie ihr die kostbare Tasche hin, dann lief sie, von Grauen gejagt, die Treppe empor.

Ihr Mann war noch nicht zu Hause, so konnte sie sich hinwerfen auf das Sofa. Regunglos, wie von einem Hammer getroffen, blieb sie liegen, nur durch die Finger sprang ein wildes Zucken und rüttelte den Arm bis zu den Schultern hinauf, aber nichts in ihrem Körper vermochte sich zu wehren gegen diese aufstürmende Gewalt des entfesselten Grauens. Erst als sie die Stimme ihres Mannes von draußen hörte, raffte sie sich mit äußerster Anstrengung auf und schleppte sich in das andere Zimmer mit automatischen Bewegungen und entseelten Sinnen.

Nun saß das Grauen bei ihr im Haus und rührte sich nicht aus den Zimmern. In den vielen leeren Stunden, die immer wieder Welle auf Welle die Bilder jener entsetzlichen Begegnung in ihr Gedächtnis zurückspülten, wurde ihr das Hoffnungslose ihrer Situation vollkommen klar. Die Person wußte – unbegreiflich war ihr, wie das geschehen konnte – ihren

Namen, ihre Wohnung und würde, da ihre ersten Versuche so vortrefflich gelungen waren, nun unzweifelhaft kein Mittel scheuen, ihre Mitwisserschaft zu dauernder Erpressung nutzbar zu machen. Jahre und Jahre lang würde sie wie ein Alp auf ihrem Lehen lasten, nicht abzuschütteln, durch keine, auch die verzweifeltste Anstrengung, denn obzwar vermögend und die Gattin eines begüterten Mannes, war es Frau Irene doch nicht möglich, ohne ihren Gemahl zu verständigen, eine so bedeutende Summe aufzubringen, die sie ein für allemal von dieser Person befreite. Und außerdem – dies wußte sie aus zufälligen Erzählungen ihres Mannes und dessen Prozessen – waren doch Verträge und Versprechungen so abgefeimter und ehrloser Personen gänzlich unwertig. Einen Monat oder zwei vielleicht, so rechnete sie, war das Verhängnis noch fernzuhalten, dann mußte das künstliche Gebäude ihres häuslichen Glückes niederstürzen, und geringe Befriedigung bot die Gewißheit, daß sie die Erpresserin in ihren Sturz mitriß. Denn was waren sechs Monate Gefängnis für jene gewiß liederliche und wohl schon abgestrafte Person im Vergleich gegen die Existenz, die sie selber verlor und von der sie entsetzt fühlte, daß sie ihre einzig mögliche sei. Eine neue anzufangen, entehrt und bemakelt, schien ihr, die vom Leben sich bisher nur immer hatte beschenken lassen und keinen Teil ihres Schicksals selbst gezimmert, unfaßbar, und dann, ihre Kinder waren ja hier, ihr Mann, ihr Heim, all diese Dinge, von denen sie jetzt erst, da sie sie verlieren sollte, spürte, wie sehr sie Teil und Wesen ihres inneren Lebens waren. All das, woran sie früher nur mit dem bloßen Kleid gestreift war, empfand sie mit einem Mal entsetzlich notwendig, und der Gedanke schien ihr manchmal unfaßbar, ja traumhaft unwirklich, daß eine fremde Vagabundin, die irgendwo auf der Straße lauerte, die Macht haben sollte, diesen warmen Zusammenhalt mit einem einzigen Wort zu sprengen.

Unabwendbar war, das spürte sie jetzt mit entsetzlicher

Gewißheit, das Verhängnis, unmöglich ein Entkommen. Aber was … was würde geschehen? Von Morgen bis Abend rüttelte sie an der Frage. Eines Tages würde ein Brief an ihren Mann kommen, sie sah ihn schon eintreten, blaß mit finsterem Blick, sie beim Arme fassen, sie fragen … Aber dann … was würde dann geschehen? Was würde er tun? Hier verloschen die Bilder plötzlich im Dunkel einer wirren und grausamen Angst. Sie wußte nicht weiter, und ihre Vermutungen stürzten schwindlig ins Bodenlose. Eines wurde aber ihr in diesem eibrütenden Sinnen grauenhaft bewußt, wie ungenau sie eigentlich ihren Mann kannte, wie wenig sie seine Entschließungen im voraus zu berechnen vermochte. Sie hatte ihn auf die Anregung ihrer Eltern hin, aber ohne Widerstand und mit einer angenehmen, durch die späteren Jahre nicht enttäuschten Sympathie geheiratet und nun acht Jahre behaglichen, stillpendelnden Glücks an seiner Seite gelebt, hatte Kinder von ihm, ein Heim und zahllose Stunden körperlicher Gemeinschaft, aber jetzt erst, da sie sich nach seinem möglichen Verhalten fragte, wurde ihr klar, wie fremd und unbekannt er ihr geblieben war. Sie entdeckte in den fieberhaften Rückblicken, mit denen sie die letzten Jahre gleich gespenstischen Scheinwerfern absuchte, daß sie nie nach seinem wirklichen Wesen geforscht hatte und nun nach Jahren nicht einmal wußte, ob er hart war oder nachgiebig, streng oder zärtlich. Mit einem verhängnisvoll späten, von dieser ernsten Lebensangst aufgerüttelten Schuldgefühl mußte sie sich bekennen, nur die flache, die gesellschaftliche Schicht seines Wesens gekannt zu haben und nie die innere, aus der in jener tragischen Stunde die Entscheidung geschürft werden mußte. Unwillkürlich begann sie nach kleinen Zügen und Andeutungen zu forschen, sich zu besinnen, wie er in ähnlichen Fragen gesprächsweise geurteilt habe, und zu ihrem peinlichen Erstaunen wurde ihr bewußt, daß er fast niemals über seine persönlichen Anschauungen zu ihr gesprochen hatte, freilich andererseits auch, daß sie nie sich an ihn mit ähnlich verinnerlichten Fragen gewendet habe. Nun erst begann sie sein ganzes Leben an vereinzelten Zügen zu messen, die seinen Charakter ihr aufdeuten konnten. An jede kleine Erinnerung pochte jetzt ihre Angst mit zaghaftem Hammer, Eingang zu finden in die geheimen Kammern seines Herzens.

Die kleinste Äußerung belauerte sie nun und fieberte schon seinem Kommen ungeduldig entgegen. Sein Gruß traf sie kaum ins Gesicht, aber doch in seinen Gesten – nun wie er ihr die Hand küßte oder das Haar mit den Fingern überschmeichelte – schien ihr eine Zärtlichkeit zu liegen, die, obzwar sie stürmische Gebärden keusch scheute, eine tiefe innere Neigung andeuten mochte. Er war immer gemessen, wenn er zu ihr sprach, niemals ungeduldig oder erregt, und in seinem ganzen Gehaben von einer gelassenen Freundlichkeit, doch einer, wie ihre Unruhe zu mutmaßen begann, die wenig verschieden war von der zu den Dienstboten und sichtlich geringer als die zu den Kindern, die bei ihm immer rege, bald heitere, bald leidenschaftliche Formen annahm. Er erkundigte sich auch heute wieder umständlich nach häuslichen Dingen, gleichsam um ihr Gelegenheit zu geben, ihre Interessen vor ihm auszubreiten, indes er die seinen verbarg, und zum erstenmal entdeckte sie jetzt, da sie ihn beobachtete, wie sehr er sie schonte, mit welcher Zurückhaltung er sich ihren täglichen Gesprächen – deren harmlose Banalität sie mit einem Male entsetzt erkannte – anzupassen bemühte. Von sich selbst gab er nichts her im Wort, und ihre nach Beruhigung lechzende Neugier blieb unbefriedigt.

So durchfragte sie, da das Wort ihn nicht verriet, sein Gesicht, nun er in seinem Fauteuil saß, ein Buch lesend und scharf beleuchtet von der elektrischen Flamme. Wie in ein fremdes Antlitz sah sie in das seine hinein und suchte den vertrauten und mit einem Male wieder fremden Zügen den Charakter zu entraten, den acht Jahre Beisammensein ihrer

Gleichgültigkeit verborgen hatten. Die Stirne war hell und edel, wie von einer inneren starken, geistigen Anstrengung geformt, der Mund aber streng und ohne Nachgiebigkeit. Alles war straff in den sehr männlichen Zügen, Energie und Kraft: erstaunt, eine Schönheit darin zu finden, und mit einer gewissen Bewunderung betrachtete sie diesen verhaltenen Ernst, diese sichtliche Herbheit seines Wesens, die sie bisher immer in ihrer einfältigen Art nur als wenig unterhaltsam empfunden und gern gegen eine gesellschaftliche Gesprächigkeit vertauscht hätte. Die Augen aber, in denen doch das wirkliche Geheimnis verschlossen sein mußte, waren auf das Buch gesenkt und so ihrer Betrachtung entzogen. So konnte sie immer nur fragend auf das Profil starren, als bedeute diese geschwungene Linie ein einziges Wort, das Gnade sagte oder Verdammnis, dies fremde Profil, dessen Härte sie erschreckte, aber in dessen Entschlossenheit ihr eine merkwürdige Schönheit zum erstenmal bewußt wurde. Mit einem Male spürte sie, daß sie ihn gerne ansah, mit Lust und mit Stolz. Irgend etwas zerrte ihr bei dem Wachwerden dieser Empfindung schmerzhaft in der Brust, ein dumpfes Gefühl, das Bedauern war für irgend etwas Versäumtes, eine beinahe sinnliche Spannung, die sie nie ähnlich stark von seinem körperlichen Wesen empfangen zu haben sich entsinnen konnte. Da sah er vom Buche auf. Eilig trat sie tiefer ins Dunkel zurück, um nicht mit der brennenden Frage ihrer Blicke seinen Verdacht zu entzünden.

Drei Tage hatte sie nun das Haus nicht verlassen. Und schon merkte sie mit Unbehagen, daß ihre mit einem Male so beharrliche Gegenwart den anderen bereits auffällig geworden war, denn im allgemeinen zählte es bei ihr zu den Seltenheiten, daß sie viele Stunden oder gar Tage in den eigenen Räumen verbrachte. Wenig häuslich veranlagt, durch materielle Unabhängigkeit von den kleinen Sorgen der Wirtschaft enthoben, gelangweilt von sich selbst, war die Wohnung ihr kaum mehr als ein flüchtiger Ruheplatz und die Straße, das Theater, die gesellschaftlichen Vereinigungen mit ihren bunten Begegnungen, dem ewigen Zustrom äußerer Veränderungen ihr liebster Aufenthalt, weil hier das Genießen keine innere Anstrengung erforderte und bei schlummerndem Gefühl die Sinne vielfache Reizung empfinden. Frau Irene gehörte mit ihrer ganzen Denkweise zu jener eleganten Gemeinschaft der Wiener Bourgeoisie, deren ganze Tagesordnung nach einer geheimen Vereinbarung darin zu bestehen scheint, daß alle Mitglieder dieses unsichtbaren Bundes einander zu gleichen Stunden mit den gleichen Interessen unablässig begegnen und dies ewig vergleichende Beobachten und Begegnen allmählich zum Sinn ihrer Existenz erheben. Auf sich selbst angewiesen und vereinsamt, verliert ein so an lässige Gemeinsamkeit gewöhntes Leben jeden Halt, die Sinne ohne ihr gewohntes Futter an höchst geringfügigen, aber doch unentbehrlichen Sensationen revoltieren und das Alleinsein artet rasch zu einer nervösen Selbstbefeindung aus. Unendlich fühlte sie die Zeit auf sich lasten, und die Stunden verloren ohne ihre gewohnte Bestimmung jeden Sinn. Wie zwischen Kerkerwänden, müßig und erregt, ging sie auf und nieder in ihren Zimmern; die Straße, die Welt, die ihr wirkliches Leben waren, waren ihr gesperrt, wie der Engel mit feurigem Schwerte stand dort die Erpresserin mit ihrer Drohung.

Die ersten, jene Veränderung zu bemerken, waren ihre Kinder, besonders der ältere Knabe, der seiner naiven Verwunderung, die Mama so viel zu Hause zu sehen, peinlich deutlichen Ausdruck gab, indes die Dienstboten nur tuschelten und mit der Gouvernante ihre Vermutungen austauschten. Vergeblich mühte sie sich, ihre auffällige Anwesenheit mit den verschiedensten zum Teile sehr glücklich ersonnenen Notwendigkeiten zu motivieren, aber gerade dies Künstliche ihrer Erklärungen offenbarte ihr, wie sehr unnütz sie in ihrem eigenen Wirkungskreise durch jahrelange Gleichgültigkeit geworden war. Überall, wo sie sich betätigen wollte, stieß sie auf den Widerstand fremder Interessen, die ihre plötzlichen Versuche als angemaßte Einmengung in Gewohnheitsrechte ablehnten. Überall war der Platz besetzt, sie selbst durch die Entwöhnung Fremdkörper im Organismus des eigenen Hauses. So wußte sie nichts mit sich und der Zeit anzufangen, selbst die Annäherung an die Kinder mißlang ihr, die in ihrem plötzlich regen Interesse eine neueingeführte Kontrolle argwöhnten, und sie spürte sich beschämt erröten, als sie bei einem jener Versuche der Überwachung der siebenjährige Junge frech fragte, warum sie denn eigentlich nicht mehr spazierenginge. Überall wo sie helfen wollte, störte sie eine Ordnung, und wo sie Anteil nahm, erweckte sie Verdacht. Dabei fehlte ihr noch die Geschicklichkeit, das Ständige ihrer Gegenwart weniger sichtbar zu machen durch eine kluge Zurückhaltung und ruhig in einem Zimmer zu bleiben, bei einem Buche, bei einer Arbeit; unablässig jagte sie die innere Angst, die sich wie jedes stärkere Gefühl bei ihr in Nervosität verwandelte, von einem Zimmer ins andere. Bei jedem Anruf des Telefons, jedem Klingeln an der Tür schrak sie zusammen und ertappte sich selbst immer wieder dabei, wie sie hinter den Gardinen auf die Straße lugte, hungrig nach Menschen oder wenigstens deren Anblick, sehnsüchtig nach Freiheit und doch voll Angst, plötzlich unter den vorbeigehenden Gesichtern das eine emporstarren zu sehen, das sie bis in die Träume verfolgte. Sie spürte, wie ihre ruhige Existenz sich plötzlich auflöste und zerrann, und aus dieser Kraftlosigkeit entwuchs ihr schon die Ahnung eines ganzen zertrümmerten Lebens. Diese drei Tage im Kerker der Zimmer schienen ihr länger als die acht Jahre ihrer Ehe.

Doch für jenen dritten Abend hatte sie seit Wochen eine Einladung mit ihrem Manne angenommen, die jetzt plötzlich abzulehnen ohne Angabe triftiger Gründe ihr unmöglich war. Und überdies, diese unsichtbaren Gitterstäbe von Grauen, die jetzt um ihr Leben gebaut waren, mußten doch einmal zerbrochen werden, sollte sie nicht zugrunde gehen. Sie brauchte Menschen, ein paar Stunden Rast von sich selber, von dieser selbstmörderischen Einsamkeit der Angst. Und dann, wo war sie geborgener als in fremdem Hause bei Freunden, wo sicherer vor jener unsichtbaren Verfolgung, die ihre Wege umschlich? Eine Sekunde bloß schauerte sie, die knappe Sekunde, als sie aus dem Haus trat, nun zum erstenmal seit jener Begegnung wieder die Straße berührte, wo irgendwo jene Person lauern konnte. Unwillkürlich faßte sie den Arm ihres Mannes, schloß die Augen und trat rasch die paar Schritte vom Trottoir bis zum harrenden Automobil, dann aber sank, als sie an der Seite ihres Mannes geborgen, durch die nächtlich verlassenen Straßen der Wagen hinsauste, die innere Schwere von ihr ab, und wie sie nun die Stufen des fremden Hauses emporstieg, wußte sie sich geborgen. Für ein paar Stunden durfte sie jetzt sein wie die langen Jahre vordem: sorglos, froh, nur noch mit der gesteigert bewußten Freude eines, der aus Kerkermauern wieder zur Sonne emporsteigt. Hier war ein Wall gegen alle Verfolgung, der Haß konnte hier nicht herein, hier waren nur Menschen, die sie liebten, achteten und verehrten, geschmückte, absichtslose Menschen, von der Flamme des Leichtsinns rötlich umfunkelt, ein Reigen des Genießens, der endlich wieder auch sie umschlang. Denn nun, da sie eintrat, spürte sie an den Blikken der andern, daß sie schön war, und sie wurde es noch mehr durch das bewußte und lang entbehrte Gefühl. Wie wohl das tat nach all diesen Tagen des Schweigens, wo sie immer den schneidenden Pflug dieses einen Gedankens ihr Hirn unfruchtbar hatte durchgründen fühlen, daß alles in ihr wund war und weh, wie wohl das tat, nun wieder schmeichelnde Worte zu hören, die elektrisch belebend bis unter die Haut knisterten und das Blut aufjagten. Sie stand und starrte, irgend etwas zuckte in ihrer Brust unruhig und wollte heraus. Und mit einem Male wußte sie, daß es das eingesperrte Lachen war, das sich befreien wollte. Wie ein Pfropfen aus der Champagnerflasche knallte es empor, überschlug sich in kleinen kollernden Koloraturen, sie lachte und lachte, schämte sich manchmal ihres bacchantischen Übermutes und lachte wieder im nächsten Augenblick. Elektrizität zuckte aus ihren gelockerten Nerven, alle Sinne waren stark, gesund und gereizt, seit Tagen aß sie zum erstenmal wieder mit wirklichem Hunger und trank wie eine Verdurstete.

Ihre eingetrocknete, nach Menschen lechzende Seele sog aus allem Leben und Genuß. Nebenan lockte Musik und drang ihr tief unter die brennende Haut. Der Tanz begann, und ohne es zu wissen, war sie schon mitten im Gewühle. Wie noch nie in ihrem Leben tanzte sie. Dieser kreisende Wirbel schleuderte alle Schwere aus ihr heraus, der Rhythmus wuchs in die Glieder und durchatmete den Körper mit feuriger Bewegung. Hielt die Musik inne, so fühlte sie die Stille schmerzhaft, die Schlange der Unrast züngelte auf an ihren schauernden Gliedern, und wie ein Bad, in kühlendes, beruhigendes, tragendes Wasser, stürzte sie sich wieder in den Wirbel hinein. Sonst war sie immer nur eine mittelmäßige Tänzerin gewesen, zu gemessen, zu besonnen, zu hart und vorsichtig in den Bewegungen, aber dieser Rausch der befreiten Freude löste alle körperlichen Hemmungen. Ein stählernes Band von Scham und Besonnenheit, das sonst ihre wildesten Leidenschaften in eine Form zusammenhielt, riß jetzt mittendurch, und sie fühlte sich haltlos, restlos, selig zerfließen. Arme, Hände spürte sie um sich, Berührung und Entschwinden, Atem von Worten, kitzelndes Lachen, Musik, die innen im Blut zuckte, ihr ganzer Körper war gespannt, so sehr gespannt, daß ihr die Kleider am Leibe brannten und sie unbewußt am liebsten alle Hülle abgerissen hätte, um nackt diesen Rausch tiefer in sich hineinzuspüren.

»Irene, was hast du?« – sie wandte sich um, taumelnd und lachenden Auges, noch ganz heiß von der Umschlingung ihres Tänzers. Da stieß kalt und hart der verwundert starre Blick ihres Mannes in ihr Herz. Sie erschrak. War sie zu wild gewesen? Hatte ihre Raserei etwas verraten?

»Was … was meinst du, Fritz?« stammelte sie, verwundert vom jähen Stoß seines Blickes, der immer tiefer in sie zu dringen schien und den sie jetzt schon ganz innen, ganz an ihrem Herzen spürte. Sie hätte aufschreien mögen unter der wühlenden Entschlossenheit dieser Augen.

»Das ist doch seltsam«, murmelte er endlich. In seiner Stimme war eine dumpfe Verwunderung. Sie wagte nicht zu fragen, was er damit meinte. Aber ein Schauer lief ihr durch die Glieder, als sie jetzt, da er sich wortlos wegwandte, seine Schultern sah, breit, hart und groß, zu einem eisernen Nakken nervig getürmt. Wie bei einem Mörder, flog es ihr durch das Hirn, irrsinnig und schon wieder verscheucht. Jetzt erst, als ob sie ihn zum erstenmal gesehen, ihren eigenen Mann, empfand sie voll Grauen, daß er stark und gefährlich war.

Die Musik hob wieder an. Ein Herr trat auf sie zu, mechanisch nahm sie seinen Arm. Aber nun war alles schwer geworden, und die helle Melodie konnte ihre erstarrten Glieder nicht mehr heben. Eine dumpfe Schwere wuchs vom Herzen aus den Füßen zu, jeder Schritt tat ihr weh. Und sie mußte ihren Tänzer bitten, sie freizugeben. Unwillkürlich sah sie sich im Zurücktreten um, ob ihr Mann nahe wäre. Und schrak zusammen. Er stand unmittelbar hinter ihr, als erwarte er sie, und wieder stieß er blank mit dem Blick gegen den ihren. Was wollte er? Was wußte er schon? Unwillkürlich raffte sie das Kleid zusammen, als müßte sie die nackte Brust vor ihm schützen. Sein Schweigen blieb hartnäckig wie sein Blick.

»Wollen wir gehen?« fragte sie ängstlich.

»Ja.« Seine Stimme klang hart und unfreundlich. Er ging voraus. Wieder sah sie den breiten, drohenden Nacken. Man warf ihr den Pelz um, aber sie fror. Schweigend fuhren sie nebeneinander. Sie wagte kein Wort. Dumpf fühlte sie eine neue Gefahr. Nun war sie von beiden Seiten umstellt.

In dieser Nacht hatte sie einen drückenden Traum. Irgendeine fremde Musik rauschte, ein Saal war hell und hoch, sie trat ein, viele Menschen und Farben mengten ihre Bewegung, da drängte ein junger Mann, den sie zu kennen glaubte und doch nicht ganz erriet, auf sie zu, faßte sie am Arm, und sie tanzte mit ihm. Ihr war wohl und weich, eine einzige Welle Musik hob sie auf, daß sie den Boden nicht mehr spürte, und so tanzten sie durch viele Säle, in denen goldene Leuchter ganz hoch oben wie Sterne strahlend kleine Flammen hielten und viele Spiegel Wand an Wand ihr eigenes Lächeln ihr zuwarfen und wieder weit wegtrugen in unendlichen Reflexen. Immer heißer wurde der Tanz, immer brennender die Musik. Sie merkte, wie der Jüngling sich enger an sie schmiegte, seine Hand in ihren nackten Arm sich vergrub, daß sie stöhnen mußte vor schmerzvoller Lust, und jetzt, da ihre Augen in seine tauchten, meinte sie ihn zu erkennen. Ein Schauspieler dünkte er sie, den sie als kleines Mädchen von fern ekstatisch geliebt hatte, schon wollte sie seinen Namen beseligt aussprechen, aber er verschloß ihren leisen Schrei mit einem glühenden Kuß. Und so, mit verschmolzenen Lippen, ein einziger ineinanderglühender Körper, flogen sie, wie von einem seligen Wind getragen, durch die Räume. Die Wände strömten vorbei, sie spürte die aufschwebende Decke nicht mehr und die Stunde, unsäglich leicht und mit entketteten Gliedern. Da plötzlich rührte sie jemand an die Schulter. Sie hielt inne und mit ihr die Musik, die Lichter verloschen, schwarz drängten sich die Wände heran, und der Tänzer war verschwunden. »Gib ihn mir her, du Diebin!« schrie das grauenhafte Weib, denn sie war es, daß die Wände gellten, und klemmte eiskalte Finger um ihr Handgelenk. Sie bäumte sich auf und hörte sich selber schreien, einen irren, kreischenden Laut des Entsetzens, und sie rangen beide, aber das Weib war stärker, riß ihr das Perlenhalsband ab und dabei das halbe Kleid, daß ihre Brust und Arme sich nackt entblößten unter den niederhängenden Fetzen. Mit einem Male waren wieder Menschen da, aus allen Sälen strömten sie in anschwellendem Lärm und starrten sie, die Halbnackte, höhnisch an und das Weib, das gellend schrie: »Sie hat ihn mir gestohlen, die Ehebrecherin, die Dirne.« Sie wußte nicht, wohin sich verbergen, wohin ihre Augen wenden, denn immer näher traten die Menschen heran, neugierige, fauchende Fratzen griffen in ihre Nacktheit, und jetzt, da ihr taumelnder Blick nach Rettung fortflüchtete, sah sie plötzlich im finsteren Rahmen der Tür ihren Mann reglos stehen, die rechte Hand hinter dem Rücken verborgen. Sie schrie auf und lief von ihm fort, lief durch viele Räume, hinter ihr brandete die gierige Menge, sie spürte, wie ihr Kleid immer mehr niederglitt, kaum konnte sie es noch halten. Da sprang eine Tür vor ihr auf, gierig stürzte sie die Treppe hinab, sich zu retten, aber unten wartete schon wieder das gemeine Weib in ihrem wollenen Rock und mit ihren kralligen Händen. Sie sprang zur Seite und lief wie wahnsinnig ins Weite, aber die andere stürzte ihr nach, und so jagten sie beide durch die Nacht lange schweigende Straßen entlang, und die Laternen bogen sich grinsend zu ihnen nieder. Hinter sich hörte sie immer die Holzschuhe des Weibes ihr nachklappern, aber immer, wenn sie an eine Straßenecke kam, sprang auch dorten wieder das Weib hervor und wieder an der nächsten, hinter allen Häusern, rechts und links lauerte sie. Immer war sie schon da, entsetzlich vervielfacht, nicht zu überholen, immer sprang sie vor und griff nach ihr, die schon die Knie sich versagen fühlte. Doch endlich, da war ihr Haus, sie stürzte darauf zu, aber wie sie die Tür aufriß, stand dort ihr Mann, ein Messer in der Hand, starrte sie an mit einem bohrenden Blick. »Wo bist du gewesen?« fragte er dumpf, »Nirgends«, hörte sie sich sagen und schon ein grelles Gelächter an ihrer Seite. »Ich habe es gesehen! Ich habe es gesehen!« schrie grinsend das Weib, das plötzlich wieder neben ihr stand und irrsinnig lachte. Da hob ihr Mann das Messer. »Hilfe!« schrie sie auf. »Hilfe!« …

Sie starrte auf, und ihre erschreckten Blicke stießen in die ihres Mannes. Was … was war das? Sie war in ihrem Zimmer, die Ampel brannte fahl, sie war zu Hause in ihrem Bett, sie hatte nur geträumt. Aber wieso saß ihr Mann am Rand ihres Bettes und betrachtete sie gleich einer Kranken? Wer hatte das Licht angezündet, warum saß er so ernst da, so regunglos starr? Ein Schrecken zuckte ihr durch und durch. Unwillkürlich blickte sie nach seiner Hand: nein, es war kein Messer darin. Langsam wich die Benommenheit des Schlafs von ihr und das Wetterleuchten seiner Bilder. Sie mußte geträumt, im Traume geschrien und ihn erweckt haben. Aber warum blickte er so ernst, so durchdringend, so unerbittlich ernst auf sie?

Sie versuchte zu lächeln. »Was … was ist denn? Warum siehst du mich so an? Ich glaube, ich habe bös geträumt.«

»Ja, du hast laut geschrien. Vom andern Zimmer habe ich's gehört.«

Was habe ich gerufen, was habe ich verraten, schauerte ihr, was weiß er schon? Sie wagte sich kaum wieder empor in seinen Blick. Aber er sah ganz ernst auf sie nieder mit einer merkwürdigen Ruhe.

»Was ist mit dir, Irene? Etwas geht in dir vor. Du bist ganz verwandelt seit ein paar Tagen, bist wie im Fieber, nervös, zerfahren und schreist um Hilfe aus dem Schlaf?«

Sie versuchte wieder zu lächeln. »Nein«, beharrte er. »Du sollst mir nichts verschweigen. Hast du irgendeine Sorge oder quält dich etwas? Alle haben es schon bemerkt im Hause, wie du verwandelt bist. Du sollst Vertrauen zu mir haben, Irene.«

Er rückte unmerklich an sie heran, sie fühlte, wie seine

Finger ihren nackten Arm glätteten und schmeichelten, und in seinen Augen war ein seltsames Licht. Ein Verlangen überkam sie, jetzt sich an seinen festen Körper zu werfen, sich anzuklammern, alles zu gestehen und ihn nicht eher zu lassen, als bis er vergeben, jetzt in diesem Augenblick, da er sie leiden gesehen.

Aber die Ampel brannte fahl, ihr Gesicht erhellend, und sie schämte sich. Sie fürchtete sich vor dem Wort.

»Sei nicht besorgt, Fritz«, suchte sie zu lächeln, indes ihr Körper schauerte bis in die nackten Zehen. »Ich bin nur ein wenig nervös. Es wird schon vorübergehen.«

Die Hand, die sie schon umschlungen hielt, zog sich rasch zurück. Sie schauerte, wie sie ihn jetzt ansah, bleich im gläsernen Licht, und die Stirn von den schweren Schatten finsterer Gedanken überwölbt. Langsam richtete er sich auf.

»Ich weiß nicht, mir war so, als hättest du mir etwas zu sagen all diese Tage schon. Etwas, was nur dich angeht und mich. Wir sind jetzt allein, Irene.«

Sie lag und rührte sich nicht, gleichsam hypnotisiert von diesem ernsten und verschleierten Blick. Wie gut, fühlte sie, könnte jetzt alles werden, nur ein Wort brauchte sie zu sagen, ein kleines Wort: Verzeihung, und er würde nicht fragen, wofür. Aber warum brannte das Licht, dieses laute, freche, horchende Licht? Im Dunkel hätte sie es zu sagen vermocht, das fühlte sie. Aber das Licht zerbrach ihre Kraft.

»Also wirklich nichts, gar nichts hast du mir zu sagen?«

Wie furchtbar die Verlockung, wie weich seine Stimme war! Nie hatte sie ihn so sprechen gehört. Aber das Licht, die Ampel, dieses gelbe, gierige Licht!

Sie gab sich einen Ruck. »Was fällt dir ein«, lachte sie und erschrak schon vor dem Falsett der eigenen Stimme. »Weil ich nicht gut schlafe, sollte ich schon Geheimnisse haben? Am Ende gar Abenteuer?«

Sie schauerte selber, wie falsch, wie verlogen die Worte

klangen, ihr graute bis in das innerste Mark vor sich selbst, und unwillkürlich wandte sie den Blick.

»Nun – schlaf gut.« Kurz sagte er's jetzt, ganz scharf. Mit einer ganz anderen Stimme, wie eine Drohung oder wie einen bösen, gefährlichen Spott.

Dann löschte er das Licht. Sie sah seinen weißen Schatten bei der Tür verschwinden, lautlos, fahl, ein nächtiges Gespenst, und wie die Tür zufiel, war ihr, als schließe sich ein Sarg. Abgestorben fühlte sie alle Welt und hohl, nur innen in ihrem erstarrten Leib stieß das eigene Herz laut und wild gegen die Brust, Schmerz und Schmerz jeder Schlag.

Am nächsten Tage, als sie gemeinsam beim Mittagessen saßen – die Kinder hatten eben gestritten und konnten nur mit Mühe zur Ruhe verwiesen werden –, brachte das Dienstmädchen einen Brief. Für die gnädige Frau und man warte auf Antwort. Erstaunt betrachtete sie eine fremde Schrift und löste eilig das Kuvert, um schon bei der ersten Zeile jäh zu erblassen. Mit einem Ruck sprang sie auf und erschrak noch mehr, als sie an der einhelligen Verwunderung der anderen das Verräterisch-Unbedachte ihres Ungestüms erkannte.

Der Brief war kurz. Drei Zeilen: »Bitte, geben Sie dem Überbringer dieses sofort hundert Kronen.« Keine Unterschrift, kein Datum in den sichtbar verstellten Schriftzügen, nur dieser grauenhaft eindringliche Befehl! Frau Irene lief in ihr Zimmer, um das Geld zu holen, doch sie hatte die Schlüssel zu ihrem Kasten verlegt, fieberhaft riß und rüttelte sie an allen ihren Laden, bis sie ihn endlich fand. Zitternd faltete sie die Banknote in ein Kuvert und übergab sie selbst an der Tür dem wartenden Dienstmann. Sie tat das alles ganz sinnlos, wie in einer Hypnose, ohne an die Möglichkeit eines Zögerns zu denken. Dann trat sie – kaum zwei Minuten war sie weggeblieben – wieder in das Zimmer zurück.

Alles schwieg. Sie setzte sich mit einem scheuen Unbehagen nieder und wollte eben irgendeine eilige Ausflucht suchen, als sie – und so zitterte ihre Hand, daß sie das erhobene Glas eilig niederstellen mußte – in furchtbarstem Erschrecken bemerkte, daß sie, vom Blitzschlag der Erregung geblendet, den Brief offen neben ihrem Teller hatte liegen lassen. Eine kleine Bewegung nur, und ihr Mann hätte ihn zu sich herüberziehen können, ein Blick vielleicht konnte genügt haben, die groß und ungelenk geschriebenen Zeilen zu lesen. Das Wort versagte ihr. Mit einem verstohlenen Griff knitterte sie das Billett zusammen, aber jetzt, wie sie es einsteckte, begegnete sie, aufschauend, einem starken Blick ihres Mannes, einem bohrenden, strengen, schmerzhaften Blick, den sie früher nie an ihm gekannt hatte. Jetzt erst, seit einigen Tagen, gab er ihr mit dem Blick diese plötzlichen Stöße des Mißtrauens, von denen sie ihr Innerstes erzittern fühlte und die zu parieren sie nicht verstand. Mit solch einem Blick hatte er nach ihren Gliedern damals beim Tanz gegriffen, es war der gleiche, der gestern nachts wie ein Messer über ihrem Schlaf gefunkelt hatte.

War es ein Wissen oder ein Wissenwollen, das ihn so schärfte, so blank, so stählern, so schmerzhaft machte? Und während sie noch nach einem Wort rang, überfiel sie eine längst vergessene Erinnerung, nämlich, daß ihr Mann einmal erzählt hatte, als Anwalt einem Untersuchungsrichter gegenübergestanden zu sein, dessen Kunstgriff es war, während des Verhörs mit gleichsam kurzsichtigen Blicken die Akten zu durchmustern, um dann bei der wirklich entscheidenden Frage blitzartig den Blick zu heben und wie einen Dolch in das jähe Erschrecken des Angeklagten zu stoßen, der dann bei diesem grellen Blitz konzentrierter Aufmerksamkeit die Fassung verlor und die sorgsam hochgehaltene Lüge kraftlos fallen ließ. Sollte er nun selbst sich in so gefährlicher Kunst versuchen und sie das Opfer sein? Sie schauderte, um so mehr als sie wußte, eine wie große psychologische Leidenschaft ihn weit über das Maß der juridischen Ansprüche an seinen Beruf fesselte. Aufspüren, Entfalten, Erpressen eines Verbrechens konnte ihn beschäftigen wie andere Hasardspiel oder Erotik, und in solchen Tagen psychologischer Spürjagd war sein Wesen gleichsam innerlich durchglüht. Eine brennende Nervosität, die ihn nachts oft vergessene Entscheidungen aufstöbern ließ, wurde nach außen zu einer stählernen Undurchdringlichkeit, er aß und trank wenig, rauchte nur unablässig, das Wort gleichsam aufsparend für die Stunde vor dem Gericht. Einmal hatte sie ihn dort gesehen bei einem Plädoyer und nicht ein zweites Mal mehr, so sehr war sie erschreckt gewesen von der finsteren Leidenschaft, der fast bösen Glut seiner Rede und einem dumpfen und herben Zug in seinem Gesicht, den sie nun mit einem Male in dem starren Blick unter den drohend gefalteten Brauen wiederzufinden meinte.

Alle diese verlorenen Erinnerungen drängten sich in dieser einen Sekunde zusammen und wehrten den Worten, die sich auf ihren Lippen immer bilden wollten. Sie schwieg und wurde in dem Maße verwirrter, je mehr sie spürte, wie gefährlich dieses Schweigen war, und wie sehr sie die letzte plausible Möglichkeit einer Erklärung versäumte. Die Augen wagte sie nicht mehr zu erheben, aber jetzt im Niederblikken erschrak sie noch mehr, als sie seine, des sonst so Ruhigen und Gemessenen Hände wie kleine wilde Tiere auf dem Tisch auf und nieder wandern sah. Zum Glück war das Mittagsmahl bald zu Ende, die Kinder sprangen auf und stürmten ins Nebenzimmer mit ihren hellen, heiteren Stimmen, deren Übermut die Gouvernante vergebens sich zu dämpfen bemühte: Auch ihr Mann erhob sich und ging schwer und ohne sich umzuschauen ins Nebenzimmer.

Kaum allein, holte sie den verhängnisvollen Brief wieder hervor: Einmal überflog sie noch die Zeilen: »Bitte, geben Sie dem Überbringer dieses sofort hundert Kronen.« Dann riß ihre Wut ihn in Fetzen und ballte schon die Reste zusammen, um sie in den Papierkorb zu schleudern, da besann sie sich, hielt inne, beugte sich über den Kamin und warf das Papier in die aufzischende Glut. Die weiße Flamme, die mit aufspringender Gier die Drohung fraß, beruhigte sie.

In diesem Augenblick hörte sie den rückkehrenden Schritt ihres Mannes schon an der Tür. Rasch fuhr sie auf, das Gesicht rot vom Anhauch der Glut und der Ertappung. Die Tür des Ofens stand noch verräterisch offen, ungeschickt suchte sie mit ihrem Körper sie zu decken. Er trat an den Tisch, entflammte ein Streichholz für seine Zigarre, und, wie die Flamme nun nah seinem Gesichte war, glaubte sie ein Zittern um seine Nasenflügel flimmern zu sehen, das bei ihm immer Zorn verriet. Ruhig blickte er jetzt herüber: »Ich will dich nur aufmerksam machen, daß du nicht verpflichtet bist, mir deine Briefe zu zeigen. Wenn du es wünschst, Geheimnisse vor mir zu haben, so steht dir das vollkommen frei.« Sie schwieg und wagte ihn nicht anzusehen. Er wartete einen Augenblick, dann stieß er den Dampf seiner Zigarre mit starkem Atem wie aus innerster Brust heraus und verließ mit schwerem Schritt das Zimmer.

Sie wollte nun an nichts mehr denken, nur mehr leben, sich betäuben, ihr Herz mit leeren und sinnlosen Beschäftigungen füllen. Das Haus ertrug sie nicht mehr, sie mußte, das fühlte sie, auf die Straße, unter Menschen, um nicht wahnsinnig zu werden vor Grauen. Mit diesen hundert Kronen waren, so hoffte sie, wenigstens einige knappe Tage Freiheit von der Erpresserin erkauft, und sie beschloß, wieder einen Spaziergang zu wagen, um so mehr, als vielerlei zu besorgen und vor allem zu Hause das Auffällige ihres veränderten Benehmens zu verdecken war. Sie hatte jetzt schon eine bestimmte Art zu fliehen. Vom Haustor stürzte sie wie von einem Sprungbrett mit geschlossenen Augen in die Flut der Straße. Und einmal das harte Pflaster unter den Füßen, die warme Flut von Menschen um sich, stieß sie sich in einer nervösen Hast, so rasch eine Dame nur gehen durfte, ohne auffällig zu werden, blindlings nach vorwärts, die Augen starr auf den Boden geheftet, in der begreiflichen Furcht, wieder jenem gefährlichen Blick zu begegnen. War sie belauert, so wollte sie es wenigstens nicht wissen. Und doch spürte sie, daß sie an nichts anderes dachte, und schrak zusammen, wenn zufällig jemand an ihren Körper streifte. Ihre Nerven litten schmerzhaft unter jedem Laut, jedem Schritt, der nachkam, jedem Schatten, der vorbeistreifte; nur im Wagen oder fremden Haus konnte sie wahrhaft atmen.

Ein Herr grüßte sie. Aufschauend, erkannte sie einen Jugendfreund ihrer Familie, einen freundlichen, geschwätzigen Graubart, dem sie sonst gerne auswich, weil er die Art hatte, einen stundenlang mit seinen kleinen, vielleicht nur eingebildeten körperlichen Leiden zu belästigen. Aber jetzt war es ihr leid, den Gruß nur dankend erwidert und nicht seine Begleitung gesucht zu haben, denn ein Bekannter wäre doch Abwehr gegen eine unvermutete Ansprache jener Erpresserin gewesen. Sie zögerte und wollte noch nachträglich umkehren, da war ihr, als ob jemand von rückwärts rasch auf sie zuschritte, und instinktiv, ohne zu überlegen, stürmte sie weiter. Aber sie spürte im Rücken mit dem durch die Angst grausam geschärften Ahnungsgefühl eine gleichsam beschleunigte Annäherung und lief immer hastiger, obwohl sie wußte, der Verfolgung schließlich nicht entgehen zu können. Ihre Schultern begannen zu schauern im Vorgefühl der Hand, die sie nun – immer näher spürte sie den Schritt – im nächsten Augenblick berühren würde, und je mehr sie ihren Gang beschleunigen wollte, desto schwerer wurden ihre Knie. Ganz nahe spürte sie jetzt den Verfolger, und »Irene!« rief jetzt eindringlich und doch leise von rückwärts eine Stimme, an die sie sich erst besinnen mußte, die aber doch nicht die gefürchtete war, die grauenhafte Botin des Unglücks. Aufatmend wandte sie sich herum: es war ihr Geliebter, der bei dem plötzlichen Ruck, mit dem sie anhielt, fast an sie stürzte. Bleich, verwirrt war sein Gesicht mit allen Zeichen der Erregung und nun, unter ihrem fassungslosen Blick, schon der Beschämung. Unsicher hob er die Hand zum Gruß und ließ sie wieder sinken, als sie ihm die ihre nicht bot. Sie starrte ihn nur an, ein, zwei Sekunden, so unerwartet war er ihr. Gerade ihn hatte sie vergessen in all den Tagen der Angst. Jetzt aber, da sie sein bleiches und fragendes Gesicht von nah sah mit jenem Ausdruck ratloser Leerheit, die jedes ungewisse Gefühl immer in die Augen zeichnet, schäumte plötzlich die Wut in heißer Welle in ihr empor. Ihre Lippen zitterten nach einem Wort, und die Erregung in ihrem Antlitz war so sichtbar, daß er erschreckt nur ihren Namen stammelte: »Irene, was hast du?« und als er ihre ungeduldige Gebärde sah, schon ganz geduckt beifügte: »Was habe ich dir denn getan?«

Sie starrte ihn an mit schlecht bezähmter Wut. »Was Sie mir getan haben?« lachte sie höhnisch. »Nichts! Gar nichts! Nur Gutes! Nur Annehmlichkeiten.«

Sein Blick war entgeistert, und sein Mund blieb halb offen vor Erstaunen, was das Einfältige und Lächerliche seines Aussehens noch vermehrte. »Aber Irene ... Irene!«

»Machen Sie kein Aufsehen da«, herrschte sie ihn barsch an. »Und spielen Sie mir keine Komödien vor. Gewiß lauert sie wieder in der Nähe, Ihre saubere Freundin, und dann fällt sie mich wieder an ...«

»Wer ... wer denn?«

Am liebsten hätte sie ihn mit der Faust ins Gesicht geschlagen, in dieses läppisch-starre, verzerrte Gesicht. Sie spürte schon, wie ihre Hand den Schirm umkrallte. Nie hatte sie einen Menschen so verachtet, so gehaßt.

»Aber Irene ... Irene«, stammelte er immer verwirrter. »Was habe ich dir denn getan? ... Auf einmal bleibst du fort ... Ich warte auf dich Tag und Nacht ... Den ganzen Tag stehe ich heute schon vor deinem Haus und warte, dich eine Minute sprechen zu können.«

»Du wartest … so … du auch.« Sinnlos machte sie, das fühlte sie, die Wut. Ihm ins Gesicht schlagen können, wie wohl das täte! Aber sie hielt sich zusammen, sah ihn noch einmal an voll brennenden Ekels, gleichsam überlegend, ob sie ihm nicht den ganzen aufgestauten Zorn mit einer Beschimpfung ins Gesicht speien sollte, dann wandte sie sich plötzlich und drängte, ohne zurückzublicken, in das Menschengewirr hinein. Er blieb stehen mit seiner noch flehend ausgestreckten Hand, ratlos und durchschauert, bis das Geschiebe der Straße ihn faßte und fortschob wie die Strömung ein sinkendes Blatt, das taumelnd und kreisend sich wehrt und schließlich doch willenlos weggeschwemmt wird.

Daß dieser Mensch jemals ihr Geliebter gewesen war, kam ihr jetzt plötzlich ganz unwahr und sinnlos vor. An nichts konnte sie sich besinnen, nicht an die Farbe seiner Augen, die Form seines Gesichts, keine seiner Liebkosungen war ihr körperlich gewärtig, und von seinen Worten klang nichts in ihr nach als dieses jammernde, weibische, hündische »Aber, Irene!« seiner stammelnden Verzweiflung. Nicht ein einziges Mal hatte sie in all den Tagen, so sehr er Ursprung alles Unheils war, an ihn gedacht, nicht einmal in ihren Träumen. Nichts war er für ihr Leben, keine Lockung und kaum eine Erinnerung. Unverständlich war ihr geworden, daß jemals ihre Lippen seinen Mund gefühlt haben sollten, und sie fühlte die Kraft zum Eide in sich, niemals ihm angehört zu haben. Was hatte sie in seine Arme getrieben, welcher fürchterliche Wahnsinn in ein Abenteuer gejagt, das ihr eigenes Herz nicht mehr verstand und kaum ihre Sinne? Nichts wußte sie mehr davon, fremd war ihr alles in diesem Geschehnis, fremd sie sich selber.

Aber war nicht auch alles andere anders geworden in diesen sechs Tagen, dieser einen Woche des Entsetzens? Wie Scheidewasser hatte die ätzende Angst ihr Leben zersetzt und seine Elemente gesondert. Die Dinge hatten mit einem Male anderes Gewicht, vertauscht waren alle Werte und die Beziehungen verwirrt. Ihr war, als hätte sie nur mit dämmrigem Gefühl, halb verschlossenen Blicks bisher durch ihr Leben getastet, und nun strahlte mit einem Male alles von innen in einer furchtbar schönen Klarheit. Ganz vor ihr, atemnah, standen Dinge, an die sie nie gerührt hatte und von denen sie mit einem Male begriff, daß sie ihr wahrhaftes Leben bedeuteten, und anderes wieder, was ihr wichtig geschienen, schwand hin wie Rauch. Sie hatte bislang in einer regen Geselligkeit gelebt, in jener lauten, gesprächigen Gemeinschaft der begüterten Kreise, und eigentlich nur für sie, aber nun, seit einer Woche im Kerker ihres eigenen Hauses, spürte sie keinen Mangel darin, sie zu entbehren, sondern nur Ekel vor dieser leeren Geschäftigkeit der Unbeschäftigten, und unwillkürlich maß sie an diesem ersten starken Gefühl, das ihr zuteil war, die Seichtigkeit ihrer bisherigen Neigungen und das unendliche Versäumnis an werktätiger Liebe. Wie in einen Abgrund sah sie in ihre Vergangenheit. Acht Jahre vermählt, war sie im Wahn eines zu bescheidenen Glückes nie ihrem Manne nähergetreten, fremd seinem innersten Wesen und nicht minder ihren eigenen Kindern. Zwischen ihr und ihnen standen bezahlte Menschen. Gouvernanten und Dienstboten, ihr all die kleinen Sorgen abzunehmen, von denen sie jetzt – seit sie näher in das Leben ihrer Kinder geblickt – erst zu ahnen begann, daß sie verlockender waren als die heißen Blicke der Männer und beseligender als eine Umarmung. Langsam bildete sich ihr Leben zu einem neuen Sinn um, alles gewann Beziehungen und wandte ihr plötzlich ein ernst-bedeutsames Antlitz zu. Seit sie die Gefahr kannte und mit der Gefahr ein wahrhaftes Gefühl, begannen mit einem Male alle Dinge und auch die fremdesten ihr gemeinsam zu werden. In allem spürte sie sich, und die Welt, früher durchsichtig wie Glas, wurde an der dunklen Fläche ihres eigenen Schattens mit einem Male zum Spiegel. Wohin sie sah, wohin sie horchte, war plötzlich Wirklichkeit.

Sie saß bei den Kindern. Das Fräulein las ihnen ein Märchen vor von der Prinzessin, die alle Kammern ihres Palastes beschauen durfte, nur die eine nicht, die mit silbernem Schlüssel verriegelt war und die sie doch öffnete zu ihrem Verhängnis. War das nicht ihr eigenes Schicksal, daß auch sie nur das Verbotene gereizt hatte und ins Unglück getrieben? Tiefe Weisheit schien ihr das kleine Märchen, das sie vor einer Woche noch als einfältig belächelt hätte. In der Zeitung stand die Geschichte eines Offiziers, der unter Erpressung zum Verräter geworden war. Sie schauerte und verstand. Würde denn sie nicht auch Unmögliches tun, um sich Geld zu schaffen, ein paar Tage Ruhe zu kaufen, einen Schein von Glück. Jede Zeile, die von Selbstmord sprach, jedes Verbrechen, jede Verzweiflung wurde ihr plötzlich zum Geschehnis. Alles sagte »ich« zu ihr, der Lebensmüde, der Verzweifelte, das verführte Dienstmädchen und das verlassene Kind, alles war wie ihr eigenes Schicksal. Mit einem Male spürte sie den ganzen Reichtum des Lebens und wußte, daß nie eine Stunde in ihrem Schicksal mehr arm sein könnte und jetzt, da sich alles zu Ende neigte, spürte sie erst einen Anbeginn. Und dieses wunderbare Verstricktsein mit der ganzen unendlichen Welt sollte diese eine verlotterte Weibsperson Macht haben mit ihren groben Fäusten zu zerreißen? Um dieser einen Schuld willen sollte all das Große und Schöne, dessen sie sich nun zum erstenmal fähig fühlte, zertrümmert sein?

Und warum – sie wehrte sich blind gegen ein Verhängnis, das sie unbewußt sinnvoll glaubte – warum gerade ihr so entsetzliche Strafe für geringfügiges Vergehen! Wie viele Frauen kannte sie, eitle, freche, wollüstige, die sich für Geld sogar Liebhaber hielten und in ihrem Arm den eigenen Mann verhöhnten, Frauen, die in der Lüge lebten wie im eigenen Haus, die schöner wurden in der Verstellung, stärker in der Verfolgung, klüger in der Gefahr, indes sie ohnmächtig zusammenbrach bei der ersten Angst, dem ersten Vergehen.

Aber war sie denn überhaupt schuldig? In ihrem Innersten fühlte sie, daß dieser Mensch, dieser Geliebte ihr fremd war, daß sie nichts von ihrem wirklichen Leben ihm jemals hingegeben. Nichts hatte sie empfangen von ihm, nichts von sich ihm geschenkt. All dies Vergangene und Vergessene war gar nicht ihr Verbrechen, sondern das einer anderen Frau, die sie selbst nicht verstand und an die sie sich nicht einmal mehr zurückerinnern konnte. Durfte man denn ein Vergehen strafen, das durch die Zeit schon entsühnt war?

Plötzlich erschrak sie. Sie fühlte, daß dies gar nicht mehr ihr eigener Gedanke war. Wer hatte das nur gesagt? Irgend jemand in ihrer Nähe, jüngst erst, vor wenigen Tagen. Sie dachte nach, und ihr Erschrecken wurde nicht geringer, als sie sich besann, daß es ihr eigener Mann war, der diesen Gedanken in ihr geweckt hatte. Er war von einem Prozeß zurückgekommen, aufgeregt, bleich, und plötzlich sagte der sonst so Ungesprächige zu ihr und zufällig anwesenden Freunden: »Heute hat man einen Unschuldigen verurteilt.« Von ihr und den anderen befragt, erzählte er noch ganz aus seiner Erregung, man habe soeben einen Dieb bestraft für eine Entwendung, die er vor drei Jahren begangen hätte, und für sein Empfinden zu Unrecht, denn nach drei Jahren sei doch das Verbrechen gar nicht mehr das seine. Man bestrafe einen anderen Menschen und strafe ihn überdies doppelt, weil er doch schon diese drei Jahre im Kerker seiner eigenen Angst, in der ewigen Unruhe der Überführung verbracht habe.

Mit Entsetzen entsann sie sich, ihm damals widersprochen zu haben. Ihrem lebensfremden Empfinden war der Verbrecher immer nur ein Schädling der bürgerlichen Behaglichkeit gewesen, der ausgerottet werden mußte um jeden Preis. Nun erst spürte sie, wie jämmerlich ihre Argumente gewesen waren, wie gütig und gerecht die seinen. Aber würde er auch bei ihr verstehen können, daß sie nicht einen Menschen geliebt, sondern das Abenteuer? Daß er mitschuldig war durch zuviel Güte, durch die erschlaffende Behaglichkeit, die er um ihr Leben gebreitet? Würde er auch gerecht sein können als Richter seiner eigenen Sache?

Aber es war gesorgt dafür, daß sie sich freundlichen Hoffnungen nicht hingeben sollte. Schon am nächsten Tag kam wieder ein Zettel, wieder ein Peitschenhieb, der ihre ermattete Angst aufscheuchte. Diesmal waren zweihundert Kronen gefordert, die sie widerstandslos gab. Entsetzlich war ihr diese jähe Steigerung der Erpressung, der sie sich auch materiell nicht gewachsen fühlte, denn obzwar aus vermögender Familie, war sie doch nicht in der Lage, sich unauffällig größere Summen zu beschaffen. Und dann, was half es? Sie wußte, morgen würden es vierhundert Kronen sein und bald tausend, immer mehr, je mehr sie gab, und dann schließlich, sobald ihre Mittel versagten, der anonyme Brief, der Zusammenbruch. Was sie kaufte, war nur Zeit, eine Atemspanne, zwei Tage Rast oder drei, eine Woche vielleicht, aber eine wie entsetzlich wertlose Zeit voll Qual und Spannung. Seit Wochen schlief sie jetzt unruhig mit Träumen, die ärger waren als das Wachsein, ihr fehlte die Luft, die freie Bewegung, die Ruhe, die Beschäftigung. Sie vermochte nicht mehr zu lesen, nichts mehr zu tun, dämonisch gejagt von ihrer inneren Angst. Sie fühlte sich krank. Manchmal mußte sie sich plötzlich niedersetzen, so heftig überfiel sie das Herzklopfen, eine unruhige Schwere füllte mit dem zähen Saft einer fast schmerzhaften Müdigkeit alle Glieder, die aber dennoch dem Schlaf sich verwehrte. Unterhöhlt von der fressenden Angst war ihre ganze Existenz, vergiftet ihr Körper, und im Innersten sehnte sie sich eigentlich danach, daß dieses Kranksein doch endlich herausbrechen möge in einem sichtbaren Schmerz, einem wirklich faßbaren, sichtbaren klinischen Leiden, für das die Menschen doch Mitleid hatten und Erbarmen. Sie beneidete die Kranken in diesen Stunden unterirdischer Qual. Wie gut müßte es sein, in einem Sanatorium zu liegen, im weißen Bett zwischen weißen Wänden, umgeben von Bedauern und Blumen, Menschen würden kommen, alle gütig zu ihr sein, und hinter der Wolke des Leidens stünde schon fern wie eine große gütige Sonne die Genesung. Hatte man Schmerzen, so durfte man wenigstens laut schreien, sie aber mußte unaufhörlich die tragische Komödie eines heiteren Gesundseins spielen, für die jeder Tag und beinahe jede Stunde ihr neue und furchtbare Situationen fand. Mit zuckenden Nerven mußte sie lächeln und froh scheinen, ohne daß jemand die unendliche Anstrengung dieser vorgetäuschten Heiterkeit ahnte, die heroische Kraft, die sie verschwendete an solche tägliche und doch nutzlose Selbstvergewaltigung.

Nur einer von allen Menschen rings um sie schien, so dünkte es ihr, etwas zu ahnen von dem Furchtbaren, das in ihr vorging, und dieser nur, weil er sie belauerte. Sie spürte, und diese Sicherheit zwang sie zu doppelter Vorsicht, daß er sich unablässig mit ihr beschäftigte, so wie sie mit ihm. Sie umschlichen sich Tag und Nacht, gleichsam einander umkreisend, um einer des andern Geheimnis aufzuspähen und das eigene hinter dem Rücken zu bergen. Auch ihr Mann war anders geworden in der letzten Zeit. Die drohende Strenge jener ersten inquisitorischen Tage war bei ihm einer eigenen Art von Güte und Besorgtheit gewichen, die sie unwillkürlich an ihre Brautzeit erinnerte. Wie eine Kranke behandelte er sie, mit einer Sorgsamkeit, die sie verwirrte, weil sie sich beschämt fühlte durch so unverdiente Liebe, und die sie anderseits doch fürchtete, weil sie doch auch eine List bedeuten könnte, um ihr jäh in unvermutetem Augenblick das Geheimnis aus den erschlafften Händen zu winden. Seit jener

Nacht, da er sie im Schlafe belauscht, und jenem Tag, da er den Brief in ihren Händen erblickt, war sein Mißtrauen wie in Mitleid verwandelt, er warb um ihr Vertrauen mit einer Zartheit, die sie manchmal beruhigte und schon nachgiebig stimmte, um in der nächsten Sekunde dem Argwohn wieder nachzugeben. War es nur eine List, die verführerische Lokkung des Untersuchungsrichters für den Angeklagten, eine Fangbrücke des Vertrauens, die ihr Geständnis überschreiten sollte und die dann, plötzlich hochgezogen, sie wehrlos in seiner Willkür ließ? Oder war auch schon in ihm das Gefühl, daß dieser gesteigerte Zustand des Belauerns und Belauschens ein unerträglicher war, und seine Sympathie so stark, daß er heimlich mitlitt an ihrem täglich mehr sichtbaren Leiden? Sie spürte in einem merkwürdigen Schauer, wie er ihr manchmal das erlösende Wort gleichsam hinreichte, wie verlockend leicht er ihr das Geständnis machte; sie verstand seine Absicht und war seiner Güte dankbar froh. Aber sie empfand auch, daß mit dem regeren Gefühl der Neigung auch ihre Scham vor ihm wuchs und ihr strenger das Wort verwehrte als vordem ihr Mißtrauen.

Einmal in diesen Tagen sprach er zu ihr ganz deutlich und Blick in Blick. Sie war nach Hause gekommen und hatte vom Vorzimmer laute Stimmen gehört, die ihres Mannes, scharf und energisch, das zänkische Geschwätz der Gouvernante und dazwischen Weinen und schluchzende Laute. Ihr erstes Gefühl war Erschrecken. Immer, wenn sie laute Stimmen hörte oder eine Erregung im Hause, schauerte sie zusammen. Angst war das Gefühl, das bei ihr auf alles antwortete, was außergewöhnlich war, die brennende Angst, der Brief sei schon gekommen, das Geheimnis enthüllt. Immer, wenn sie die Tür auftat, stürzte ihr erster fragender Blick sich auf die Gesichter und fragte sie ab, ob nichts in ihrer Abwesenheit geschehen sei, die Katastrophe nicht schon hereingebrochen, indes sie fern war. Diesmal war es nur Kinderzank, wie sie bald beruhigt erkannte, eine kleine improvisierte Gerichtsverhandlung. Eine Tante hatte vor wenigen Tagen dem Knaben ein Spielzeug, ein buntes Pferdchen, gebracht, was das jüngere Mädchen, das mindere Gaben erhalten, neidisch erbitterte. Vergeblich hatte sie ihr Recht geltend zu machen gesucht und so gierig, daß der Knabe ihr verweigerte, sein Spielzeug überhaupt zu berühren, was zuerst lauten Zorn des Kindes erregte und dann ein dumpfes, geducktes, hartnäckiges Schweigen. Aber am nächsten Morgen war das Pferdchen plötzlich verschwunden, spurlos, und alle Bemühungen des Knaben vergebens, bis man durch Zufall das Verlorene schließlich zerstückelt im Ofen entdeckte, die Holzteile zerbrochen, das bunte Fell abgerissen und das Innere ausgeweidet. Der Verdacht fiel selbstverständlich auf das kleine Mädchen; weinend war der Bub zum Vater gestürzt, die Boshafte zu verklagen, die einer Rechtfertigung nicht ausweichen konnte, und eben begann das Verhör.

Irene fühlte einen jähen Neid. Warum kamen die Kinder mit all ihren Sorgen immer zu ihm und niemals zu ihr? Von je vertrauten sie alle ihre Streitigkeiten und Klagen immer ihrem Manne an; bisher war ihr's lieb gewesen, von diesen kleinen Plackereien befreit zu sein, aber auf einmal geizte sie danach, weil sie darin die Liebe fühlte und Vertrauen.

Die kleine Gerichtsverhandlung war bald entschieden. Das Kind leugnete zuerst, freilich mit scheu gesenkten Augen und einem verräterischen Zittern in der Stimme. Die Gouvernante zeugte gegen sie, sie hatte gehört, wie das kleine Mädchen im Zorn gedroht hatte, das Pferdchen zum Fenster hinunterzuwerfen, was das Kind vergeblich abzuleugnen sich bemühte. Es gab einen kleinen Tumult von Schluchzen und Verzweiflung. Irene blickte auf ihren Mann; ihr war es, als säße er zu Gericht nicht über das Kind, sondern schon über ihr eigenes Schicksal, denn so würde sie vielleicht morgen schon ihm gegenüberstehen, mit dem gleichen Zittern und demselben Sprung in der Stimme. Ihr Mann blickte zuerst streng, solange das Kind bei der Lüge beharrte, zwang dann Wort für Wort den Widerstand nieder, ohne je bei einer Weigerung in Zorn zu geraten. Dann aber, als sich das Leugnen in eine dumpfe Verstocktheit löste, sprach er ihr gütig zu, bewies geradezu die innere Notwendigkeit der Handlung und entschuldigte gewissermaßen, daß sie im ersten unbedachten Zorn etwas so Abscheuliches getan habe, damit, daß sie dabei nicht besonnen habe, es würde ihren Bruder tatsächlich kränken. Und so warm und eindringlich erläuterte er dem immer unsicherer werdenden Kinde die eigene Tat als etwas Begreifliches, aber doch Verurteilenswertes, daß es endlich in Tränen ausbrach und wild zu heulen begann. Und bald, gedeckt vom Schwall der Tränen, stammelte es endlich das gestehende Wort.

Irene stürzte hin, die Weinende zu umarmen, aber die Kleine stieß sie weg im Zorn. Auch ihr Mann verwies ihr mahnend dies voreilige Mitleid, denn er wollte das Vergehen doch nicht straflos hingehen lassen, und verhängte die zwar geringfügige, für das Kind aber empfindliche Strafe, am nächsten Tage nicht zu einer Veranstaltung gehen zu dürfen, auf die sich das Mädchen seit Wochen gefreut hatte. Heulend hörte das Kind sein Urteil; der Knabe begann laut zu triumphieren, aber dieser frühzeitige und gehässige Hohn verwikkelte ihn augenblicklich gleichfalls in die Strafe, und auch ihm wurde für seine Schadenfreude die Erlaubnis, jenes Kinderfest zu besuchen, entzogen. Traurig, und nur getröstet durch die Gemeinsamkeit ihrer Bestrafung, zogen die beiden schließlich ab, und Irene blieb allein mit ihrem Mann.

Jetzt, fühlte sie plötzlich, war endlich Gelegenheit, statt der Anspielungen hinter der Maske eines Gespräches über die Schuld des Kindes und sein Geständnis von ihrer eigenen zu sprechen, und irgendein Gefühl der Erleichterung überkam sie, wenigstens in verhüllter Form die Beichte ablegen und um Mitleid bitten zu dürfen. Denn wie ein Zeichen war es ihr, ob er ihre Fürsprache für das Kind nun gütig aufnahm, und sie wußte, dann würde sie vielleicht wagen können, für sich selbst zu sprechen.

»Sag, Fritz«, begann sie, »willst du wirklich die Kinder morgen nicht gehen lassen? Sie werden ganz unglücklich sein, besonders die Kleine. So arg war es ja gar nicht, was sie angestellt hat. Warum willst du sie so streng bestrafen? Tut sie dir gar nicht leid, die Kleine?«

Er sah sie an. Dann setzte er sich gemächlich. Er schien sichtlich willig, das Thema ausführlicher zu erörtern, und ein Vorgefühl, angenehm und ängstlich zugleich, ließ sie vermuten, er würde Wort für Wort gegen sie münzen; alles in ihr wartete die Pause zu Ende, die er, wohl mit Absicht oder in angestrengtem Überlegen, besonders dehnte.

»Ob es mir nicht leid tut, fragst du? Darauf sage ich: heute nicht mehr. Ihr ist jetzt leicht, seit sie bestraft ist, ob's ihr auch bitter scheint. Unglücklich war sie gestern, als das arme Pferdchen zerbrochen im Ofen steckte, alles im Hause danach suchte und sie tagaus, tagein die Angst hatte, man würde, man müsse es entdecken. Die Angst ist ärger als die Strafe, denn die ist ja etwas Bestimmtes und, viel oder wenig, immer mehr als das entsetzlich Unbestimmte, dies Grauenhaft-Unendliche der Spannung. Sobald sie ihre Strafe wußte, war ihr leicht. Das Weinen darf dich ja nicht irremachen: es ist nur jetzt herausgefahren, und früher stak es drinnen. Und innen tut's ärger als draußen. Wär' sie nicht ein Kind oder könnte man irgendwie ganz in ihr Letztes schauen, ich glaube, man würde finden, daß sie eigentlich froh ist trotz der Bestrafung und der Tränen und sicher froher als gestern, wo sie anscheinend sorglos herumging und niemand sie verdächtigte.«

Sie sah auf. Ihr war so, als zielte er jedes Wort gegen sie. Aber er schien sie gar nicht zu beachten, sondern fuhr, ihre Bewegung vielleicht mißdeutend, entschiedener fort:

»Es ist wirklich so, du kannst es mir glauben. Ich kenne das vom Gericht und aus den Untersuchungen. Die Angeklagten leiden am meisten unter den Verheimlichungen, unter der Drohung der Entdeckung, unter dem grauenvollen Zwang, eine Lüge gegen tausend kleine versteckte Angriffe verteidigen zu müssen. Es ist furchtbar, so einen Fall zu sehen, wo der Richter schon alles in Händen hat, die Schuld, den Beweis, vielleicht sogar das Urteil bereits, und nur das Geständnis noch nicht, das steckt innen im Angeklagten und will nicht heraus, so sehr er auch zieht und zerrt. Entsetzlich ist das zu sehen, wie der Angeklagte sich windet und krümmt, weil man ihm sein ›Ja‹ wie mit einem Haken aus dem widerstrebenden Fleisch reißen muß. Manchmal sitzt es schon ganz oben in der Kehle, von innen drängt's eine unwiderstehliche Macht nach oben, sie würgen daran, beinahe ist es schon Wort: da kommt die böse Gewalt über sie, jenes unbegreifliche Gefühl von Trotz und Angst, und sie schlukken es wieder hinab. Und der Kampf beginnt von neuem. Die Richter leiden manchmal mehr dabei als die Opfer. Und dabei betrachten die Angeklagten ihn immer als den Feind, der in Wahrheit ihr Helfer ist. Und ich als ihr Anwalt, als Verteidiger, sollte ja eigentlich meine Klienten warnen, zu gestehen, ihre Lügen festigen und stärken, aber innerlich wage ich es oft nicht, denn sie leiden mehr am Nichtgestehen als am Geständnis und seiner Bestrafung. Ich verstehe das eigentlich noch immer nicht, daß man eine Tat tun kann, mit Bewußtsein der Gefahr, und dann nicht den Mut zum Geständnis haben. Diese kleine Angst vor dem Wort finde ich kläglicher als jedes Verbrechen.«

»Meinst du … daß es immer … immer nur Angst ist … die die Menschen hindert? Könnte es nicht … könnte es nicht Scham sein … die Scham, sich auszusprechen … sich auszukleiden vor all den Menschen?«

Verwundert blickte er auf. Er war sonst nicht gewohnt, von ihr Antwort zu empfangen. Aber das Wort faszinierte ihn.

»Scham, sagst du ... das ... das ist ja auch nur eine Angst ... aber eine bessere ... eine, nicht vor der Strafe, sondern ... ja, ich verstehe ...«

Er war aufgestanden, merkwürdig erregt, und ging auf und ab. Der Gedanke schien in ihm irgend etwas getroffen zu haben, das jetzt aufzuckte und sich stürmisch regte. Plötzlich blieb er stehen.

»Ich gebe zu ... Scham vor den Menschen, vor den Fremden ... vor dem Pöbel, der aus der Zeitung fremdes Schicksal frißt wie ein Butterbrot ... Aber deshalb könnte man doch sich wenigstens jenen bekennen, denen man nahesteht ... Du erinnerst dich an jenen Brandstifter, den ich im vergangenen Jahr verteidigte ... der zu mir eine so merkwürdige Zuneigung gefaßt hatte ... er erzählte mir alles, kleine Geschichten aus seiner Kindheit ... sogar von intimeren Dingen ... Siehst du, der hatte die Tat bestimmt begangen, er ist auch verurteilt worden ... aber auch mir hatte er sie nicht eingestanden ... das war eben die Angst, ich könnte ihn verraten ... nicht die Scham, denn mir vertraute er ja ... ich war, glaube ich, der einzige, zu dem er im Leben so etwas wie Freundlichkeit empfunden hatte ... da war es also doch nicht Scham vor den Fremden ... was war es da, wo er doch vertrauen konnte?«

»Vielleicht« – sie mußte sich abwenden, weil er sie so ansah und sie ihre Stimme zittern spürte – »vielleicht ... ist die Scham am größten ... denen gegenüber, denen man sich ... am nächsten fühlt.«

Er blieb plötzlich stehen, wie gepackt von einer innerlichen Gewalt.

»Du meinst also ... du meinst ...« – und mit einem Male wurde seine Stimme anders, ganz weich und dunkel ... »du meinst ... daß Helene ... jemand anderem ihre Schuld leichter gestanden hätte ... der Gouvernante vielleicht ... daß sie ... «

»Ich bin überzeugt davon ... sie hat gerade dir so viel Widerstand nur entgegengesetzt ... weil ... weil dein Urteil ihr das wichtigste ist ... weil ... weil ... sie ... dich am meisten liebt ...«

Wieder blieb er stehen.

»Du ... du hast vielleicht recht ... ja sogar bestimmt ... das ist doch seltsam ... gerade daran habe ich nie gedacht ... es ist doch so einfach ... Ich war vielleicht zu streng, du kennst mich ja ... ich meine es nicht so. Aber ich gehe jetzt gleich hinein ... sie darf natürlich hin ... ich wollte ja nur ihren Trotz bestrafen, ihren Widerstand und daß ... daß sie kein Vertrauen hatte zu mir ... Aber du hast recht, ich will nicht, daß du glaubst, ich könnte nicht verzeihen ... das möchte ich nicht ... gerade von dir möchte ich das nicht, Irene ... «

Er sah sie an, und sie spürte, wie sie errötete unter seinem Blick. War das Absicht, daß er so sprach, oder ein Zufall, ein tückischer, gefährlicher Zufall? Noch immer fühlte sie die entsetzliche Unentschlossenheit.

»Das Urteil ist kassiert« – irgendeine Heiterkeit schien jetzt über ihn zu kommen – »Helene ist frei, und ich gehe, es ihr selbst ankündigen. Bist du jetzt zufrieden mit mir? Oder hast du noch einen Wunsch? ... Du ... du siehst ... du siehst, ich bin in generöser Laune heute ... vielleicht weil ich froh bin, ein Unrecht rechtzeitig einbekannt zu haben. Das schafft immer eine Erleichterung, Irene, immer ...«

Sie glaubte zu verstehen, was diese Betonung meinte. Unwillkürlich trat sie ihm näher, schon fühlte sie das Wort in sich aufquellen, und auch er trat vor, als wollte er ihr eilig aus den Händen nehmen, was sie so sichtlich bedrückte. Da traf sie sein Blick, in dem eine Gier war, nach dem Geständnis, nach irgend etwas von ihrem Wesen, eine glühende Ungeduld, und plötzlich brach alles in ihr zusammen. Müde fiel ihre Hand, und sie wandte sich ab. Es war vergeblich, fühlte sie, nie würde sie es aussprechen können, das eine befreiende Wort, das innen brannte und ihre Ruhe verzehrte. Wie naher Donner rollte die Warnung, aber sie wußte, daß sie nicht entfliehen konnte. Und im geheimsten Wunsch ersehnte sie schon, was sie bislang gefürchtet, den erlösenden Blitz: die Entdeckung.

Rascher, als sie ahnte, schien ihr Wunsch sich erfüllen zu wollen. Vierzehn Tage währte jetzt der Kampf, und Irene fühlte sich am Ende ihrer Kraft. Nun waren es schon vier Tage, daß die Person sich nicht gemeldet hatte, und so in den Körper gedrungen, so eins mit dem Blute war schon die Angst, daß sie bei jedem Klingeln an der Tür immer jäh aufschoß, um selbst eine erpresserische Botschaft rechtzeitig abzufangen. Eine Ungeduld, beinahe eine Sehnsucht, war in dieser Gier, denn mit jeder dieser Bezahlungen kaufte sie ja einen Abend Beruhigung, ein paar Stunden mit den Kindern, einen Spaziergang. Für einen Abend, einen Tag konnte sie dann aufatmen, auf der Straße gehen und zu Freunden; freilich, der Schlaf war weise, er ließ sich sein sicheres Wissen um die beständig nahe Gefahr nicht von so kärglichem Trost betrügerisch nehmen und füllte ihr Blut nachts mit zehrenden Angstträumen.

Ungestüm war sie wiederum bei dem Klingelruf hinausgeeilt, die Tür zu öffnen, so sehr ihr auch bewußt sein mußte, diese Unruhe, den Dienstboten zuvorzukommen, müßte Verdacht erwecken und leicht zu feindlichen Vermutungen verlocken. Aber wie schwach wurden diese kleinen Widerstände des besonnenen Überlegens, wenn beim Telefonsignal, einem Schritt auf der Straße hinter ihr her oder dem Ruf der Türglocke ihr ganzer Körper gleichsam aufschnellte wie von einem Peitschenschlag. Wieder hatte sie ein Klingelzeichen aus dem Zimmer und hin zur Tür gerissen; sie öffnete, um im ersten Augenblick eine fremde Dame verwundert anzusehen und dann, entsetzt zurückfahrend, in der neuen Ausstaffierung und unter einem eleganten Hut das verhaßte Gesicht der Erpresserin zu erkennen.

»Ach, Sie sind es selbst, Frau Wagner, das ist mir angenehm. Ich hab' Sie wichtig zu sprechen.« Und ohne eine Antwort der Erschrockenen abzuwarten, die sich mit zitternder Hand auf die Türklinke stützte, trat sie ein, legte den Schirm ab, einen grellen, roten Sonnenschirm, offenbar schon eine erste Verwertung ihrer erpresserischen Raubzüge. Sie bewegte sich mit einer ungeheuren Sicherheit, als ob sie in ihrer eigenen Wohnung wäre und, wohlgefällig und gleichsam mit dem Gefühl einer Beruhigung die stattliche Einrichtung betrachtend, schritt sie unaufgefordert weiter gegen die halb offene Tür zum Empfangszimmer. »Nicht wahr, hier hinein?« fragte sie mit einem verhaltenen Hohn, und als die Erschreckte, des Wortes noch immer nicht mächtig, ihr abwehren wollte, fügte sie beruhigend bei: »Wir können es ja rasch erledigen, wenn es Ihnen unangenehm ist.«

Frau Irene folgte ihr ohne Widerrede. Der Gedanke, die Erpresserin in ihrer eigenen Wohnung zu wissen, diese Verwegenheit, die ihre entsetzlichsten Vermutungen übertraf, betäubte sie. Ihr war, als träumte sie dies alles.

»Schön haben Sie's hier, sehr schön«, bewunderte mit sichtlicher Behaglichkeit die Person, während sie sich niederließ. »Ah, wie gut sich's da sitzt. Und die vielen Bilder. Da sieht man's erst, wie armselig es unsereiner hat. Sehr schön haben Sie's, sehr schön, Frau Wagner.«

Da, wie sie diese Verbrecherin in ihren eigenen Räumen so behaglich sah, brach endlich die Wut in der Gemarterten auf. »Was wollen Sie denn, Sie Erpresserin! Bis in meine Wohnung verfolgen Sie mich. Aber ich werde mich nicht zu Tode quälen lassen von Ihnen. Ich werde …!«

»Sprechen Sie doch nicht so laut«, unterbrach die andere mit einer beleidigenden Vertraulichkeit. »Die Tür ist ja offen, und die Dienstboten könnten Sie hören. Mir liegt doch nicht viel daran. Ich leugne ja nichts, mein Gott, und schließlich im Gefängnis kann's mir doch auch nicht schlechter gehn wie jetzt, bei dem elenden Leben. Aber Sie, Frau Wagner, sollten etwas vorsichtiger sein. Ich will vor allem einmal die Tür zumachen, wenn Sie's für nötig befinden, sich zu ereifern. Aber das sag' ich Ihnen gleich, daß Beschimpfungen auf mich keinen Eindruck machen.«

Frau Irenens Kraft, für einen Augenblick durch den Zorn gestählt, sank wieder ohnmächtig zusammen vor der Unerschütterlichkeit dieser Person. Wie ein Kind, das wartet, welche Aufgabe ihm diktiert wird, stand sie da, demütig beinahe und unruhig.

»Also, Frau Wagner, ich will keine langen Umstände machen. Mir geht's nicht gut, das wissen Sie. Das hab' ich Ihnen schon gesagt. Und jetzt brauch' ich Geld auf den Zins. Ich bin ihn schon so lang schuldig, und noch auf andere Sachen. Ich möcht' endlich einmal ein bißchen in Ordnung kommen. Deshalb bin ich zu Ihnen gekommen, daß Sie mir da halt aushelfen mit – na, mit halt vierhundert Kronen.«

»Ich kann nicht«, stammelte Frau Irene, von der Summe erschrocken, die sie tatsächlich nicht mehr in Barem besaß. »Ich hab's jetzt wirklich nicht. Dreihundert Kronen hab' ich Ihnen schon gegeben in diesem Monat. Woher soll ich's denn nehmen?«

»Na, es wird schon gehn, denken Sie nur nach. Eine so reiche Frau wie Sie kann doch Geld haben, soviel sie will. Aber wollen muß sie halt. Also denken S' nur nach, Frau Wagner, es wird schon geh'n.«

»Aber ich hab' es wirklich nicht. Ich möchte es Ihnen ja gern geben. Aber soviel hab' ich wirklich nicht. Ich könnte Ihnen etwas geben … hundert Kronen vielleicht …«

»Vierhundert Kronen, hab' ich gesagt, brauch' ich.« Wie beleidigt durch die Zumutung warf sie schroff die Worte hin.

»Aber ich habe sie nicht!« schrie Irene verzweifelt. Wenn jetzt ihr Mann käme, dachte sie zwischendurch, jeden Augenblick konnte er kommen. »Ich schwöre es Ihnen, ich habe sie nicht ...«

»Dann suchen Sie sich's zu verschaffen ...«

»Ich kann nicht.«

Die Person sah sie an, von oben bis unten, als wollte sie sie abschätzen.

»Na ... zum Beispiel der Ring da ... Wenn man den versetzte, dann würde es gleich gehn. Ich kenn' mich freilich nicht mit Schmuck so aus ... ich hab' ja nie einen gehabt ... aber vierhundert Kronen, glaube ich, kriegt man schon dafür ...«

»Den Ring!« schrie Frau Irene auf. Es war ihr Verlobungsring, der einzige, den sie nie ablegte und dem ein sehr kostbarer und schöner Stein hohen Wert gab.

»No, warum denn nicht? Ich schick' Ihnen den Versatzschein, da können S' ihn einlösen, wann Sie wollen. Sie krieg'n ihn ja wieder zurück. Ich werd' ihn nicht behalten. Was macht denn so eine arme Person wie ich mit einem so nobeln Ring?«

»Warum verfolgen Sie mich? Warum quälen Sie mich? Ich kann nicht ... ich kann nicht. Das müssen Sie doch begreifen ... Sie sehen, ich habe getan, was ich kann. Das müssen Sie doch begreifen. Haben Sie doch Mitleid!«

»Mit mir hat auch keiner Mitleid gehabt. Mich haben sie beinahe krepieren lassen vor Hunger. Warum soll gerade ich Mitleid haben mit einer so reichen Frau?«

Irene wollte eben heftig erwidern. Da hörte sie – und ihr Blut stockte – außen eine Tür ins Schloß fallen. Das mußte ihr Mann sein, der von seinem Büro zurückkehrte. Ohne erst zu überlegen, riß sie sich den Ring vom Finger und streckte ihn der Wartenden hin, die ihn eilig verschwinden ließ.

»Haben Sie keine Angst. Ich geh' schon weg«, nickte die

Person, als sie die namenlose Angst in dem Gesichte gewahrte und das gespannte Lauschen gegen das Vorzimmer, wo ein Männerschritt deutlich vernehmbar war. Sie öffnete die Tür, grüßte Irenens eintretenden Gemahl, der für einen Augenblick zu ihr aufsah und sie nicht sonderlich zu beachten schien, und verschwand.

»Eine Dame, die um eine Auskunft kam«, sagte Irene mit letzter Kraft zur Erklärung, sobald die Tür hinter der Person ins Schloß gefallen war. Die ärgste Sekunde war überstanden. Ihr Mann erwiderte nichts und trat ruhig in das Zimmer, wo der Mittagstisch bereits gedeckt war.

Irene war, als brenne die Luft auf jene Stelle an ihrem Finger, die sonst der kühle Reif des Ringes schützte, und als müßte jeder auf die nackte Stelle wie auf ein Brandmal blikken. Immer wieder versteckte sie während des Speisens die Hand, und indes sie's tat, höhnte sie eine merkwürdige Überreizung des Gefühls, ein Blick ihres Mannes streife unablässig gegen ihre Hand und verfolge sie auf all ihren Wanderungen. Mit aller Kraft bemühte sie sich, seine Aufmerksamkeit abzulenken und mit unablässigen Fragen ein Gespräch in Fluß zu bringen. Sie sprach und sprach zu ihm, zu den Kindern, zu der Gouvernante, immer wieder entzündete sie mit den kleinen Flammen der Frage das Gespräch, aber immer versagte ihr der Atem, und immer brach es wieder erstickt in sich zusammen. Sie versuchte übermütig zu scheinen und auch die andern zu einer Fröhlichkeit zu verleiten, sie neckte die Kinder und stachelte sie gegeneinander auf, aber sie stritten nicht und sie lachten nicht: es mußte, so spürte sie selbst, in ihrer Heiterkeit etwas Falsches sein, das die andern unbewußt befremdete. Je mehr sie sich anspannte, desto weniger gelang der Versuch. Schließlich wurde sie müde und schwieg.

Auch die andern schwiegen; sie hörte nur das leise Klirren der Teller und innen die quellenden Stimmen der Angst. Da, mit einem Male sagte ihr Mann: »Wo hast du denn heute deinen Ring?«

Sie zuckte zusammen. Innen sagte etwas ganz laut ein Wort: Vorbei! Aber noch wehrte sich ihr Instinkt. Jetzt alle Kraft zusammenhalten, fühlte sie. Nur für einen Satz noch, für ein Wort. Nur eine Lüge noch finden, eine letzte Lüge.

»Ich ... ich hab' ihn zum Putzen gegeben.«

Und gleichsam erstarkt an der Unwahrheit, fügte sie nun entschlossen bei: »Übermorgen hol' ich mir ihn ab.« Übermorgen. Jetzt war sie gebunden, die Lüge mußte zerbrechen und sie mit, wenn es ihr nicht gelang. Jetzt hatte sie sich selbst die Frist gestellt, und all die wirre Angst durchdrang jetzt mit einem Male ein neues Gefühl, eine Art Glück, die Entscheidung so nahe zu wissen. Übermorgen: nun wußte sie ihre Frist und fühlte aus dieser Gewißheit eine merkwürdige Ruhe in ihre Angst überströmen. Innen wuchs etwas auf, eine neue Kraft, Kraft zum Leben und die Kraft zu sterben.

Das endlich gesicherte Bewußtsein der nahen Entscheidung begann eine unerwartete Klarheit in ihr zu verbreiten. Die Nervosität wich wunderbar einer geordneten Überlegung, die Angst einem ihr selbst fremden Gefühl kristallener Ruhe, dank der sie alle ihre Dinge ihres Lebens plötzlich durchsichtig und in ihrem wahrhaften Wert sah. Sie maß ihr Leben und spürte, es wog noch immer schwer, durfte sie es behalten und steigern in dem neuen und erhöhten Sinne, den diese Tage der Angst sie gelehrt hatten, konnte sie es noch einmal rein und sicher, ohne Lügen beginnen, sie fühlte sich bereit. Aber als geschiedene Frau, Ehebrecherin, befleckt vom Skandal, hinzuleben, dazu war sie zu müde, und zu müde auch, weiter dies gefährliche Spiel einer erkauften und auf Frist gewährten Beruhigung fortzusetzen. Widerstand war, das fühlte sie, jetzt nicht mehr denkbar, das Ende schon nahe, Verrat drohte von ihrem Mann, ihren Kindern, von allem, das sie umgab, und von ihr selbst. Flucht war unmöglich vor einem Gegner, der allgegenwärtig schien. Und das Bekenntnis, die sichere Hilfe, blieb ihr verwehrt, das wußte sie nun. Ein einziger Weg war noch frei, aber von dem gab es keine Wiederkehr.

Noch lockte das Leben. Es war einer jener elementaren Frühlingstage, wie sie manchmal aus dem verschlossenen Schoß des Winters stürmisch hervorbrechen, ein Tag mit unendlich erblautem Himmel, dessen erhobene Weite man wie Aufatmen nach all den umdüsterten Winterstunden zu fühlen meinte.

Die Kinder stürmten herein in hellen Kleidern, die sie zum erstenmal in diesem Jahre trugen, und sie mußte sich bezwingen, ihren aufstürmenden Jubel nicht mit Tränen zu erwidern. Sobald das Lachen der Kinder mit seinem schmerzlichen Nachhall in ihr verklungen war, machte sie sich daran, ihre eigenen Beschlüsse entschlossen auszuführen. Zunächst wollte sie versuchen, sich wieder in den Besitz des Ringes zu setzen, denn, wie immer sich jetzt ihr Schicksal entschiede, sollte kein Verdacht auf ihre Erinnerung fallen, niemand einen sichtlichen Beweis ihrer Schuld besitzen. Niemand, und vor allem die Kinder nicht, sollten jemals das furchtbare Geheimnis ahnen, das sie ihnen entrissen hatte; ein Zufall müßte es scheinen, den keiner zu verantworten hatte.

Sie ging zunächst in eine Leihanstalt, dort ein ererbtes Schmuckstück, das sie fast niemals trug, zu versetzen, und sich so mit genug Geld zu versehen, um der Person eventuell den verräterischen Ring wieder abkaufen zu können. Gesicherter im Gefühl, sobald sie die bare Summe in der Tasche hatte, promenierte sie dann weiter aufs Geratewohl, im Innersten das ersehnend, was sie bis gestern am meisten gefürchtet hatte: der Erpresserin zu begegnen. Die Luft war lind und ein Geleucht von Sonne über den Häusern. Etwas von der ungestümen Bewegung des Windes, der weiße Wolken eilig über den Himmel jagte, schien in den Rhythmus der Menschen eingedrungen zu sein, die leichter und beschwingter ausschritten als bisher in all den trostlosen winterdämmerigen Tagen. Und sie selbst vermeinte, etwas davon in sich zu fühlen. Der Gedanke des Sterbens, gestern wie im Flug gefaßt und nicht mehr aus der zitternden Hand gelassen, wuchs plötzlich zur Ungeheuerlichkeit, entsank ihren Sinnen. Sollte es denn möglich sein, daß ein Wort irgendeines widrigen Weibes all dies zerstören könnte, die Häuser da mit den blinkenden Fassaden, die sausenden Wagen, die lachenden Menschen und innen dies rauschende Gefühl von Blut? Sollte ein Wort die unendliche Flamme verlöschen können, mit der die ganze Welt aufloderte in ihrem atmenden Herzen?

Sie ging und ging, aber nicht mehr mit gesenktem Blick, sondern offen spürend und beinahe voll Gier, endlich die Langgesuchte zu entdecken. Das Opfer suchte jetzt den Jäger, und wie das gehetzte schwächere Tier, wenn es fühlt, daß ein Entrinnen nicht mehr möglich ist, sich mit dem Entschluß der Verzweiflung plötzlich wendet und dem Verfolger kampfbereit entgegenstellt, so verlangte sie es jetzt, der Peinigerin sich Antlitz in Antlitz zu stellen und mit jener letzten Kraft zu ringen, die der Trieb des Lebens den Verzweifelten verleiht. Mit Absicht blieb sie in der Nähe der Wohnung, wo sonst die Erpresserin sie zu belauern pflegte, einmal eilte sie sogar über die Straße, weil in der Tracht irgendeine Frauensperson an die Gesuchte erinnerte. Es war längst nicht mehr der Ring, um den sie kämpfte und der ja doch nur Aufschub bedeutete und nicht Befreiung, sondern wie ein Zeichen des Schicksals ersehnte sie diese Begegnung, als Entscheidung über Leben und Tod von höherer Macht, aus ihrem eigenen Entschlusse gefällt, schien ihr sein Wiederbesitz. Aber nirgends war die Person zu erspähen. Wie eine Ratte im Loch war sie verschwunden im unendlichen Gewirr der Riesenstadt. Enttäuscht, aber noch nicht hoffnungslos kehrte sie mittags zurück, um sogleich nach dem Mittagsmahle die vergebliche Suche wieder zu beginnen. Neuerdings streifte sie die Straßen ab, und jetzt, da sie sie nirgends fand, wuchs wieder das fast entwöhnte Grauen in ihr empor. Nicht die Person war es mehr, nicht der Ring, der sie beunruhigte, sondern das grauenhafte Geheimnisvolle in all diesen Begegnungen, das mit der Vernunft nicht mehr voll zu begreifen war. Diese Person hatte wie durch Magie ihren Namen erfahren und ihre Wohnung, sie wußte all ihre Stunden und häuslichen Verhältnisse, sie war immer im schreckhaftesten und gefährlichsten Momente gekommen, um nun im erwünschtesten mit einem Male verschwunden zu sein. Irgendwo mußte sie sein in dem riesigen Getriebe, nah, wenn sie wollte, und doch unerreichbar, sobald man sie begehrte, und dies Gestaltlose der Drohung, das unfaßbare Nahe der Erpresserin, hart an ihrem Leben und doch nicht zu fassen, lieferte die schon Ermattete machtlos an die immer mehr mystische Angst. Es war, als hätten sich höhere Kräfte zu ihrem Untergang teuflisch verschworen, eine solche Verhöhnung ihrer Schwäche war in diesem übermächtigen Gewirr feindlicher Zufälle. Nervös schon, mit einem fiebernden Schritt, lief sie immer noch dieselbe Straße auf und nieder. Wie eine Dirne, dachte sie selbst. Aber die Person blieb unsichtbar. Nur das Dunkel kam jetzt drohend herabgeglitten, der frühe Frühlingsabend löste die helle Farbe des Himmels in schmutzige Trübe, und eilig brach die Nacht herein. Lichter entflammten sich in den Straßen, der Strom der Menschen flutete rascher in die Häuser zurück, das ganze Leben schien in dunkler Strömung zu entschwinden. Ein paarmal ging sie noch auf und ab, spähte noch einmal mit letzter Hoffnung die Straße entlang, dann wandte sie sich ihrem Hause zu. Sie fror.

Müde ging sie hinauf. Sie hörte, wie man nebenan die Kinder zu Bett brachte, aber sie vermied, ihnen gute Nacht zu wünschen, Abschied zu nehmen für die eine und dabei an die ewige zu denken. Wozu sie jetzt auch sehen? Um an ihren übermütigen Küssen ungetrübtes Glück zu fühlen, in ihren hellen Gesichtern die Liebe? Wozu sich noch martern mit einer Freude, die doch schon verloren war? Sie biß die Zähne zusammen: nein, sie wollte nichts mehr vom Leben fühlen, nicht mehr das Gute und Lachende, das sie mit vieler Erinnerung band, da sie doch all diesen Zusammenhalt morgen mit einem Ruck zerreißen mußte. Nur an das Widerwärtige wollte sie jetzt denken, an das Häßliche, das Gemeine, an das Verhängnis, die Erpresserin, an den Skandal, an alles, was sie forttrieb, dem Abgrund entgegen.

Die Heimkehr ihres Mannes unterbrach das dumpfe und einsame Sinnen. Freundlich um ein reges Gespräch bemüht, suchte er sich ihr im Worte zu nähern und fragte vielerlei. Eine gewisse Nervosität meinte sie dieser plötzlich so regen Sorgsamkeit entraten zu können, aber sie widerstrebte jedem Gespräch in Erinnerung an das von gestern. Irgendeine innere Angst hielt sie zurück, sich durch Liebe zu binden, durch Sympathie halten zu lassen. Er schien ihren Widerstand zu spüren und irgendwie besorgt. Sie wiederum fürchtete von seiner Besorgnis neuerliche Annäherung und bot ihm frühzeitig gute Nacht. »Auf morgen«, antwortete er. Dann ging sie.

Morgen: wie nah das war und wie unendlich fern! Ungeheuer weit und finster schien ihr die schlaflose Nacht. Allmählich wurden die Geräusche der Straße seltener, an den Reflexen des Zimmers sah sie, daß die Lichter draußen erloschen. Manchmal meinte sie, die nahen Atemzüge von den andern Zimmern fühlen zu können, das Leben ihrer Kinder, ihres Mannes und der ganzen nahen und doch so fernen, fast schon entschwundenen Welt, aber auch gleichzeitig ein namenloses Schweigen, das nicht aus der Natur, nicht von ringsum zu kommen schien, sondern von innen, aus geheimnisvoll rauschender Quelle. Eingesargt fühlte sie sich in einer Unendlichkeit von Stille und das Dunkel unsichtbarer Himmel auf ihrer Brust. Manchmal sprachen die Stunden laut eine Zahl in das Dunkel, dann ward die Nacht schwarz und leblos, aber zum erstenmal meinte sie den Sinn dieser endlosen, leeren Dunkelheit zu verstehen. Sie sann jetzt nicht mehr über Abschied und Tod, sondern dachte nur, wie sie ihm entgegenflüchten und möglichst unauffällig den Kindern und sich die Schande des Aufsehens ersparen könnte. An alle Wege sann sie, von denen sie wußte, daß sie zum Tode führten, dachte alle Möglichkeiten der Selbstvernichtung aus, bis sie sich mit einer Art freudigen Schreckens plötzlich erinnerte, daß der Arzt bei einer schmerzhaften Krankheit, die Schlaflosigkeit im Gefolge hatte, ihr Morphium verschrieben hatte, und sie damals tropfenweise das süßbittere Gift aus einem kleinen Fläschchen genommen hatte, dessen Inhalt, wie man ihr damals sagte, hinreichend war, einen sanft entschlummern zu lassen. Oh, nicht mehr gejagt zu werden, ruhen können, ruhen ins Unendliche, nicht mehr den Hammer der Angst auf dem Herzen zu spüren! Der Gedanke dieses sanften Entschlummerns reizte die Schlaflose unendlich, schon meinte sie den galligen Geschmack auf den Lippen zu fühlen und die weiche Umnachtung der Sinne. Eilig raffte sie sich auf und entzündete das Licht. Das Fläschchen, das sie bald fand, war nur mehr halbvoll und sie befürchtete, es möchte nicht genügen. Fieberhaft durchforschte sie alle Laden, bis sie schließlich das Rezept fand, das die Bereitung größerer Quantitäten ermöglichte. Wie eine kostbare Banknote faltete sie es lächelnd zusammen: Nun hielt sie den Tod in der Hand. Kühl durchschauert und doch beruhigt wollte sie wieder zurück ins Bett, aber jetzt, wie sie am beleuchteten Spiegel vorbeischritt, sah sie plötzlich aus dem dunklen Rahmen sich selbst entgegentreten, gespenstig, bleich, hohlen Auges und vom weißen Nachtgewand wie in ein Leichenlaken gehüllt. Grauen fiel sie an, sie löschte das

Licht, flüchtete frierend in das verlassene Bett und lag wach bis in den dämmernden Tag.

Am Vormittag verbrannte sie ihre Briefschaften, brachte Ordnung in allerhand kleine Dinge, aber sie vermied nach Möglichkeit, die Kinder zu sehen und alles überhaupt, was ihr lieb war. Sie wollte das Leben jetzt nur abhalten, sich an sie mit Lust und Verlockung anzuklammern und ihr den gefaßten Entschluß durch ein nur vergebliches Zögern noch zu erschweren. Dann ging sie noch einmal auf die Straße, zum letztenmal das Schicksal zu versuchen und der Erpresserin zu begegnen. Sie ging wieder rastlos die Straßen ab, aber nicht mehr mit jenem gesteigerten Gefühl der Spannung. In ihr war schon etwas müde geworden, und sie verzagte, weiterkämpfen zu können. Sie ging und ging wie aus Pflichtbewußtsein zwei Stunden. Nirgends war die Person zu sehen. Es tat ihr nicht mehr weh. Fast wünschte sie nicht mehr die Begegnung, so kraftlos fühlte sie sich. Sie sah in die Gesichter der Menschen hinein, und alle schienen ihr fremd, alle tot und irgendwie abgestorben. Das alles war irgendwie schon fern und verloren und gehörte ihr nicht mehr.

Nur einmal schrak sie zusammen. Ihr war, als hätte sie beim Umblicken auf der anderen Seite der Straße aus dem Gewühl plötzlich den Blick ihres Mannes gefühlt, jenen merkwürdigen, harten, stoßenden Blick, den sie erst seit kurzem an ihm kannte. Ärgerlich starrte sie hinüber, aber die Gestalt war rasch hinter einem vorbeifahrenden Wagen verschwunden, und sie beruhigte sich mit dem Gedanken, daß er zu dieser Zeit immer bei Gericht beschäftigt sei. Das Gefühl für die Stunde wurde ihr unsicher in der spähenden Erregung, und sie kam verspätet zum Mittagsmahl. Aber auch er war noch nicht zur Stelle wie sonst, sondern kam erst zwei Minuten später und, wie ihr dünkte, ein wenig erregt.

Sie zählte jetzt die Stunden bis zum Abend und erschrak, wie viele es noch waren, wie wunderlich das war, wie wenig

Zeit man brauchte zum Abschiednehmen, wie wenig wert alles schien, wenn man wußte, daß man es nicht mitnehmen könne. Etwas wie Schläfrigkeit kam über sie. Mechanisch ging sie wieder die Straße hinab, aufs Geratewohl, ohne zu denken oder zu schauen. An einer Kreuzung riß ein Kutscher im letzten Augenblick die Pferde zurück, schon hatte sie die Deichsel des Wagens knapp vor sich hinstoßen gesehen. Der Kutscher fluchte gemein, sie wandte sich kaum um: das wäre Rettung gewesen oder Aufschub. Ein Zufall hätte ihr den Entschluß erspart. Müde ging sie weiter: es war wohltuend, so gar nichts zu denken, nur wirr ein dunkles Gefühl vom Ende innen zu spüren, einen Nebel, der sacht niederstieg und alles verhüllte.

Als sie zufällig aufblickte, nach dem Namen der Straße zu sehen, schauerte sie zusammen: in ihrem verworrenen Wandeln war sie durch Zufall bis beinahe vor das Haus ihres einstigen Geliebten gekommen. War das ein Zeichen? Er könnte ihr vielleicht noch helfen, er mußte die Adresse jener Person wissen. Sie zitterte beinahe vor Freude. Wie hatte sie dies nicht bedenken können, dies Einfachste? Mit einem Male spürte sie die Glieder wieder reg, die Hoffnung beschwingte die trägen Gedanken, die jetzt wirr durcheinanderstoben. Er müßte jetzt hingehen mit ihr zu jener Person und ein für allemal ein Ende machen. Er müßte sie bedrohen, diese Erpressungen einzustellen, vielleicht genügte eine Summe sogar, sie aus der Stadt zu entfernen. Es tat ihr plötzlich leid, den Armen jüngst so schlecht behandelt zu haben, aber er würde ihr helfen, sie war dessen gewiß. Wie seltsam, daß diese Rettung jetzt erst kam, jetzt, in letzter Stunde.

Hastig eilte sie die Treppen hinauf und läutete. Niemand öffnete. Sie horchte: es war ihr, als hätte sie vorsichtige Schritte hinter der Tür gehört. Sie läutete nochmals. Wieder ein Schweigen. Und wieder ein leises Geräusch von innen. Da riß ihr die Geduld: sie läutete ohne Unterlaß, es galt ja ihr Leben.

Endlich rührte sich etwas hinter der Tür, das Schloß knackte, und ein schmaler Spalt tat sich auf. »Ich bin es«, hastete sie rasch.

Wie mit einem Erschrecken öffnete er jetzt die Tür. »Du bist … Sie sind es … gnädige Frau«, stammelte er, sichtlich verlegen. »Ich war … verzeihen Sie … ich war … nicht darauf vorbereitet … auf Ihren Besuch … verzeihen Sie meinen Aufzug.« Dabei deutete er auf seine Hemdärmel. Sein Hemd war halb offen, und er trug keinen Kragen.

»Ich muß Sie dringend sprechen … Sie müssen mir helfen«, sagte sie nervös, weil er sie noch immer im Flur stehen ließ wie eine Bettlerin. »Wollen Sie mich nicht eintreten lassen und mich eine Minute anhören«, fügte sie gereizt hinzu.

»Bitte«, murmelte er verlegen und mit einem seitlichen Blick, »ich bin nur jetzt … ich kann nicht recht …«

»Sie müssen mich hören. Es ist ja Ihre Schuld. Sie haben die Pflicht, mir zu helfen … Sie müssen mir den Ring schaffen, Sie müssen … Oder sagen Sie mir wenigstens die Adresse … Sie verfolgt mich immer, und jetzt ist sie fort … Sie müssen, hören Sie, Sie müssen.«

Er starrte sie an. Jetzt merkte sie erst, daß sie ganz zusammenhanglos die Worte keuchte.

»Ach so … Sie wissen nicht … Also, Ihre Geliebte, Ihre frühere, die Person hat mich damals von Ihnen fortgehen sehn, und seitdem verfolgt sie mich und erpreßt von mir … sie foltert mich zu Tode … Jetzt hat sie mir den Ring genommen, und den, den muß ich haben. Bis heute abend muß ich ihn haben, ich habe es gesagt, bis heute abend … Wollen Sie mir also helfen.«

»Aber … aber ich …«

»Wollen Sie oder nicht?«

»Aber ich kenne doch keine Person. Ich weiß nicht, wen Sie meinen. Ich habe nie Beziehungen gehabt zu Erpresserinnen.« Er war beinahe grob.

»So … Sie kennen sie nicht. Sie sagt das so aus der Luft. Und sie kennt Ihren Namen und meine Wohnung. Vielleicht ist es auch nicht wahr, daß sie erpreßt. Vielleicht träume ich das nur.«

Sie lachte grell. Ihm wurde unbehaglich. Einen Augenblick fuhr es ihm durch den Sinn, sie könnte wahnsinnig sein, so funkelten ihre Augen. Ihr Gehaben war verstört, die Worte sinnlos. Ängstlich sah er sich um.

»Bitte beruhigen Sie sich doch … gnädige Frau … ich versichere Ihnen, Sie täuschen sich. Es ist ganz ausgeschlossen, das muß … nein, ich verstehe es selbst nicht. Ich kenne Frauen dieser Sorte nicht. Die beiden Beziehungen, die ich hier seit meinem, wie Sie wissen, doch kurzen Aufenthalt hatte, sind nicht derart … ich will keinen Namen nennen, aber … aber es ist so lächerlich … ich versichere Ihnen, es muß ein Irrtum sein …«

»Sie wollen mir also nicht helfen?«

»Aber gewiß … wenn ich kann.«

»Dann … kommen Sie. Wir gehen zusammen zu ihr …«

»Zu wem … zu wem denn?« Er fühlte wieder das Grauen, sie sei wahnsinnig, als sie ihn jetzt beim Arm faßte.

»Zu ihr … Wollen Sie oder wollen Sie nicht?«

»Aber gewiß … gewiß« – sein Verdacht wurde immer mehr bestärkt durch die Gier, mit der sie ihn drängte – »gewiß … gewiß …«

»So kommen Sie … es geht mir um Leben und Tod!«

Er hielt an sich, um nicht zu lächeln. Dann wurde er mit einem Male förmlich.

»Verzeihung, gnädige Frau … aber es ist mir momentan nicht möglich … ich habe eine Klavierstunde … ich kann jetzt nicht unterbrechen …«

»So … so …«, grell lachte sie ihm ins Gesicht, »so geben Sie Klavierstunden … in Hemdärmeln … Sie Lügner.« Und plötzlich, gepackt von einer Idee, stürmte sie vorwärts. Er suchte sie zurückzuhalten. »Hier ist sie also, die Erpresserin, bei Ihnen? Am Ende spielt ihr gemeinsames Spiel. Vielleicht teilt ihr alles, was ihr aus mir herausgepreßt habt. Aber ich will sie mir fassen. Jetzt habe ich vor nichts mehr Angst.« Sie schrie laut. Er hielt sie fest, aber sie rang mit ihm, riß sich los und stürzte zur Tür des Schlafzimmers.

Eine Gestalt fuhr zurück, die offenbar an der Tür gelauscht hatte. Irene starrte entgeistert eine fremde Dame in etwas unordentlicher Toilette an, die ihr Gesicht hastig abwandte. Ihr Geliebter war ihr nachgestürmt, um Irene zu halten, die er für wahnsinnig hielt, und ein Unglück zu verhüten, aber schon trat sie wieder aus dem Zimmer zurück. »Verzeihen Sie«, murmelte sie. Es war ihr ganz wirr. Sie verstand nichts mehr, nur Ekel fühlte sie, unendlichen Ekel, und eine Müdigkeit.

»Verzeihen Sie«, sagte sie noch einmal, als sie ihn unruhig ihr nachschauen sah. »Morgen … morgen werden Sie alles begreifen … das heißt, ich … ich verstehe selbst nichts mehr.« Wie zu einem Fremden sprach sie zu ihm. Nichts erinnerte sie, daß sie jemals diesem Menschen angehört hatte, und kaum spürte sie noch den eigenen Körper. Es war alles jetzt noch viel wirrer als zuvor, sie wußte nur, daß irgendwo eine Lüge sein müßte. Aber sie war zu müde, noch zu denken, zu müde, zu schauen. Mit geschlossenen Augen stieg sie die Treppe hinab wie ein Verurteilter zum Schafott.

Dunkel war die Straße, als sie hinaustrat. Vielleicht, flog es ihr durch den Sinn, wartet sie jetzt drüben, vielleicht kommt jetzt im letzten Augenblick noch Rettung. Es war ihr, als müßte sie die Hände falten und beten zu einem vergessenen Gott. Oh, nur noch ein paar Monate sich kaufen können, die paar Monate bis zum Sommer, und dann dort friedlich leben, unerreichbar für die Erpresserin, leben zwischen Wiesen und Feldern, nur einen Sommer, aber ihn so ganz und voll, daß er mehr zählt wie ein ganzes Menschenleben.

Gierig spähte sie auf die schon dunkle Straße. Drüben in einem Haustor vermeinte sie eine Gestalt lauern zu sehen, aber jetzt, wie sie näher trat, schwand sie tiefer in den Flur zurück. Einen Augenblick glaubte sie, Ähnlichkeit mit ihrem Mann zu entdecken. Zum zweitenmal kam ihr heute diese Angst, ihn und seinen Blick auf der Straße plötzlich zu spüren. Sie zögerte, um sich zu überzeugen. Aber die Gestalt war verschwunden im Schatten. Unruhig ging sie weiter, ein seltsam gespanntes Gefühl im Nacken wie von einem rückwärts brennenden Blick. Einmal wandte sie sich noch um. Aber da war niemand mehr zu sehen.

Die Apotheke war nicht weit. Mit einem leisen Schauer trat sie ein. Der Provisor nahm das Rezept und machte sich an die Bereitung. Alles sah sie in dieser einen Minute, die blanke Waage, die zierlichen Gewichte, die kleinen Etiketten, und oben in den Schränken die Reihen der Essenzen mit den fremdartigen lateinischen Namen, die sie unbewußt alle mit den Blicken buchstabierte. Sie hörte die Uhr ticken, spürte den eigentümlichen Duft, diesen fettig-süßlichen Geruch der Arzneien, und erinnerte sich mit einem Male, als Kind ihre Mutter immer gebeten zu haben, die Besorgungen für die Apotheke übernehmen zu dürfen, weil sie diesen Geruch liebte und den fremdartigen Anblick der vielen blinkenden Tiegel. Dabei entsann sie sich entsetzt, daß sie es verabsäumt habe, von ihrer Mutter Abschied zu nehmen, und die arme Frau tat ihr furchtbar leid. Wie sie erschrecken würde, dachte sie entsetzt, aber schon zählte der Provisor aus einem bauchigen Gefäß die hellen Tropfen in ein blaues Fläschchen. Starr sah sie zu, wie der Tod aus diesem Gefäß in das kleine wanderte, von dem er bald in ihre Adern strömen sollte, und ein Gefühl von Kälte rieselte durch ihre Glieder. Sinnlos, in einer Art von Hypnose, starrte sie auf seine Finger, die jetzt den Pfropfen in das gefüllte Glas bohrten und jetzt mit Papier die gefährliche Rundung überklebten. Alle ihre Sinne waren gefesselt und gelähmt von dem grausigen Gedanken.

»Zwei Kronen, bitte«, sagte der Provisor. Sie wachte auf aus ihrer Starre und sah fremd um sich. Dann griff sie mechanisch in die Tasche, um das Geld hervorzuholen. Noch traumhaft war alles in ihr, sie sah die Münzen an, ohne sie gleich zu erkennen, und verzögerte sich unwillkürlich im Zählen.

In diesem Augenblick fühlte sie ihren Arm erregt beiseite geschoben und hörte Geld auf die gläserne Schüssel klingen. Eine Hand streckte sich neben ihr aus und griff nach dem Fläschchen.

Unwillkürlich wandte sie sich herum. Und ihr Blick erstarrte. Es war ihr Mann, der da stand mit hart zugepreßten Lippen. Sein Gesicht war fahl, und auf der Stirn funkelte ihm feuchter Schweiß.

Sie fühlte sich einer Ohnmacht nahe und mußte sich am Tisch festhalten. Mit einem Male begriff sie, daß er es gewesen, den sie auf der Straße gesehen und der eben noch im Haustor gelauert; etwas in ihr hatte ihn schon dort ahnend erkannt und besann sich wirr in der einen Sekunde.

»Komm«, sagte er mit einer dumpfen, würgenden Stimme. Sie sah ihn starr an und verwunderte sich im Innern, in einer ganz dumpfen, tiefen Welt ihres Bewußtseins, daß sie ihm gehorchte. Und ihr Schritt ging mit, ohne daß sie es selber wußte.

Sie gingen nebeneinander über die Straße. Keiner blickte den andern an. Er hielt das Fläschchen noch immer in der Hand. Einmal blieb er stehen und wischte sich die feuchte Stirn. Unwillkürlich hemmte auch sie den Schritt, ohne es zu wollen, ohne es zu wissen. Aber sie wagte nicht, hinüberzublicken. Keiner sprach ein Wort, der Lärm der Straße wogte zwischen ihnen.

Auf der Stiege ließ er sie vorausschreiten. Und sofort, wie

er nicht neben ihr ging, geriet ihr Schritt ins Wanken. Sie blieb stehen und hielt sich an. Da stützte er ihren Arm. Bei der Berührung schrak sie zusammen und hastete die letzten Stufen rascher hinauf.

Sie trat ins Zimmer. Er folgte ihr. Dunkel glänzten die Wände, kaum waren die Gegenstände zu unterscheiden. Noch immer sprachen sie kein Wort. Er riß das Papier der Umhüllung ab, öffnete das Fläschchen, goß den Inhalt fort. Dann schleuderte er es heftig in eine Ecke. Sie zuckte zusammen bei dem klirrenden Laut.

Sie schwiegen und schwiegen. Sie fühlte, wie er sich bändigte, fühlte es, ohne hinzusehen. Endlich trat er auf sie zu. Nahe und nun ganz nah. Sie konnte seinen schweren Atem spüren und sah mit ihrem starren und wie verwölkten Blick den Glanz seiner Augen funkelnd aus dem Dunkel des Raumes treten. Seinen Zorn wartete sie schon losbrechen zu hören und schauerte starr dem harten Griff seiner Hand entgegen, der sie erfaßte. Irenen stand das Herz still, nur die Nerven vibrierten wie hochgespannte Saiten; alles wartete auf die Züchtigung, und beinahe ersehnte sie seinen Zorn. Aber er schwieg noch immer, und mit einem unendlichen Staunen spürte sie, daß sein Nahetreten ein sanftes war. »Irene«, sagte er, und seine Stimme klang merkwürdig weich. »Wie lange sollen wir uns noch quälen?«

Da brach es aus ihr, plötzlich, konvulsivisch, mit einem übermächtigen Stoß, wie ein einziger, sinnloser tierischer Schrei, endlich stürzte es vor, das aufgesparte, niedergerungene Schluchzen all dieser Wochen. Eine zornige Hand schien sie von innen zu fassen und gewalttätig zu rütteln, sie schwankte wie eine Trunkene und wäre umgesunken, hätte er sie nicht festgehalten.

»Irene«, beruhigte er, »Irene, Irene«, immer leiser, immer beschwichtigender den Namen sprechend, als könnte er den verzweifelten Aufruhr der gekrampften Nerven durch die immer zärtlichere Tönung des Wortes glätten. Aber nur Schluchzen antwortete ihm, wilde Stöße, Wogen von Schmerz, die den ganzen Körper durchrollten. Er führte, er trug den zuckenden Körper zum Sofa und bettete ihn hin. Aber das Schluchzen wurde nicht still. Wie mit elektrischen Schlägen schüttelte der Weinkrampf die Glieder, Wellen von Schauer und Kälte schienen den gefolterten Leib zu überrinnen. Seit Wochen auf das Unerträglichste gespannt, waren die Nerven nun zerrissen, und fessellos tobte die Qual durch den fühllosen Leib.

Er hielt in höchster Erregung ihren durchschauerten Körper, faßte die kalten Hände, küßte zuerst beruhigend und dann wild, in Angst und Leidenschaft, ihr Kleid, ihren Nakken, aber das Zucken fuhr immer wie ein Riß über die hingekauerte Gestalt, und von innen rollte die aufstürzende, endlich entfesselte Welle des Schluchzens empor. Er fühlte das Gesicht an, das kühl war, von Tränen gebadet, und spürte die hämmernden Adern an den Schläfen. Eine unsägliche Angst überkam ihn. Er kniete hin, näher zu ihrem Antlitz zu sprechen.

»Irene«, immer wieder faßte er sie an, »warum weinst du … Jetzt … jetzt ist doch alles vorbei … Warum quälst du dich noch … Du mußt dich nicht ängstigen mehr … Sie wird nie mehr kommen, nie mehr …«

Ihr Körper zuckte wieder auf, mit beiden Händen hielt er ihn fest. Eine Angst war in ihm, als er diese Verzweiflung fühlte, die den gefolterten Leib zerriß, als hätte er sie gemordet. Immer wieder küßte er sie und stammelte wirre Worte der Entschuldigung.

»Nein … nie mehr … ich schwöre es dir … ich habe es ja nicht ahnen können, daß du so sehr erschrecken würdest … nur rufen wollte ich dich … zurückrufen zu deiner Pflicht … nur daß du von ihm weggehst … für immer … und zurück zu uns … ich hatte doch keine andere Wahl, als ich es durch

Zufall erfuhr … ich konnte es dir selbst doch nicht sagen … ich dachte … dachte immer, du würdest kommen … darum habe ich sie gesandt, diese arme Person, daß sie dich treiben sollte … ein armes Ding ist sie, eine Schauspielerin, eine entlassene … sie hat sich ja ungern hergegeben, aber ich wollte es … ich sehe, es war unrecht … aber ich wollte dich doch zurück … ich habe dir doch immer gezeigt, daß ich bereit bin … daß ich nichts will als verzeihen, aber du hast mich nicht verstanden … aber so … so weit wollte ich dich nicht treiben … ich habe ja mehr gelitten, alles das zu sehen … jeden Schritt habe ich dich beobachtet … nur wegen der Kinder, weißt du, wegen der Kinder mußte ich dich doch zwingen … aber jetzt ist doch alles vorbei … jetzt wird alles wieder gut …«

Sie hörte dumpf aus einer unendlichen Ferne Worte, die nah klangen, und verstand sie doch nicht. Ein Rauschen wogte ihr innen, das alles übertönte, ein Tumult der Sinne, in dem jedes Gefühl verging. Sie fühlte Berührung an ihrer Haut, Küsse und Liebkosungen, und die eigenen, nun schon erkaltenden Tränen, aber innen war das Blut voll Klingen, voll eines dumpfen, dröhnenden Getöns, das gewaltsam schwoll und nun donnerte wie rasende Glocken. Dann schwand ihr alle Deutlichkeit. Sie spürte, wirr aus ihrer Ohnmacht erwachend, daß man sie entkleidete, sah wie durch viele Wolken das Antlitz ihres Mannes, gütig und besorgt. Dann fiel sie tief ins Dunkel hinab, in den lang entbehrten, schwarzen, traumlosen Schlaf.

Als sie am nächsten Morgen die Augen aufschlug, war es schon hell im Zimmer. Und Helligkeit spürte sie in sich, entwölkt und wie durch Gewitter gereinigt das eigene Blut. Sie versuchte sich zu besinnen, was ihr geschehen war, aber alles schien ihr noch Traum. Unwirklich, leicht und befreit, so wie man im Schlaf durch die Räume schwebt, dünkte ihr dies hämmernde Empfinden, und um der Wahrheit des wachen Erlebens gewiß zu werden, tastete sie die eigenen Hände prüfend ab.

Plötzlich schrak sie zusammen: an ihrem Finger funkelte der Ring. Mit einem Male war sie ganz wach. Die wirren Worte, aus halber Ohnmacht gehört und doch nicht, ein ahnungsvoll dumpfes Gefühl von vordem, das nur nie gewagt hatte, Gedanke und Verdacht zu werden, beides verflocht sich jetzt plötzlich zu klarem Zusammenhang. Alles verstand sie mit einem Male, die Fragen ihres Mannes, das Erstaunen ihres Liebhabers, alle Maschen rollten sich auf, und sie sah das grauenvolle Netz, in dem sie verstrickt gewesen war. Erbitterung überfiel sie und Scham, wieder begannen die Nerven zu zittern, und fast bereute sie, erwacht zu sein aus diesem traumlosen, angstlosen Schlaf.

Da klang Lachen von nebenan. Die Kinder waren aufgestanden und lärmten wie erwachende Vögel in den jungen Tag. Deutlich erkannte sie die Stimme des Knaben und spürte erstaunt zum erstenmal, wie sehr sie der seines Vaters glich. Leise flog ein Lächeln auf ihre Lippen und rastete dort still. Mit geschlossenen Augen lag sie, um all dies tiefer zu genießen, was ihr Leben war und nun auch ihr Glück. Innen tat noch leise etwas weh, aber es war ein verheißender Schmerz, glühend und doch lind, so wie Wunden brennen, ehe sie für immer vernarben wollen.

Der Amokläufer

Im März des Jahres 1912 ereignete sich im Hafen von Neapel bei dem Ausladen eines großen Überseedampfers ein merkwürdiger Unfall, über den die Zeitungen umfangreiche, aber sehr phantastisch ausgeschmückte Berichte brachten. Obzwar Passagier der ›Oceania‹, war es mir ebensowenig wie den anderen möglich, Zeuge jenes seltsamen Vorfalles zu sein, weil er sich zur Nachtzeit während des Kohlenladens und der Löschung der Fracht abspielte, wir aber, um dem Lärm zu entgehen, alle an Land gegangen waren und dort in Kaffeehäusern oder Theatern die Zeit verbrachten. Immerhin meine ich persönlich, daß manche Vermutungen, die ich damals nicht öffentlich äußerte, die wirkliche Aufklärung jener erregenden Szene in sich tragen, und die Ferne der Jahre erlaubt mir wohl, das Vertrauen eines Gespräches zu nutzen, das jener seltsamen Episode unmittelbar vorausging.

Als ich in der Schiffsagentur von Kalkutta einen Platz für die Rückreise nach Europa auf der ›Oceania‹ bestellen wollte, zuckte der Clerk bedauernd die Schultern. Er wisse noch nicht, ob es möglich sei, mir eine Kabine zu sichern, das Schiff wäre jetzt knapp vor dem Einbruch der Regenzeit immer schon von Australien her ausverkauft, er müsse erst das Telegramm von Singapore abwarten. Am nächsten Tage teilte er mir erfreulicherweise mit, er könne mir noch einen Platz vormerken, freilich sei es nur eine wenig komfortable Kabine unter Deck und in der Mitte des Schiffes. Ich war schon ungeduldig, heimzukehren: so zögerte ich nicht lange und ließ mir den Platz zuschreiben.

Der Clerk hatte mich richtig informiert. Das Schiff war überfüllt und die Kabine schlecht, ein kleiner, gepreßter, rechteckiger Winkel in der Nähe der Dampfmaschine, einzig vom trüben Blick der kreisrunden Glasscheibe erhellt. Die stockende, verdickte Luft roch nach Öl und Moder: nicht für einen Augenblick konnte man dem elektrischen Ventilator entgehen, der wie eine toll gewordene stählerne Fledermaus einem surrend über der Stirne kreiste. Von unten her ratterte und stöhnte wie ein Kohlenträger, der unablässig dieselbe Treppe hinaufkeucht, die Maschine, von oben hörte man unaufhörlich das schlurfende Hin und Her der Schritte vom Promenadendeck. So flüchtete ich, kaum daß ich den Koffer in das muffige Grab aus grauen Traversen verstaut hatte, wieder zurück auf Deck, und wie Ambra trank ich, aufsteigend aus der Tiefe, den süßlichen weichen Wind, der vom Lande her über die Wellen wehte.

Aber auch das Promenadendeck war voll Enge und Unruhe: es flatterte und flirrte von Menschen, die mit der flackernden Nervosität eingesperrter Untätigkeit unausgesetzt plaudernd auf und nieder gingen. Das zwitschernde Geschäker der Frauen, das rastlos kreisende Wandern auf dem Engpaß des Decks, wo vor den Stühlen der Schwarm in schwatzhafter Unruhe vorbeiwogte, um sich unablässig zu begegnen, tat mir irgendwie weh. Ich hatte eine neue Welt gesehen, rasch ineinanderstürzende Bilder in rasender Jagd in mich eingetrunken. Nun wollte ich mirs übersinnen, zerteilen, ordnen, nachbildend das heiß in den Blick Gedrängte gestalten, aber hier auf dem gedrängten Boulevard gab es nicht eine Minute Ruhe und Rast. Die Zeilen in einem Buch zerrannen vor den flüchtigen Schatten der Vorüberplaudernden. Es war unmöglich, mit sich selbst auf dieser schattenlosen wandernden Schiffsgasse allein zu sein.

Drei Tage lang versuchte ichs, sah resigniert auf die Menschen, auf das Meer, aber das Meer blieb immer dasselbe, blau und leer, nur im Sonnenuntergang plötzlich mit allen Farben jäh übergossen. Und die Menschen, sie kannte ich auswendig nach dreimal vierundzwanzig Stunden. Jedes Gesicht war mir vertraut bis zum Überdruß, das scharfe Lachen der Frauen reizte, das polternde Streiten zweier nachbarlicher holländischer Offiziere ärgerte nicht mehr. So blieb nur Flucht: aber die Kabine war heiß und dunstig, im Salon produzierten unablässig englische Mädchen ihr schlechtes Klavierspiel bei abgehackten Walzern. Schließlich drehte ich entschlossen die Zeitordnung um, tauchte in die Kabine schon nachmittags hinab, nachdem ich mich zuvor mit ein paar Gläsern Bier betäubte, um das Souper und den Tanzabend zu überschlafen.

Als ich aufwachte, war es ganz dunkel und dumpf in dem kleinen Sarg der Kabine. Den Ventilator hatte ich abgestellt, so schwälte die Luft fettig und feucht an die Schläfen. Meine Sinne waren irgendwie betäubt: ich brauchte Minuten, um mich an Zeit und Ort zurückzufinden. Mitternacht mußte jedenfalls schon vorbei sein, denn ich hörte weder Musik noch den rastlosen Schlurf der Schritte: nur die Maschine, das atmende Herz des Leviathans, stieß keuchend den knisternden Leib des Schiffes fort ins Unsichtbare.

Ich tastete empor auf Deck. Es war leer. Und wie ich den Blick aufhob über den dünstenden Turm des Schornsteins und die geisterhaft glänzenden Spieren, drang mit einmal magische Helle mir in die Augen. Der Himmel strahlte. Es war dunkel gegen die Sterne, die ihn weiß durchwirbelten, aber doch: er strahlte; es war, als verhüllte dort ein samtener Vorhang ungeheures Licht, als wären die sprühenden Sterne nur Luken und Ritzen, durch die jenes unbeschreiblich Helle vorglänzte. Nie hatte ich den Himmel gesehen wie in jener Nacht, so strahlend, so stahlblau hart und doch funkelnd, triefend, rauschend, quellend von Licht, das vom Mond verhangen niederschwoll und von den Sternen und das irgendwie aus einem geheimnisvollen Innen zu brennen schien. Weißer Lack, flimmerten im Monde alle Randlinien des Schiffes grell gegen das samtdunkle Meer, die Taue, die Rahen, alles Schmale, alle Konturen waren aufgelöst in diesem flutenden Glanz: gleichsam im Leeren schienen die Lichter auf den Masten und darüber das runde Auge des Ausgucks zu hängen, irdische gelbe Sterne zwischen den strahlenden des Himmels.

Gerade aber zu Häupten stand mir das magische Sternbild, das Südkreuz, mit flimmernden diamantenen Nägeln ins Unsichtbare gehämmert, schwebend scheinbar, indes nur das Schiff Bewegung schuf, das leise bebend sich mit atmender Brust nieder und auf, nieder und auf, ein gigantischer Schwimmer, durch die dunklen Wogen stieß. Ich stand und sah empor: mir war wie in einem Bade, wo Wasser warm von oben fällt, nur daß dies Licht war, das mir weiß und auch lau die Hände überspülte, die Schultern, das Haupt mild umgoß und irgendwie nach innen zu dringen schien, denn alles Dumpfe in mir war plötzlich aufgehellt. Ich atmete befreit, rein, und jäh beseligt spürte ich auf den Lippen wie ein klares Getränk die Luft, die weiche, gegorene, leicht trunken machende Luft, in der Atem von Früchten, Duft von fernen Inseln war. Nun, nun zum ersten Male, seit ich die Planken betreten, überkam mich die heilige Lust des Träumens, und jene andere sinnlichere, meinen Körper weibisch hinzugeben an dieses Weiche, das mich umdrängte. Ich wollte mich hinlegen, den Blick hinauf zu den weißen Hieroglyphen. Aber die Ruhesessel, die Deckchairs waren verräumt, nirgends fand sich auf dem leeren Promenadendeck ein Platz zu träumerischer Rast.

So tastete ich weiter, allmählich dem Vorderteil des Schiffes zu, ganz geblendet vom Licht, das immer heftiger aus den Gegenständen auf mich zu dringen schien. Fast tat es schon weh, dies kalkweiße, grell brennende Sternenlicht, ich aber hatte Verlangen, mich irgendwo im Schatten zu vergraben, hingestreckt auf eine Matte, den Glanz nicht an mir zu fühlen, sondern nur über mir, an den Dingen gespiegelt, so wie man eine Landschaft sieht aus verdunkeltem Zimmer. Endlich kam ich, über Taue stolpernd, und vorbei an den eisernen Gewinden bis an den Kiel und sah hinab, wie der Bug in das Schwarze stieß und geschmolzenes Mondlicht schäumend zu beiden Seiten der Schneide aufsprühte. Immer wieder hob, immer wieder senkte sich der Pflug in die schwarzflutende Scholle, und ich fühlte alle Qual des besiegten Elements, fühlte alle Lust der irdischen Kraft in diesem funkelnden Spiel. Und im Schauen verlor ich die Zeit. War es eine Stunde, daß ich so stand, oder waren es nur Minuten: im Auf und Nieder schaukelte mich die ungeheure Wiege des Schiffes über die Zeit hinaus. Ich fühlte nur, daß in mich Müdigkeit überkam, die wie eine Wollust war. Ich wollte schlafen, träumen und doch nicht weg aus dieser Magie, nicht hinab in meinen Sarg. Unwillkürlich ertastete ich mit meinem Fuß unter mir ein Bündel Taue. Ich setzte mich hin, die Augen geschlossen und doch nicht Dunkels voll, denn über sie, über mich strömte der silberne Glanz. Unten fühlte ich die Wasser leise rauschen, über mir mit unhörbarem Klang den weißen Strom dieser Welt. Und allmählich schwoll dieses Rauschen mir ins Blut: ich fühlte mich selbst nicht mehr, wußte nicht, ob dies Atmen mein eigenes war oder des Schiffes fernpochendes Herz, ich strömte, verströmte in diesem ruhelosen Rauschen der mitternächtigen Welt.

Ein leises, trockenes Husten hart neben mir ließ mich auffahren. Ich schrak aus meiner fast schon trunkenen Träumerei. Meine Augen, geblendet vom weißen Geleucht über den bislang geschlossenen Lidern, tasteten auf: mir knapp gegenüber im Schatten der Bordwand glänzte etwas wie der Reflex einer Brille, und jetzt glühte ein dicker, runder

Funke auf, die Glut einer Pfeife. Ich hatte, als ich mich hinsetzte, einzig niederblickend in die schaumige Bugschneide und empor zum Südkreuz, offenbar diesen Nachbarn nicht bemerkt, der regungslos hier die ganze Zeit gesessen haben mußte. Unwillkürlich, noch dumpf in den Sinnen, sagte ich auf deutsch: »Verzeihung!«

»Oh, bitte...« antwortete die Stimme deutsch aus dem Dunkel.

Ich kann nicht sagen, wie seltsam und schaurig das war, dies stumme Nebeneinandersitzen im Dunkeln, knapp neben einem, den man nicht sah. Unwillkürlich hatte ich das Gefühl, als starre dieser Mensch auf mich, genau wie ich auf ihn starrte: aber so stark war das Licht über uns, das weißflimmernd flutende, daß keiner von keinem mehr sehen konnte als den Umriß im Schatten. Nur den Atem meinte ich zu hören und das fauchende Saugen an der Pfeife.

Das Schweigen war unerträglich. Ich wäre am liebsten weggegangen, aber das schien doch zu brüsk, zu plötzlich. Aus Verlegenheit nahm ich mir eine Zigarette heraus. Das Zündholz zischte auf, eine Sekunde lang zuckte Licht über den engen Raum. Ich sah hinter Brillengläsern ein fremdes Gesicht, das ich nie an Bord gesehen, bei keiner Mahlzeit, bei keinem Gang, und sei es, daß die plötzliche Flamme den Augen wehtat, oder war es eine Halluzination: es schien grauenhaft verzerrt, finster und koboldhaft. Aber ehe ich Einzelheiten deutlich wahrnahm, schluckte das Dunkel wieder die flüchtig erhellten Linien fort, nur den Umriß sah ich einer Gestalt, dunkel ins Dunkel gedrückt und manchmal den kreisrunden roten Feuerring der Pfeife im Leeren. Keiner sprach, und dies Schweigen war schwül und drückend wie die tropische Luft.

Endlich ertrug ichs nicht mehr. Ich stand auf und sagte höflich: »Gute Nacht«.

»Gute Nacht«, antwortete es aus dem Dunkel, eine heisere, harte, eingerostete Stimme.

Ich stolperte mich mühsam vorwärts durch das Takelwerk an den Pfosten vorbei. Da klang ein Schritt hinter mir her, hastig und unsicher. Es war der Nachbar von vordem. Unwillkürlich blieb ich stehen. Er kam nicht ganz heran, durch das Dunkel fühlte ich ein Irgendetwas von Angst und Bedrücktheit in der Art seines Schrittes.

»Verzeihen Sie«, sagte er dann hastig, »wenn ich eine Bitte an Sie richte. Ich … ich …« – er stotterte und konnte nicht gleich weitersprechen vor Verlegenheit – »ich … ich habe private … ganz private Gründe, mich hier zurückzuziehen … ein Trauerfall … ich meide die Gesellschaft an Bord … Ich meine nicht Sie … nein, nein … Ich möchte nur bitten … Sie würden mich sehr verpflichten, wenn Sie zu niemandem an Bord davon sprechen würden, daß Sie mich hier gesehen haben … Es sind … sozusagen private Gründe, die mich jetzt hindern unter die Leute zu gehen … ja … nun … es wäre mir peinlich, wenn Sie davon Erwähnung täten, daß jemand hier nachts … daß ich …«

Das Wort blieb ihm wieder stecken. Ich beseitigte rasch seine Verwirrung, indem ich ihm eiligst zusicherte, seinen Wunsch zu erfüllen. Wir reichten einander die Hände. Dann ging ich in meine Kabine zurück und schlief einen dumpfen, merkwürdig verwühlten und von Bildern verwirrten Schlaf.

Ich hielt mein Versprechen und erzählte niemandem an Bord von der seltsamen Begegnung, obzwar die Versuchung keine geringe war. Denn auf einer Seereise wird das Kleinste zum Geschehnis, ein Segel am Horizont, ein Delphin, der aufspringt, ein neuentdeckter Flirt, ein flüchtiger Scherz. Dabei quälte mich die Neugier, mehr von diesem ungewöhnlichen Passagier zu wissen: ich durchforschte die Schiffsliste nach einem Namen, der ihm zugehören konnte, ich musterte die Leute, ob sie zu ihm in Beziehung stehen könnten: den ganzen Tag bemächtigte sich meiner eine nervöse Ungeduld, und ich wartete eigentlich nur auf den Abend, ob ich ihm wieder begegnen würde. Rätselhafte psychologische Dinge haben über mich eine geradezu beunruhigende Macht, es reizt mich bis ins Blut, Zusammenhänge aufzuspüren, und sonderbare Menschen können mich durch ihre bloße Gegenwart zu einer Leidenschaft des Erkennenwollens entzünden, die nicht viel geringer ist als jene des Besitzenwollens bei einer Frau. Der Tag wurde mir lang und zerbröckelte leer zwischen den Fingern. Ich legte mich früh ins Bett: ich wußte, ich würde um Mitternacht aufwachen, es würde mich erwecken.

Und wirklich: ich erwachte um die gleiche Stunde wie gestern. Auf dem Radiumzifferblatt der Uhr deckten sich die beiden Zeiger in einem leuchtenden Strich. Hastig stieg ich aus der schwülen Kabine in die noch schwülere Nacht.

Die Sterne strahlten wie gestern und schütteten ein diffuses Licht über das zitternde Schiff, hoch oben flammte das Kreuz des Südens. Alles war wie gestern – in den Tropen sind die Tage, die Nächte zwillingshafter als in unseren Sphären – nur in mir war nicht dies weiche, flutende, träumerische Gewiegtsein wie gestern. Irgend etwas zog mich, verwirrte mich, und ich wußte, wohin es mich zog: hin zu dem schwarzen Gewind am Kiel, ob er wieder dort starr sitze, der Geheimnisvolle. Von oben her schlug die Schiffsglokke. Dies riß mich fort. Schritt für Schritt, widerwillig und doch gezogen, gab ich mir nach. Noch war ich nicht am Steven, da zuckte plötzlich dort etwas auf wie ein rotes Auge: die Pfeife. Er saß also dort.

Unwillkürlich schreckte ich zurück und blieb stehen. Im nächsten Augenblick wäre ich gegangen. Da regte es sich drüben im Dunkel, etwas stand auf, tat zwei Schritte, und plötzlich hörte ich knapp vor mir seine Stimme höflich und gedrückt.

»Verzeihen Sie«, sagte er, »Sie wollen offenbar wieder an

Ihren Platz, und ich habe das Gefühl, Sie flüchteten zurück, als Sie mich sahen. Bitte, setzen Sie sich nur hin, ich gehe schon wieder.«

Ich eilte, ihm meinerseits zu sagen, daß er nur bleiben solle, ich sei bloß zurückgetreten, um ihn nicht zu stören.

»Mich stören Sie nicht«, sagte er mit einer gewissen Bitterkeit, »im Gegenteil, ich bin froh, einmal nicht allein zu sein. Seit zehn Tagen habe ich kein Wort gesprochen ... eigentlich seit Jahren nicht ... und da geht es so schwer, eben vielleicht weil man schon erstickt daran, alles in sich hineinzuwürgen ... Ich kann nicht mehr in der Kabine sitzen, in diesem ... diesem Sarg ... ich kann nicht mehr ... und die Menschen ertrage ich wieder nicht, weil sie den ganzen Tag lachen ... Das kann ich nicht ertragen jetzt ... ich höre es hinein bis in die Kabine und stopfe mir die Ohren zu ... freilich, sie wissen ja nicht, daß ... nun sie wissen eben nicht, und dann, was geht das die Fremden an ...«

Er stockte wieder. Und sagte dann ganz plötzlich und hastig: »Aber ich will Sie nicht belästigen ... verzeihen Sie meine Geschwätzigkeit.«

Er verbeugte sich und wollte fort. Aber ich widersprach ihm dringlich. »Sie belästigen mich durchaus nicht. Auch ich bin froh, hier ein paar stille Worte zu haben ... Nehmen Sie eine Zigarette?«

Er nahm eine. Ich zündete an. Wieder riß sich das Gesicht flackernd vom schwarzen Bordrand los, aber jetzt voll mir zugewandt: die Augen hinter der Brille forschten in mein Gesicht, gierig und mit einer irren Gewalt. Ein Grauen überlief mich. Ich spürte, daß dieser Mensch sprechen wollte, sprechen mußte. Und ich wußte, daß ich schweigen müsse, um ihm zu helfen.

Wir setzten uns wieder. Er hatte einen zweiten Deckchair dort, den er mir anbot. Unsere Zigaretten funkelten, und an der Art, wie der Lichtring der seinen unruhig im Dunkel zitterte, sah ich, daß seine Hand bebte. Aber ich schwieg, und er schwieg. Dann fragte plötzlich seine Stimme leise:

»Sind Sie sehr müde?«

»Nein, durchaus nicht.«

Die Stimme aus dem Dunkel zögerte wieder. »Ich möchte Sie gerne um etwas fragen … das heißt, ich möchte Ihnen etwas erzählen. Ich weiß, ich weiß genau, wie absurd das ist, mich an den ersten zu wenden, der mir begegnet, aber … ich bin … ich bin in einer furchtbaren psychischen Verfassung … ich bin an einem Punkt, wo ich unbedingt mit jemandem sprechen muß … ich gehe sonst zugrunde … Sie werden das schon verstehen, wenn ich … ja, wenn ich Ihnen eben erzähle … Ich weiß, daß Sie mir nicht werden helfen können … aber ich bin irgendwie krank von diesem Schweigen … und ein Kranker ist immer lächerlich für die andern …«

Ich unterbrach ihn und bat ihn, sich doch nicht zu quälen. Er möge mir nur erzählen … ich könne ihm natürlich nichts versprechen, aber man habe doch die Pflicht, seine Bereitwilligkeit anzubieten. Wenn man jemanden in einer Bedrängnis sehe, da ergebe sich doch natürlich die Pflicht zu helfen …

»Die Pflicht … seine Bereitwilligkeit anzubieten … die Pflicht, den Versuch zu machen … Sie meinen also auch, Sie auch, man habe die Pflicht … die Pflicht, seine Bereitwilligkeit anzubieten.«

Dreimal wiederholte er den Satz. Mir graute vor dieser stumpfen, verbissenen Art des Wiederholens. War dieser Mensch wahnsinnig? War er betrunken?

Aber als ob ich die Vermutung laut mit den Lippen ausgesprochen hätte, sagte er plötzlich mit einer ganz andern Stimme: »Sie werden mich vielleicht für irr halten oder für betrunken. Nein, das bin ich nicht – noch nicht. Nur das Wort, das Sie sagten, hat mich so merkwürdig berührt … so merkwürdig, weil es gerade das ist, was mich jetzt quält, nämlich ob man die Pflicht hat … die Pflicht …«

Er begann wieder zu stottern. Dann brach er kurz ab und begann mit einem neuen Ruck.

»Ich bin nämlich Arzt. Und da gibt es oft solche Fälle, solche verhängnisvolle ... ja, sagen wir Grenzfälle, wo man nicht weiß, ob man die Pflicht hat ... nämlich, es gibt ja nicht nur eine Pflicht, die gegen den andern, sondern eine für sich selbst und eine für den Staat und eine für die Wissenschaft ... Man soll helfen, natürlich, dazu ist man doch da ... aber solche Maximen sind immer nur theoretisch ... Wie weit soll man denn helfen? ... Da sind Sie, ein fremder Mensch, und ich bin Ihnen fremd, und ich bitte Sie, zu schweigen darüber, daß Sie mich gesehen haben ... gut, Sie schweigen, Sie erfüllen diese Pflicht ... Ich bitte Sie, mit mir zu sprechen, weil ich krepiere an meinem Schweigen ... Sie sind bereit, mir zuzuhören ... gut ... Aber das ist ja leicht ... Wenn ich Sie aber bitten würde, mich zu packen und über Bord zu werfen ... da hört sich doch die Gefälligkeit, die Hilfsbereitschaft auf. Irgendwo endets doch ... dort, wo man anfängt mit seinem eigenen Leben, seiner eigenen Verantwortung ... irgendwo muß es doch enden ... irgendwo muß diese Pflicht doch aufhören ... Oder vielleicht soll sie gerade beim Arzt nicht aufhören dürfen? Muß der ein Heiland, ein Allerweltshelfer sein, bloß weil er ein Diplom mit lateinischen Worten hat, muß der wirklich sein Leben hinwerfen und sich Wasser ins Blut schütten, wenn irgendeine ... irgendeiner kommt und will, daß er edel sei, hilfreich und gut? Ja, irgendwo hört die Pflicht auf ... dort, wo man nicht mehr kann, gerade dort ...«

Er hielt wieder inne und riß sich auf.

»Verzeihen Sie ... ich rede gleich so erregt ... aber ich bin nicht betrunken ... noch nicht betrunken ... auch das kommt jetzt oft bei mir vor, ich gestehe es Ihnen ruhig ein, in dieser höllischen Einsamkeit ... Bedenken Sie, ich habe sieben Jahre fast nur zwischen Eingeborenen und Tieren gelebt ... da verlernt man das ruhige Reden. Wenn man sich dann auftut, flutets gleich über ... Aber warten Sie ... ja, ich weiß schon ... ich wollte Sie fragen, wollte Ihnen so einen Fall vorlegen, ob man die Pflicht habe zu helfen ... so ganz engelhaft rein zu helfen, ob man ... Übrigens ich fürchte, es wird lang werden. Sind Sie wirklich nicht müde?«

»Nein, durchaus nicht.«

»Ich ... ich danke Ihnen ... Nehmen Sie nicht?«

Er hatte irgendwo hinter sich ins Dunkel getappt. Etwas klirrte gegeneinander, zwei, drei, jedenfalls mehrere Flaschen, die er neben sich gestellt. Er bot mir ein Glas Whisky, an dem ich flüchtig nippte, während er mit einem Ruck das seine hinabgoß. Einen Augenblick stand Schweigen zwischen uns. Da schlug die Glocke: halb eins.

»Also ... ich möchte Ihnen einen Fall erzählen. Nehmen Sie an, ein Arzt in einer ... einer kleineren Stadt ... oder eigentlich am Lande ... ein Arzt, der ... ein Arzt, der ...«

Er stockte wieder. Dann riß er sich plötzlich den Sessel heran zu mir.

»So geht es nicht. Ich muß Ihnen alles direkt erzählen, von Anfang an, sonst verstehen Sie es nicht ... Das, das läßt sich nicht als Exempel, als Theorie entwickeln ... ich muß Ihnen meinen Fall erzählen. Da gibt es keine Scham, kein Verstecken ... vor mir ziehen sich auch die Leute nackt aus und zeigen mir ihren Grind, ihren Harn und ihre Exkremente ... wenn man geholfen haben will, darf man nicht herumreden und nichts verschweigen ... Also ich werde Ihnen keinen Fall erzählen von einem sagenhaften Arzt ... ich ziehe mich nackt aus und sage: ich ... das Schämen habe ich verlernt in dieser dreckigen Einsamkeit, in diesem verfluchten Land, das einem die Seele auffrißt und das Mark aus den Lenden saugt.«

Ich mußte irgendeine Bewegung gemacht haben, denn er unterbrach sich.

»Ach, Sie protestieren ... ich verstehe, Sie sind begeistert von Indien, von den Tempeln und den Palmenbäumen, von der ganzen Romantik einer Zweimonatsreise. Ja, so sind sie zauberhaft, die Tropen, wenn man sie in der Eisenbahn, im Auto, in der Rikscha durchstreift: ich habe das auch nicht anders gefühlt, als ich zum erstenmal herüber kam vor sieben Jahren. Was träumte ich da nicht alles, die Sprache wollte ich lernen und die heiligen Bücher im Urtext lesen, die Krankheiten studieren, wissenschaftlich arbeiten, die Psyche der Eingeborenen ergründen – so sagt man ja im europäischen Jargon – ein Missionar der Menschlichkeit, der Zivilisation werden. Alle, die kommen, träumen denselben Traum. Aber in diesem unsichtbaren Glashaus dort geht einem die Kraft aus, das Fieber – man kriegts ja doch, mag man noch so viel Chinin in sich fressen – greift einem ans Mark, man wird schlapp und faul, wird weich, eine Qualle. Irgendwie ist man als Europäer von seinem wahren Wesen abgeschnitten, wenn man aus den großen Städten weg in so eine verfluchte Sumpfstation kommt: auf kurz oder lang hat jeder seinen Knax weg, die einen saufen, die andern rauchen Opium, die dritten prügeln und werden Bestien – irgendeinen Schuß Narrheit kriegt jeder ab. Man sehnt sich nach Europa, träumt davon, wieder einen Tag auf einer Straße zu gehen, in einem hellen steinernen Zimmer unter weißen Menschen zu sitzen, Jahr um Jahr träumt man davon, und kommt dann die Zeit, wo man Urlaub hätte, so ist man schon zu träge, um zu gehen. Man weiß, drüben ist man vergessen, fremd, eine Muschel in diesem Meer, auf die jeder tritt. So bleibt man und versumpft und verkommt in diesen heißen, nassen Wäldern. Es war ein verfluchter Tag, an dem ich mich in dieses Drecknest verkauft habe …

Übrigens: ganz so freiwillig war das ja auch nicht. Ich hatte in Deutschland studiert, war recte Mediziner geworden, ein guter Arzt sogar, mit einer Anstellung an der Leipziger Klinik; irgendwo in einem verschollenen

Jahrgang der Medizinischen Blätter haben sie damals viel Aufhebens gemacht von einer neuen Injektion, die ich als erster praktiziert hatte. Da kam eine Weibergeschichte, eine Person, die ich im Krankenhaus kennenlernte: sie hatte ihren Geliebten so toll gemacht, daß er sie mit dem Revolver anschoß, und bald war ich ebenso toll wie er. Sie hatte eine Art, hochmütig und kalt zu sein, die mich rasend machte – mich hatten immer schon Frauen in der Faust, die herrisch und frech waren, aber diese bog mich zusammen, daß mir die Knochen brachen. Ich tat, was sie wollte, ich – nun, warum soll ichs nicht sagen, es sind acht Jahre her – ich tat für sie einen Griff in die Spitalskasse, und als die Sache aufflog, war der Teufel los. Ein Onkel deckte noch den Abgang, aber mit der Karriere war es vorbei. Damals hörte ich gerade, die holländische Regierung werbe Ärzte an für die Kolonien und biete ein Handgeld. Nun, ich dachte gleich, es müßte ein sauberes Ding sein, für das man Handgeld biete, ich wußte, daß die Grabkreuze auf diesen Fieberplantagen dreimal so schnell wachsen wie bei uns, aber wenn man jung ist, glaubt man, das Fieber und der Tod springt immer nur auf die andern. Nun, ich hatte da nicht viel Wahl, ich fuhr nach Rotterdam, verschrieb mich auf zehn Jahre, bekam ein ganz nettes Bündel Banknoten, die Hälfte schickte ich nach Hause an den Onkel, die andere Hälfte jagte mir eine Person dort im Hafenviertel ab, die alles von mir herauskriegte, nur weil sie jener verfluchten Katze so ähnlich war. Ohne Geld, ohne Uhr, ohne Illusionen bin ich dann abgesegelt von Europa und war nicht sonderlich traurig, als wir aus dem Hafen steuerten. Und dann saß ich so auf Deck wie Sie, wie alle saßen und sah das Südkreuz und die Palmen, das Herz ging mir auf – ah, Wälder, Einsamkeit, Stille, träumte ich! Nun – an Einsamkeit bekam ich gerade genug. Man setzte mich nicht nach Batavia oder Surabaya, in eine Stadt, wo es Menschen gibt und Klubs und Golf und Bücher und Zeitungen, sondern – nun der Name tut ja nichts zur Sache – in irgendeine der Distriktstationen, zwei Tagereisen von der nächsten Stadt. Ein paar langweilige, verdorrte Beamte, ein paar Halfcast, das war meine ganze Gesellschaft, sonst weit und breit nur Wald, Plantagen, Dickicht und Sumpf.

Im Anfang wars noch erträglich. Ich trieb allerhand Studien; einmal, als der Vizeresident auf der Inspektionsreise mit dem Automobil umgeworfen und sich ein Bein zerschmettert hatte, machte ich ohne Gehilfen eine Operation, über die viel geredet wurde, ich sammelte Gifte und Waffen der Eingeborenen, ich beschäftigte mich mit hundert kleinen Dingen, um mich wach zu halten. Aber all dies ging nur, solang die Kraft von Europa her in mir noch funktionierte; dann trocknete ich ein. Die paar Europäer langweilten mich, ich brach den Verkehr ab, trank und träumte in mich hinein. Ich hatte ja nur noch zwei Jahre, dann war ich frei mit Pension, konnte nach Europa zurückkehren, noch einmal ein Leben anfangen. Eigentlich tat ich nichts mehr als warten, stilliegen und warten. Und so säße ich heute noch, wenn nicht sie ... wenn das nicht gekommen wäre.«

Die Stimme im Dunkeln hielt inne. Auch die Pfeife glimmte nicht mehr. So still war es, daß ich mit einem Male wieder das Wasser hörte, das sich schäumend am Kiel brach, und den fernen, dumpfen Herzstoß der Maschine. Ich hätte mir gern eine Zigarette angezündet, aber ich hatte Furcht vor dem grellen Aufschlag des Zündholzes und dem Reflex in seinem Gesicht. Er schwieg und schwieg. Ich wußte nicht, ob er zu Ende sei, ob er duselte, ob er schlief, so tot war sein Schweigen.

Da schlug die Schiffsglocke einen geraden, kräftigen Schlag: ein Uhr. Er fuhr auf; ich hörte wieder das Glas klingen. Offenbar tastete die Hand suchend zum Whisky hinab. Ein Schluck gluckste leise – dann plötzlich begann die Stimme wieder, aber jetzt gleichsam gespannter, leidenschaftlicher.

»Ja also… warten Sie… ja also, das war so. Ich sitze da droben in meinem verfluchten Netz, sitze wie die Spinne im Netz regungslos seit Monaten schon. Es war gerade nach der Regenzeit, Wochen und Wochen hatte es auf das Dach geplätschert, kein Mensch war gekommen, kein Europäer, täglich, täglich hatte ich dagesessen mit meinen gelben Weibern im Haus und meinem guten Whisky. Ich war damals gerade ganz ›down‹, ganz europakrank; wenn ich irgendeinen Roman las von hellen Straßen und weißen Frauen, begannen mir die Finger zu zittern. Ich kann Ihnen den Zustand nicht ganz schildern, es ist eine Art Tropenkrankheit, eine wütige, fiebrige und doch kraftlose Nostalgie, die einen manchmal packt. So saß ich damals, ich glaube über einem Atlas, und träumte mir Reisen aus. Da klopft es aufgeregt an die Tür, der Boy steht draußen und eines von den Weibern, beide haben die Augen ganz aufgerissen vor Erstaunen. Sie machen große Gebärden: eine Dame sei hier, eine Lady, eine weiße Frau.

Ich fahre auf. Ich habe keinen Wagen kommen gehört, kein Automobil. Eine weiße Frau hier in dieser Wildnis?

Ich will die Treppe hinab, reiße mich aber noch zurück. Ein Blick in den Spiegel, hastig richte ich mich ein wenig zurecht. Ich bin nervös, unruhig, irgendwie gequält von unangenehmem Vorgefühl, denn ich weiß niemanden auf der Welt, der aus Freundschaft zu mir käme. Endlich gehe ich hinunter.

Im Vorraum wartet die Dame und kommt mir hastig entgegen. Ein dicker Automobilschleier verhüllt ihr Gesicht. Ich will sie begrüßen, aber sie fängt mir rasch das Wort ab. ›Guten Tag, Doktor‹, sagt sie auf englisch in einer fließenden (etwas zu leicht fließenden und wie im voraus eingelernten) Art. ›Verzeihen Sie, daß ich Sie überfalle. Aber wir waren gerade in der Station, unser Auto hält drüben‹ – warum fährt sie nicht bis vors Haus, schießt es mir blitzschnell durch den Kopf – ›da erinnerte ich mich, daß Sie hier wohnen. Ich habe schon so viel von Ihnen gehört, Sie haben ja eine wirkliche Zauberei mit dem Vizeresidenten gemacht, sein Bein ist wieder tadellos allright, er spielt Golf wie früher. Ah, ja, alles spricht noch davon drunten bei uns, und wir wollten alle unseren brummigen Surgeon und noch die zwei andern hergeben, wenn Sie zu uns kämen. Überhaupt, warum sieht man Sie nie drunten, Sie leben ja wie ein Joghi …‹

Und so plappert sie weiter, hastig und immer hastiger, ohne mich zu Worte kommen zu lassen. Etwas Nervöses und Fahriges ist in diesem talkigen Geschwätz, und ich werde selbst unruhig davon. Warum spricht sie soviel, frage ich mich innerlich, warum stellt sie sich nicht vor, warum nimmt sie den Schleier nicht ab? Hat sie Fieber? Ist sie krank? Ist sie toll? Ich werde immer nervöser, weil ich die Lächerlichkeit empfinde, so stumm vor ihr zu stehen, übergossen von ihrer prasselnden Geschwätzigkeit. Endlich stoppt sie ein wenig, und ich kann sie hinaufbitten. Sie macht dem Boy eine Bewegung, zurückzubleiben, und geht vor mir die Treppe empor.

›Nett haben Sie es hier‹, sagt sie, in meinem Zimmer sich umsehend. ›Ah, die schönen Bücher! Die möchte ich alle lesen!‹ Sie tritt an das Regal und mustert die Büchertitel. Zum erstenmal, seit ich ihr entgegengetreten, schweigt sie für eine Minute.

›Darf ich Ihnen einen Tee anbieten?‹ frage ich.

Sie wendet sich nicht um und sieht nur auf die Büchertitel. ›Nein, danke, Doktor … wir müssen gleich wieder weiter … ich habe nicht viel Zeit … war ja nur ein kleiner Ausflug … Ach, da haben Sie auch den Flaubert, den liebe ich so sehr … wundervoll, ganz wundervoll, die ›Education sentimentale‹ … ich sehe, Sie lesen auch französisch … Was Sie alles können! … ja, die Deutschen, die lernen alles auf der Schule … Wirklich großartig, so viel Sprachen zu können! … Der Vizeresident schwört auf Sie, sagt immer, Sie seien der einzige, dem er unter das Messer ginge … unser guter Surgeon drüben taugt gerade zum Bridgespiel... Übrigens wissen Sie – (sie wendete sich noch immer nicht um) heute kams mir selbst in den Sinn, ich sollte Sie einmal konsultieren... und weil wir eben vorüberfuhren, dachte ich... nun, Sie haben jetzt wohl zu tun... ich komme lieber ein andermal.‹

›Deckst du endlich die Karten auf!‹ dachte ich mir sofort. Aber ich ließ nichts merken, sondern versicherte ihr, es würde mir eine Ehre sein, jetzt und wann immer sie wolle, ihr zu dienen.

›Es ist nichts Ernstes‹, sagte sie, sich halb umwendend und gleichzeitig in einem Buch blätternd, das sie vom Regal genommen hatte, ›nichts Ernstes... Kleinigkeiten... Weibersachen... Schwindel, Ohnmachten. Heute früh schlug ich, als wir eine Kurve machten, plötzlich hin, raide morte... der Boy mußte mich aufrichten im Auto und Wasser holen... nun, vielleicht ist der Chauffeur zu rasch gefahren... meinen Sie nicht, Doktor?‹

›Ich kann das so nicht beurteilen. Haben Sie öfter derlei Ohnmachten?‹

›Nein..., das heißt ja... in der letzten Zeit... gerade in der allerletzten Zeit... ja... solche Ohnmachten und Übelkeiten.‹

Sie steht schon wieder vor dem Bücherschrank, tut das Buch hinein, nimmt ein anderes heraus und blättert darin. Merkwürdig, warum blättert sie immer so... so nervös, warum schaut sie unter dem Schleier nicht auf? Ich sage mit Absicht nichts. Es reizt mich, sie warten zu lassen. Endlich fängt sie wieder an in ihrer nonchalanten, plapperigen Art.

›Nicht wahr, Doktor, nichts Bedenkliches das? Keine Tropensache... nichts Gefährliches...‹

›Ich müßte erst sehen, ob Sie Fieber haben. Darf ich um Ihren Puls bitten...‹

Ich gehe auf sie zu. Sie weicht leicht zur Seite.

›Nein, nein, ich habe kein Fieber... gewiß, ganz gewiß nicht... ich habe mich selbst gemessen jeden Tag, seit... seit diese Ohnmachten kamen. Nie Fieber, immer tadellos 36.4 auf den Strich. Auch mein Magen ist gesund.‹

Ich zögere einen Augenblick. Die ganze Zeit schon prickelt in mir ein Argwohn: ich spüre, diese Frau will etwas von mir, man kommt nicht in eine Wildnis, um über Flaubert zu sprechen. Eine, zwei Minuten lasse ich sie warten. ›Verzeihen Sie‹, sage ich dann geradewegs, ›darf ich einige Fragen ganz frei stellen?‹

›Gewiß, Doktor! Sie sind doch Arzt‹, antwortet sie, aber schon wendet sie mir wieder den Rücken und spielt mit den Büchern.

›Haben Sie Kinder gehabt?‹

›Ja, einen Sohn.‹

›Und haben Sie … haben Sie vorher … ich meine damals … haben Sie da ähnliche Zustände gehabt?‹

›Ja.‹

Ihre Stimme ist jetzt ganz anders. Ganz klar, ganz bestimmt, gar nicht mehr plapprig, gar nicht mehr nervös.

›Und wäre es möglich, daß Sie … verzeihen Sie die Frage … daß Sie jetzt in einem ähnlichen Zustande sind?‹

›Ja.‹

Wie ein Messer scharf und schneidend läßt sie das Wort fallen. In ihrem abgewandten Kopf zuckt nicht eine Linie.

›Vielleicht wäre es da am besten, gnädige Frau, ich nehme eine allgemeine Untersuchung vor … darf ich Sie vielleicht bitten, sich … sich in das andere Zimmer hinüber zu bemühen?‹

Da wendet sie sich plötzlich um. Durch den Schleier fühle ich einen kalten, entschlossenen Blick mir gerade entgegen.

›Nein … das ist nicht nötig … ich habe volle Gewißheit über meinen Zustand.‹

Die Stimme zögerte einen Augenblick. Wieder blinkert im Dunkel das gefüllte Glas.

»Also hören Sie … aber versuchen Sie zuerst einen Augenblick sich das zu überdenken. Da drängt sich zu einem, der in seiner Einsamkeit vergeht, eine Frau herein, die erste weiße Frau betritt seit Jahren das Zimmer … und plötzlich spüre ichs, es ist etwas Böses im Zimmer, eine Gefahr. Irgendwie überliefs mich: mir graute vor der stählernen Entschlossenheit dieses Weibes, die da mit plapprigen Reden hereingekommen war und dann mit einemmal ihre Forderung zückt, wie ein Messer. Denn was sie von mir wollte, wußte ich ja, wußte ich sofort – es war nicht das erstemal, daß Frauen so etwas von mir verlangten, aber sie kamen anders, kamen verschämt oder flehend, kamen mit Tränen und Beschwörungen. Hier aber war eine … ja, eine stählerne, eine männliche Entschlossenheit … von der ersten Sekunde spürte ichs, daß diese Frau stärker war als ich … daß sie mich in ihren Willen zwingen konnte, wie sie wollte … Aber … aber … es war auch etwas Böses in mir … der Mann, der sich wehrte, irgendeine Erbitterung, denn … ich sagte es ja schon … von der ersten Sekunde, ja, noch ehe ich sie gesehen, empfand ich diese Frau als Feind.

Ich schwieg zunächst. Schwieg hartnäckig und erbittert. Ich spürte, daß sie mich unter dem Schleier ansah – gerade und fordernd ansah, daß sie mich zwingen wollte zu sprechen, aber … ausweichend … ja unbewußt ahmte ich ihre plapprige, gleichgültige Art nach. Ich tat, als ob ich sie nicht verstünde, denn – ich weiß nicht, ob Sie das nachfühlen können – ich wollte sie zwingen, deutlich zu werden, ich wollte nicht anbieten, sondern … gebeten sein … gerade von ihr, weil sie so herrisch kam … und weil ich wußte, daß ich bei Frauen nichts so unterliege als dieser hochmütigen kalten Art.

Ich redete also herum, dies sei ganz unbedenklich, solche Ohnmachten gehörten zum regulären Lauf der Dinge, im Gegenteil, sie verbürgten beinahe eine gute Entwicklung.

Ich zitierte Fälle aus den klinischen Zeitungen … ich sprach, ich sprach, lässig und leicht, immer die Angelegenheit ganz wie eine Banalität betrachtend und … wartete immer, daß sie mich unterbrechen würde. Denn ich wußte, sie würde es nicht ertragen.

Da fuhr sie schon scharf dazwischen, mit einer Handbewegung gleichsam das ganze beruhigende Gerede wegstreifend.

›Das ist es nicht, Doktor, was mich unsicher macht. Damals, als ich meinen Buben bekam, war ich in besserer Verfassung … aber jetzt bin ich nicht mehr allright … ich habe Herzzustände …‹

›Ach, Herzzustände‹, wiederholte ich, scheinbar beunruhigt, ›da will ich doch gleich nachsehen.‹ Und ich machte eine Bewegung, als ob ich aufstehen und das Hörrohr holen wollte.

Aber schon fuhr sie dazwischen. Die Stimme war jetzt ganz scharf und bestimmt – wie am Kommandoplatz.

›Ich *habe* Herzzustände, Doktor, und ich muß Sie bitten, zu glauben, was ich Ihnen sage. Ich möchte nicht viel Zeit mit Untersuchungen verlieren – Sie könnten mir, meine ich, etwas mehr Vertrauen entgegenbringen. Ich wenigstens habe mein Vertrauen zu Ihnen genug bezeugt.‹

Jetzt war es schon Kampf, offene Herausforderung. Und ich nahm sie an.

›Zum Vertrauen gehört Offenheit, rückhaltlose Offenheit. Reden Sie klar, ich bin Arzt. Und vor allem nehmen Sie den Schleier ab, setzen Sie sich her, lassen Sie die Bücher und die Umwege. Man kommt nicht zum Arzt im Schleier.‹

Sie sah mich an, aufrecht und stolz. Einen Augenblick zögerte sie. Dann setzte sie sich nieder, zog den Schleier hoch. Ich sah ein Gesicht, ganz so wie ich es – gefürchtet hatte, ein undurchdringliches Gesicht, hart, beherrscht, von einer alterslosen Schönheit, ein Gesicht mit grauen englischen Augen, in denen alles Ruhe schien und hinter die man doch alles

Leidenschaftliche träumen konnte. Dieser schmale, verpreßte Mund gab kein Geheimnis her, wenn er nicht wollte. Eine Minute lang sahen wir einander an – sie befehlend und fragend zugleich, mit einer so kalten, stählernen Grausamkeit, daß ich es nicht ertrug und unwillkürlich zur Seite blickte.

Sie klopfte leicht mit dem Knöchel auf den Tisch. Also auch in ihr war Nervosität. Dann sagte sie plötzlich rasch:

›Wissen Sie, Doktor, was ich von Ihnen will, oder wissen Sie es nicht?‹

›Ich glaube es zu wissen. Aber seien wir lieber ganz deutlich. Sie wollen Ihrem Zustand ein Ende bereiten … Sie wollen, daß ich Sie von Ihrer Ohnmacht, Ihren Übelkeiten befreie, indem ich … indem ich die Ursache beseitige. Ist es das?‹

›Ja.‹

Wie ein Fallbeil zuckte das Wort.

›Wissen Sie auch, daß solche Versuche gefährlich sind … für beide Teile …?‹

›Ja.‹

›Daß es gesetzlich mir untersagt ist?‹

›Es gibt Möglichkeiten, wo es nicht untersagt, sondern sogar geboten ist.‹

›Aber diese erfordern eine ärztliche Indikation.‹

›So werden Sie diese Indikation finden. Sie sind Arzt.‹

Klar, starr, ohne zu zucken, blickten mich ihre Augen dabei an. Es war ein Befehl, und ich Schwächling bebte in Bewunderung vor der dämonischen Herrischkeit ihres Willens. Aber ich krümmte mich noch, ich wollte nicht zeigen, daß ich schon zertreten war. – ›Nur nicht zu rasch! Umstände machen! Sie zur Bitte zwingen‹, funkelte in mir irgendein Gelüst.

›Das liegt nicht immer im Willen des Arztes. Aber ich bin bereit, mit einem Kollegen im Krankenhaus …‹

›Ich will Ihren Kollegen nicht … ich bin zu Ihnen gekommen.‹

›Darf ich fragen, warum gerade zu mir?‹

Sie sah mich kalt an.

›Ich habe kein Bedenken, es Ihnen zu sagen. Weil Sie abseits wohnen, weil Sie mich nicht kennen – weil Sie ein guter Arzt sind, und weil Sie …‹ – jetzt zögerte sie zum ersten Male – ›wohl nicht mehr lange in dieser Gegend bleiben werden, besonders wenn Sie … wenn Sie eine größere Summe nach Hause bringen können.‹

Mich überliefs kalt. Diese eherne, diese Merchant-, diese Kaufmannsklarheit der Berechnung betäubte mich. Bisher hatte sie ihre Lippen noch nicht zur Bitte aufgetan – aber alles längst auskalkuliert, mich erst umlauert und dann aufgespürt. Ich spürte, wie das Dämonische ihres Willens in mich eindrang, aber ich wehrte mich mit all meiner Erbitterung. Noch einmal zwang ich mich, sachlich – ja fast ironisch zu sein.

›Und diese größere Summe würden Sie … würden Sie mir zur Verfügung stellen?‹

›Für Ihre Hilfe und sofortige Abreise.‹

›Wissen Sie, daß ich dadurch meine Pension verliere?‹

›Ich werde sie Ihnen entschädigen.‹

›Sie sind sehr deutlich … Aber ich will noch mehr Deutlichkeit. Welche Summe haben Sie als Honorar in Aussicht genommen?‹

›Zwölftausend Gulden, zahlbar auf Scheck in Amsterdam.‹

Ich … zitterte … ich zitterte vor Zorn und … ja auch vor Bewunderung. Alles hatte sie berechnet, die Summe und die Art der Zahlung, durch die ich zur Abreise genötigt war, sie hatte mich eingeschätzt und gekauft, ohne mich zu kennen, hatte über mich verfügt im Vorgefühl ihres Willens. Am liebsten hätte ich ihr ins Gesicht geschlagen … Aber wie ich zitternd aufstand – auch sie war aufgestanden – und ihr gerade Auge in Auge starrte, da überkam mich plötzlich bei dem Blick auf diesen verschlossenen Mund, der nicht bitten, auf ihre hochmütige Stirn, die sich nicht beugen wollte ... eine ... eine Art gewalttätiger Gier. Sie mußte irgend etwas davon fühlen, denn sie spannte ihre Augenbrauen hoch, wie wenn man jemand Lästigen wegweisen will: der Haß zwischen uns war plötzlich nackt. Ich wußte, sie haßte mich, weil sie mich brauchte, und ich haßte sie, weil ... weil sie nicht bitten wollte. Diese eine, diese eine Sekunde Schweigen sprachen wir zum erstenmal ganz aufrichtig zueinander. Dann biß sich plötzlich wie ein Reptil mir ein Gedanke ein, und ich sagte ihr ... ich sagte ihr ...

Aber warten Sie, so würden Sie es falsch verstehen, was ich tat ... was ich sagte ... ich muß Ihnen erst erklären, wie ... wieso dieser wahnsinnige Gedanke in mich kam ...«

Wieder klirrte leise im Dunkel das Glas. Und die Stimme wurde erregter.

»Nicht daß ich mich entschuldigen will, mich rechtfertigen, mich reinwaschen ... Aber Sie verstehen es sonst nicht ... Ich weiß nicht, ob ich je so etwas wie ein guter Mensch gewesen bin, aber ... ich glaube, hilfreich war ich immer ... In dem dreckigen Leben da drüben war das ja die einzige Freude, die man hatte, mit der Handvoll Wissenschaft, die man sich ins Hirn gepreßt, irgendeinem Stück Leben den Atem erhalten zu können ... so eine Art Herrgottsfreude ... Wirklich, es waren meine schönsten Augenblicke, wenn so ein gelber Bursch kam, blauweiß vor Schrecken, einen Schlangenbiß im hochgeschwollenen Fuß, und schon heulte, man solle ihm das Bein nicht abschneiden, und ich kriegte es noch fertig, ihn zu retten. Stundenweit bin ich gefahren, wenn irgendein Weib im Fieber lag – auch so wie diese es wollte, habe ich geholfen, schon in Europa drüben in der Klinik. Aber da spürte mans wenigstens, daß dieser Mensch einen *brauchte,* da wußte mans, daß man jemand vom Tode rettete oder vor der Verzweiflung – und das brauchte man eben selbst zum Helfen, dies Gefühl, daß der andere einen braucht.

Aber diese Frau – ich weiß nicht, ob ich es Ihnen schildern kann – sie regte mich auf, reizte mich von dem Augenblick, da sie scheinbar promenierend hereinkam, durch ihren Hochmut zu einem Widerstand, sie reizte alles – wie soll ichs sagen – sie reizte alles Gedrückte, alles Versteckte, alles Böse in mir zur Gegenwehr. Daß sie Lady spielte, unnahbar kühl ein Geschäft entrierte, wo es um Tod und Leben ging, das machte mich toll ... Und dann ... dann ... schließlich wird man doch nicht schwanger vom Golfspielen ... ich wußte ... das heißt, ich mußte plötzlich mit einer – und das war jener Gedanke – mit einer entsetzlichen Deutlichkeit mich daran erinnern, daß diese Kühle, diese Hochmütige, diese Kalte, die steil die Augenbrauen über ihre stählernen Augen hochzog, als ich sie nur abwehrend ... ja fast wegstoßend anblickte, daß die sich zwei oder drei Monate vorher heiß im Bett mit einem Mann gewälzt hatte, nackt wie ein Tier und vielleicht stöhnend vor Lust, die Körper ineinander verbissen wie zwei Lippen ... Das, das war der brennende Gedanke, der mich überfiel, als sie mich so hochmütig, so unnahbar kühl, ganz wie ein englischer Offizier anblickte ... und da, da spannte sich alles in mir ... ich war besessen von der Idee, sie zu erniedrigen ... von dieser Sekunde sah ich durch das Kleid ihren Körper nackt ... von dieser Sekunde an lebte ich nur im Gedanken, sie zu besitzen, ein Stöhnen aus ihren harten Lippen zu pressen, diese Kalte, diese Hochmütige in Wollust zu fühlen so wie jener, jener andere, den ich nicht kannte.

Das ... das wollte ich Ihnen erklären ... Ich habe nie, so verkommen ich war, sonst als Arzt die Situation zu nutzen gesucht ... Aber diesmal war es ja nicht Geilheit, nicht Brunst, nichts Sexuelles, wahrhaftig nicht ... ich würde es ja eingestehen ... nur die Gier, eines Hochmuts Herr zu werden ...

Herr als Mann … Ich sagte es Ihnen, glaube ich, schon, daß hochmütige, scheinbar kühle Frauen von je über mich Macht hatten … aber jetzt, jetzt kam noch dies dazu, daß ich sieben Jahre hier lebte, ohne eine weiße Frau gehabt zu haben, daß ich Widerstand nicht kannte … Denn diese Mädchen hier, diese zwitschernden kleinen zierlichen Tierchen, die zittern ja vor Ehrfurcht, wenn ein Weißer, ein ›Herr‹ sie nimmt … sie löschen aus in Demut, immer sind sie einem offen, immer bereit, mit ihrem leisen, glucksenden Lachen einem zu dienen … aber gerade diese Unterwürfigkeit, dieses Sklavische verschweint einem den Genuß … Verstehen Sie jetzt, verstehen Sie es, wie das dann auf mich hinschmetternd wirkte, wenn da plötzlich eine Frau kam, voll von Hochmut und Haß, verschlossen bis an die Fingerspitzen, zugleich funkelnd von Geheimnis und beladen mit früherer Leidenschaft … wenn eine solche Frau in den Käfig eines solchen Mannes, einer so vereinsamten, verhungerten, abgesperrten Menschenbestie frech eintritt … Das … das wollte ich nur sagen, damit Sie das andere verstehen … das, was jetzt kam.

Also … voll von irgendeiner bösen Gier, vergiftet von dem Gedanken an sie, nackt, sinnlich, hingegeben, ballte ich mich gleichsam zusammen und täuschte Gleichgültigkeit vor. Ich sagte kühl: ›Zwölftausend Gulden? … Nein, dafür werde ich es nicht tun.‹

Sie sah mich an, ein wenig blaß. Sie spürte wohl schon, daß in diesem Widerstand nicht Geldgier war. Aber doch sagte sie:

›Was verlangen Sie also?‹

Ich ging auf den kühlen Ton nicht mehr ein. ›Spielen wir mit offenen Karten. Ich bin kein Geschäftsmann … ich bin nicht der arme Apotheker aus Romeo und Julia, der für ‚corrupted gold' sein Gift verkauft … ich bin vielleicht das Gegenteil eines Geschäftsmannes … auf diesem Wege werden Sie Ihren Wunsch nicht erfüllt sehen.‹

›Sie wollen es also nicht tun?‹

›Nicht für Geld.‹

Es wurde ganz still für eine Sekunde zwischen uns. So still, daß ich sie zum erstenmal atmen hörte.

›Was können Sie denn sonst wünschen?‹

Jetzt hielt ich mich nicht mehr.

›Ich wünsche zuerst, daß Sie ... daß Sie zu mir nicht wie zu einem Krämer reden, sondern wie zu einem Menschen. Daß Sie, wenn Sie Hilfe brauchen, nicht ... nicht gleich mit Ihrem schändlichen Geld kommen ... sondern bitten ... mich, den Menschen, bitten, Ihnen, dem Menschen, zu helfen ... Ich bin nicht nur Arzt, ich habe nicht nur Sprechstunden ... ich habe auch andere Stunden ... vielleicht sind Sie in eine solche Stunde gekommen ...‹

Sie schweigt einen Augenblick. Dann krümmt sich ihr Mund ganz leicht, zittert und sagt rasch:

›Also wenn ich Sie bitten würde ... dann würden Sie es tun?‹

›Sie wollen schon wieder ein Geschäft machen – Sie wollen nur bitten, wenn ich erst verspreche. Erst müssen Sie mich bitten – dann werde ich Ihnen antworten.‹

Sie wirft den Kopf hoch wie ein trotziges Pferd. Zornig sieht sie mich an.

›Nein – ich werde Sie nicht bitten. Lieber zugrunde gehen!‹

Da packt mich der Zorn, der rote, sinnlose Zorn.

›Dann werde ich fordern, wenn Sie nicht bitten wollen. Ich glaube, ich muß nicht erst deutlich sein – Sie wissen, was ich von Ihnen begehre. Dann – dann werde ich Ihnen helfen.‹

Einen Augenblick starrte sie mich an. Dann – oh, ich kann, ich kann nicht sagen, wie entsetzlich das war – dann spannten sich ihre Züge, und dann ... dann *lachte* sie mit einem Male ... lachte sie mir mit einer unsagbaren Verächtlichkeit ins Gesicht … mit einer Verächtlichkeit, die mich zerstäubte … und die mich berauschte zugleich … Es war wie eine Explosion, so plötzlich, so aufspringend, so mächtig losgesprengt von einer ungeheuren Kraft, dieses Lachen der Verächtlichkeit, daß ich … ja, daß ich hätte zu Boden sinken können und ihre Füße küssen. Eine Sekunde dauerte es nur … es war wie ein Blitz, und ich hatte das Feuer im ganzen Körper … da wandte sie sich schon und ging hastig auf die Tür zu.

Unwillkürlich wollte ich ihr nach … mich entschuldigen … sie anflehen … meine Kraft war ja ganz zerbrochen … da kehrte sie sich noch einmal um und sagte … nein, sie *befahl*:

›Unterstehen Sie sich nicht, mir zu folgen oder nachzuspüren … Sie würden es bereuen.‹

Und schon krachte hinter ihr die Türe zu.«

Wieder ein Zögern. Wieder ein Schweigen … Wieder nur dies Rauschen, als ob das Mondlicht strömte. Und dann endlich wieder die Stimme.

»Die Tür schlug zu … aber ich stand unbeweglich an der Stelle … ich war gleichsam hypnotisiert von dem Befehl … ich hörte sie die Treppe hinabsteigen, die Haustür zumachen … ich hörte alles, und mein ganzer Wille drängte ihr nach … sie … ich weiß nicht was … sie zurückzurufen oder zu schlagen oder zu erdrosseln … aber ihr nach … ihr nach … Und doch konnte ich nicht. Meine Glieder waren gleichsam gelähmt wie von einem elektrischen Schlag … ich war eben getroffen, getroffen bis ins Mark hinein von dem herrischen Blitz dieses Blickes … Ich weiß, das ist nicht zu erklären, nicht zu erzählen … es mag lächerlich klingen, aber ich stand und stand … ich brauchte Minuten, vielleicht fünf, vielleicht zehn Minuten, ehe ich einen Fuß wegreißen konnte von der Erde …

Aber kaum daß ich einen Fuß gerührt, war ich schon heiß, war ich schon rasch … im Nu eilte ich die Treppe hinab … Sie konnte ja nur die Straße hinabgegangen sein zur Zivilstation … ich stürze in den Schuppen, das Rad zu holen, sehe, daß ich den Schlüssel vergessen habe, reiße den Verschlag auf, daß der Bambus splittert und kracht … und schon schwinge ich mich auf das Rad und sause ihr nach … ich muß sie … ich muß sie erreichen, ehe sie zu ihrem Automobil gelangt … ich muß sie sprechen … Die Straße staubt an mir vorbei … jetzt merke ich erst, wie lange ich oben starr gestanden haben mußte … da … auf der Kurve im Wald knapp vor der Station sehe ich sie, wie sie hastig mit steifem geradem Schritt hineilt, begleitet von dem Boy … Aber auch sie muß mich gesehen haben, denn sie spricht jetzt mit dem Boy, der zurückbleibt, und geht allein weiter … Was will sie tun? Warum will sie allein sein? … Will sie mit mir sprechen, ohne daß er es hört? … Blindwütig trete ich in die Pedale hinein … Da springt mir plötzlich quer von der Seite etwas über den Weg … der Boy … ich kann gerade noch das Rad zur Seite reißen und krache hin …

Ich stehe fluchend auf … unwillkürlich hebe ich die Faust, um dem Tölpel eins hinzuknallen, aber er springt zur Seite … Ich rüttle mein Fahrrad hoch, um wieder aufzusteigen … Aber da springt der Halunke vor, faßt das Rad und sagt in seinem erbärmlichen Englisch: ›*You remain here.*‹

Sie haben nicht in den Tropen gelebt … Sie wissen nicht, was das für eine Frechheit ist, wenn ein solcher gelber Halunke einem weißen ›Herrn‹ das Rad faßt und ihm, dem ›Herrn‹, befiehlt, dazubleiben. Statt aller Antwort schlage ich ihm die Faust ins Gesicht … er taumelt, aber er hält das Rad fest … seine Augen, seine engen, feigen Augen sind weit aufgerissen in sklavischer Angst … aber er hält die Stange, hält sie teuflisch fest … ›*You remain here*‹, stammelt er noch einmal.

Zum Glück hatte ich keinen Revolver bei mir. Ich hätte ihn

sonst niedergeknallt. ›Weg, Kanaille!‹ sage ich nur. Er starrt mich geduckt an, läßt aber die Stange nicht los. Ich schlage ihm noch einmal auf den Schädel, er läßt noch immer nicht. Da faßt mich die Wut … ich sehe, daß sie schon fort, vielleicht schon entkommen ist … und versetze ihm einen regelrechten Boxerschlag unters Kinn, daß er hinwirbelt. Jetzt habe ich wieder mein Rad … aber wie ich aufspringe, stockt der Lauf … bei dem gewaltsamen Zerren hat sich die Speiche verbogen … Ich versuche mit fiebernden Händen sie geradezudrehen … Es geht nicht … so schmeiße ich das Rad quer auf den Weg neben den Halunken hin, der blutend aufsteht und zur Seite weicht … Und dann – nein, Sie können nicht fühlen, wie lächerlich das dort vor allen Menschen ist, wenn ein Europäer … nun, ich wußte nicht mehr, was ich tat … ich hatte nur den einen Gedanken: ihr nach, sie erreichen … und so *lief* ich, lief wie ein Rasender die Landstraße entlang vorbei an den Hütten, wo das gelbe Gesindel staunend sich vordrängte, einen weißen Mann, den Doktor, *laufen* zu sehen.

Schweißtriefend kam ich in der Station an … Meine erste Frage: Wo ist das Auto? … Eben weggefahren … Verwundert sehen mich die Leute an: als Rasender muß ich ihnen erscheinen, wie ich da naß und schmierig ankam, die Frage voranschreiend, ehe ich noch stand … Unten an der Straße sehe ich weiß den Qualm des Autos wirbeln … es ist ihr gelungen … gelungen, wie alles ihrer harten, grausam harten Berechnung gelingen muß.

Aber die Flucht hilft ihr nichts … In den Tropen gibt es kein Geheimnis unter den Europäern … einer kennt den anderen, alles wird zum Ereignis … Nicht umsonst ist ihr Chauffeur eine Stunde im Bungalow der Regierung gestanden … in einigen Minuten weiß ich alles … Weiß, wer sie ist … daß sie unten in – nun in der Regierungsstadt wohnt, acht Eisenbahnstunden von hier … daß sie – nun sagen wir, die Frau eines Großkaufmannes ist, rasend reich, vornehm, eine Engländerin … ich weiß, daß ihr Mann jetzt fünf Monate in Amerika war und nächster Tage eintreffen soll, um sie mit nach Europa zu nehmen …

Sie aber – und wie Gift brennt sich mir der Gedanke in die Adern hinein – sie kann höchstens zwei oder drei Monate in anderen Umständen sein …«

»Bisher konnte ich Ihnen noch alles begreiflich machen … vielleicht nur deshalb, weil ich bis zu diesem Augenblicke mich noch selbst verstand … mir als Arzt immer die Diagnose meines Zustands selbst stellte. Aber von da an begann es wie ein Fieber in mir … ich verlor die Kontrolle über mich … das heißt, ich wußte genau, wie sinnlos alles war, was ich tat; aber ich hatte keine Macht mehr über mich … ich verstand mich selbst nicht mehr … ich lief nur in der Besessenheit meines Zieles vorwärts … Übrigens warten Sie … vielleicht kann ich es Ihnen doch begreiflich machen … Wissen Sie, was Amok ist?«

»Amok? … Ich glaube mich zu erinnern … Eine Art Trunkenheit bei den Malaien …«

»Es ist mehr als Trunkenheit … es ist Tollheit, eine Art menschlicher Hundswut … ein Anfall mörderischer, sinnloser Monomanie, der sich mit keiner anderen alkoholischen Vergiftung vergleichen läßt … ich habe selbst während meines Aufenthaltes einige Fälle studiert – für andere ist man ja immer sehr klug und sehr sachlich – ohne aber je das furchtbare Geheimnis ihres Ursprungs freilegen zu können … Irgendwie hängt es mit dem Klima zusammen, mit dieser schwülen, geballten Atmosphäre, die auf die Nerven wie ein Gewitter drückt, bis sie einmal losspringen … Also Amok … ja, Amok, das ist so: Ein Malaie, irgendein ganz einfacher, ganz gutmütiger Mensch, trinkt sein Gebräu in sich hinein … er sitzt da, stumpf, gleichmütig, matt … so wie ich in meinem Zimmer saß … und plötzlich springt er auf, faßt den Dolch und rennt auf die Straße ... rennt geradeaus, immer nur geradeaus ... ohne zu wissen wohin ... Was ihm in den Weg tritt, Mensch oder Tier, das stößt er nieder mit seinem Kris, und der Blutrausch macht ihn nur noch hitziger ... Schaum tritt dem Laufenden vor die Lippen, er heult wie ein Rasender ... aber er rennt, rennt, rennt, sieht nicht mehr nach rechts, sieht nicht nach links, rennt nur mit seinem gellen Schrei, seinem blutigen Kris in dieses entsetzliche Geradeaus ... Die Leute in den Dörfern wissen, daß keine Macht einen Amokläufer aufhalten kann ... so brüllen sie warnend voraus, wenn er kommt: ›Amok! Amok!‹, und alles flüchtet ... er aber rennt, ohne zu hören, rennt, ohne zu sehen, stößt nieder, was ihm begegnet ... bis man ihn totschießt wie einen tollen Hund oder er selbst schäumend zusammenbricht ...

Einmal habe ich das gesehen, vom Fenster meines Bungalows aus ... es war grauenhaft ... aber nur dadurch, daß ichs gesehen habe, begreife ich mich selbst in jenen Tagen ... denn so, genau so, mit diesem furchtbaren Blick geradeaus, ohne nach rechts oder links zu sehen, mit dieser Besessenheit stürmte ich los ... dieser Frau nach ... Ich weiß nicht mehr, wie ich alles tat, in so rasendem Lauf, in so unsinniger Geschwindigkeit flog es vorbei ... Zehn Minuten, nein, fünf, nein zwei ... nachdem ich alles von dieser Frau wußte, ihren Namen, ihr Haus, ihr Schicksal, jagte ich schon auf einem rasch geborgten Rad in mein Haus zurück, warf einen Anzug in den Koffer, steckte Geld zu mir und fuhr zur Station der Eisenbahn mit einem Wagen ... fuhr, ohne mich abzumelden beim Distriktbeamten ... ohne einen Vertreter zu ernennen, ließ das Haus offen stehen und liegen, wie es war ... Um mich standen Diener, die Weiber staunten und fragten, ich antwortete nicht, wandte mich nicht um ... fuhr zur Eisenbahn und mit dem nächsten Zug hinab in die Stadt ... Eine Stunde im ganzen, nachdem diese Frau in mein Zimmer getreten, hatte ich meine Existenz hinter mich geworfen und rannte Amok ins Leere hinein ...

Geradeaus rannte ich, mit dem Kopf gegen die Wand ... um sechs Uhr abends war ich angekommen ... um sechs Uhr zehn war ich in ihrem Haus und ließ mich melden ... Es war ... Sie werden es verstehen ... das Sinnloseste, das Stupideste, was ich tun konnte ... aber der Amokläufer rennt ja mit leeren Augen, er sieht nicht, wohin er rennt ... Nach einigen Minuten kam der Diener zurück ... höflich und kühl ... die gnädige Frau sei nicht wohl und könne nicht empfangen.

Ich taumelte die Türe hinaus ... Eine Stunde schlich ich noch um das Haus herum, besessen von der wahnwitzigen Hoffnung, sie würde vielleicht nach mir suchen ... dann nahm ich mir erst ein Zimmer im Strandhotel und zwei Flaschen Whisky auf das Zimmer ... die und eine doppelte Dosis Veronal halfen mir ... ich schlief endlich ein ... und dieser dumpfe, schlammige Schlaf war die einzige Pause in diesem Rennen zwischen Leben und Tod.«

Die Schiffsglocke klang. Zwei harte, volle Schläge, die noch im weichen Teich der fast reglosen Luft zitternd weiterschwangen und dann verebbten in das leise, unaufhörliche Rauschen, das unter dem Kiele und zwischen der leidenschaftlichen Rede beharrlich mitlief. Der Mensch im Dunkeln mir gegenüber mußte erschreckt aufgefahren sein, seine Rede stockte. Wieder hörte ich die Hand hinab zur Flasche fingern, wieder das leise Glucksen. Dann begann er, gleichsam beruhigt, mit einer festeren Stimme.

»Die Stunden von diesem Augenblick an kann ich Ihnen kaum erzählen. Ich glaube heute, daß ich damals Fieber hatte, jedenfalls war ich in einer Art Überreiztheit, die an Tollheit grenzte – ein Amokläufer, wie ich Ihnen sagte. Aber vergessen Sie nicht, es war Dienstag nachts, als ich ankam, Samstag aber sollte – dies hatte ich inzwischen erfahren –

ihr Gatte mit dem P. & O.-Dampfer von Yokohama eintreffen, es blieben also nur drei Tage, drei knappe Tage für den Entschluß und für die Hilfe. Verstehen Sie das: ich wußte, daß ich ihr sofort helfen mußte, und konnte doch kein Wort zu ihr sprechen. Und gerade dieses Bedürfnis, mein lächerliches, mein tollwütiges Benehmen zu entschuldigen, das hetzte mich weiter. Ich wußte um die Kostbarkeit jedes Augenblickes, ich wußte, daß es für sie um Leben und Tod ginge, und hatte doch keine Möglichkeit, mich nur mit einem Flüstern, mit einem Zeichen ihr zu nähern, denn gerade das Stürmische, das Tölpische meines Nachrennens hatte sie erschreckt. Es war ... ja, warten Sie ... es war, wie wenn einer einem nachrennt, um ihn zu warnen vor einem Mörder, und der andere hält ihn selbst für den Mörder, und so rennt er weiter in sein Verderben ... sie sah nur den Amokläufer in mir, der sie verfolgte, um sie zu demütigen, aber ich ... das war ja der entsetzliche Widersinn ... ich dachte gar nicht mehr an das ... ich war ja schon ganz vernichtet, ich wollte ihr nur helfen, ihr nur dienen ... einen Mord hätte ich getan, ein Verbrechen, um ihr zu helfen ... Aber sie, sie verstand es nicht. Als ich morgens aufwachte und gleich wieder hinlief zu ihrem Haus, stand der Boy vor der Tür, derselbe Boy, den ich ins Gesicht geschlagen, und wie er mich von ferne sah – er mußte auf mich gewartet haben –, huschte er hinein in die Tür. Vielleicht tat er es nur, um mich im geheimen anzumelden ... vielleicht ... ah, diese Ungewißheit, wie peinigt sie mich jetzt ... vielleicht war schon alles bereit, mich zu empfangen ... aber da, wie ich ihn sah, mich erinnerte an meine Schmach, da war ich es wieder, der nicht wagte, noch einmal den Besuch zu wiederholen ... Die Knie zitterten mir. Knapp vor der Schwelle drehte ich mich um und ging wieder fort ... ging fort, während sie vielleicht in ähnlicher Qual auf mich wartete.

Ich wußte jetzt nicht mehr, was tun in der fremden Stadt,

die an meinen Fersen wie Feuer glühte ... Plötzlich fiel mir etwas ein, schon rief ich einen Wagen und fuhr zum Vizeresidenten, zu demselben, dem ich damals in meiner Station geholfen, und ließ mich melden ... Irgend etwas muß schon in meinem äußern Wesen befremdend gewesen sein, denn er sah mich mit einem gleichsam erschreckten Blick an, und seine Höflichkeit hatte etwas Beunruhigtes ... vielleicht erkannte er schon den Amokläufer in mir ... Ich sagte ihm kurz entschlossen, ich erbäte meine Versetzung in die Stadt, ich könne auf meinem Posten nicht mehr länger existieren ... ich müsse sofort übersiedeln ... Er sah mich ... ich kann Ihnen nicht sagen, wie er mich ansah ... so wie eben ein Arzt einen Kranken ansieht ... ›Ein Nervenzusammenbruch, lieber Doktor‹, sagte er dann, ›ich verstehe das nur zu gut. Nun, es wird sich schon richten lassen; aber warten Sie ... sagen wir vier Wochen ... ich muß erst einen Ersatz finden.‹

›Ich kann nicht warten, nicht einen Tag‹, antwortete ich. Wieder kam dieser merkwürdige Blick. ›Es muß gehen, Doktor,‹ sagte er ernst, ›wir dürfen die Station nicht ohne Arzt lassen. Aber ich verspreche Ihnen, daß ich noch heute alles einleite.‹ Ich blieb stehen, mit verbissenen Zähnen: zum erstenmal spürte ich deutlich, daß ich ein verkaufter Mensch, ein Sklave sei. Schon ballte sich alles zu einem Trotz zusammen, aber er, der Geschmeidige, kam mir zuvor: ›Sie sind menschenentwöhnt, Doktor, und das wird schließlich eine Krankheit. Wir haben uns alle gewundert, daß Sie nie herkamen, nie Urlaub nahmen. Sie brauchen mehr Geselligkeit, mehr Anregung. Kommen Sie doch wenigstens diesen Abend, wir haben heute Empfang bei der Regierung, Sie finden die ganze Kolonie, und manche möchten Sie längst kennenlernen, haben oft nach Ihnen gefragt und Sie hierher gewünscht.‹

Das letzte Wort riß mich auf. Nach mir gefragt? Sollte sie es gewesen sein? Ich war plötzlich ein anderer: sofort dankte ich ihm höflichst für seine Einladung und sicherte mein Kommen pünktlich zu. Und ich war auch pünktlich, viel zu pünktlich. Muß ich Ihnen erst sagen, daß ich, von meiner Ungeduld gejagt, der erste in dem großen Saale des Regierungsgebäudes war, schweigend umgeben von den gelben Dienern, die mit ihren nackten Sohlen wippend hin und her eilten und mich – wie mir in meinem verwirrten Bewußtsein dünkte – hinterrücks belächelten. Eine Viertelstunde war ich der einzige Europäer inmitten all der geräuschlosen Vorbereitungen und so allein mit mir, daß ich das Ticken der Uhr in meiner Westentasche hörte. Dann kamen endlich ein paar Regierungsbeamte mit ihren Familien, schließlich auch der Gouverneur, der mich in ein längeres Gespräch zog, in dem ich beflissen und, wie ich glaube, geschickt antwortete, bis... bis ich plötzlich, von einer geheimnisvollen Nervosität befallen, alle Geschmeidigkeit verlor und zu stammeln begann. Obzwar mit dem Rücken gegen die Saaltür gelehnt, spürte ich mit einem Male, daß sie eingetreten, daß sie anwesend sein müßte: ich könnte Ihnen nicht sagen, wieso mich diese plötzliche Gewißheit verwirrend faßte, aber noch während ich mit dem Gouverneur sprach, den Klang seiner Worte im Ohr, spürte ich im Rücken irgendwo ihre Gegenwart. Glücklicherweise endete der Gouverneur bald das Gespräch – ich glaubte, ich hätte mich sonst plötzlich brüsk umgewandt, so stark war dieses geheimnisvolle Ziehen in meinen Nerven, so brennend gereizt meine Begier. Und wirklich, kaum, daß ich mich umwandte, sah ich sie schon ganz genau an jener Stelle, wo sie unbewußt mein Gefühl geahnt. Sie stand in einem gelben Ballkleid, das ihre schmalen, reinen Schultern wie mattes Elfenbein vorleuchten ließ, plaudernd inmitten einer Gruppe. Sie lächelte, aber doch, mir war, als hätte ihr Gesicht einen gespannten Zug. Ich trat näher – sie konnte mich nicht sehen oder wollte mich nicht sehen – und blickte in dieses Lächeln, das gefällig und höflich um die schmalen Lippen zitterte.

Und dieses Lächeln berauschte mich von neuem, weil es... nun weil ich wußte, daß es Lüge war, Kunst oder Technik, Meisterschaft der Verstellung. Mittwoch ist heute, fuhr mir durch den Kopf, Samstag kommt das Schiff mit dem Gatten ... wie kann sie so lächeln, so ... so sicher, so sorglos lächeln und den Fächer lässig in der Hand spielen lassen, statt ihn zu zerkrampfen in Angst? Ich ... ich, der Fremde ... ich zitterte seit zwei Tagen vor jener Stunde... ich, der Fremde, lebte ihre Angst, ihr Entsetzen mit allen Exzessen des Gefühls mit... und sie ging auf den Ball und lächelte, lächelte, lächelte ...

Rückwärts setzte die Musik ein. Der Tanz begann. Ein älterer Offizier hatte sie aufgefordert, sie verließ mit einer Entschuldigung den plaudernden Kreis und schritt an seinem Arm gegen den anderen Saal zu, an mir vorbei. Wie sie mich erblickte, spannte sich plötzlich ihr Gesicht gewaltsam zusammen – aber nur eine Sekunde lang, dann nickte sie mir mit einem höflichen Erkennen (ehe ich mich noch zu grüßen oder nichtgrüßen entschlossen hatte) wie einem zufälligen Bekannten zu: ›Guten Abend, Doktor‹ und war schon vorbei. Niemand hätte ahnen können, was in diesem graugrünen Blick verborgen war, und ich, ich selbst wußte es nicht. Warum grüßte sie ... warum erkannte sie mich nun mit einmal an? ... War das Abwehr, war es Annäherung, war es nur die Verlegenheit der Überraschung? Ich kann Ihnen nicht schildern, in welcher Erregtheit ich zurückblieb, alles war aufgewühlt, war explosiv in mir zusammengepreßt, und wie ich sie so sah, lässig walzend am Arme des Offiziers, auf der Stirne den kühlen Glanz der Sorglosigkeit, indes ich doch wußte, daß sie ... daß sie so wie ich nur *daran* ... daran dachte ... daß wir zwei hier allein ein furchtbares Geheimnis gemeinsam hatten ... und sie walzte ... in diesen Sekunden wurde meine Angst, meine Gier und meine Bewunderung noch mehr Leidenschaft als jemals. Ich weiß nicht, ob mich jemand beobachtet hat, aber gewiß verriet ich mich in meinem Verhalten noch viel mehr, als sie sich verbarg – ich konnte eben nicht in eine andere Richtung schauen, ich mußte … ja, ich mußte sie ansehen, ich sog, ja, ich zerrte von ferne an ihrem verschlossenen Gesicht, ob die Maske nicht für eine Sekunde fallen wollte. Und sie mußte diesen starken Blick unangenehm empfunden haben. Als sie am Arme ihres Tänzers zurückschritt, sah sie mich im Blitzlicht einer Sekunde an, scharf befehlend, wie wegweisend: wieder spannte sich jene kleine Falte des hochmütigen Zornes, die ich schon von damals kannte, böse über ihrer Stirn.

Aber … aber … ich sagte es Ihnen ja … ich lief Amok, ich sah nicht nach rechts und nicht nach links. Ich verstand sie sofort – dieser Blick hieß: Sei nicht auffällig! Bezähme dich! – Ich wußte, daß sie … wie soll ich es sagen? … daß sie Diskretion des Benehmens hier im offenen Saal von mir wollte … ich verstand, daß, wenn ich jetzt heimginge, ich morgen gewiß sein könne, von ihr empfangen zu werden … daß sie es nur jetzt, nur jetzt vermeiden wollte, meiner auffälligen Vertraulichkeit ausgesetzt zu sein, daß sie – und wie sehr mit Recht – von meinem Ungeschick eine Szene fürchtete … Sie sehen … ich wußte alles, ich verstand diesen befehlenden grauen Blick, aber … aber es war zu stark in mir, ich mußte sie sprechen. Und so schwankte ich hin zu der Gruppe, in der sie plaudernd stand, schob mich – obwohl ich nur einige der Anwesenden kannte – ganz an den lockeren Kreis heran nur aus Begier, sie sprechen zu hören, und doch immer scheu mich duckend wie ein geprügelter Hund vor ihrem Blick, wenn er kalt an mir vorbeistreifte, als sei ich eine der Leinenportieren, an der ich lehnte, oder die Luft, die sie leicht bewegte. Aber ich stand, durstig nach einem Wort, das sie zu mir sprechen sollte, nach einem Zeichen des Einverständnisses, stand und stand starren Blicks inmitten des Geplauders wie ein Block. Unbedingt mußte es schon auffällig geworden sein, unbedingt, denn keiner richtete ein Wort an mich, und sie mußte leiden unter meiner lächerlichen Gegenwart.

Wie lange ich so gestanden hätte, ich weiß es nicht... eine Ewigkeit vielleicht... ich *konnte* ja nicht fort aus dieser Bezauberung des Willens. Gerade die Hartnäckigkeit meiner Wut lähmte mich... Aber sie ertrug es nicht länger... plötzlich wandte sie sich mit der prachtvollen Leichtigkeit ihres Wesens gegen die Herren und sagte: ›Ich bin ein wenig müde ... ich will heute einmal früher zu Bett gehen... Gute Nacht!‹... und schon streifte sie mit einem gesellschaftlich fremden Kopfnicken an mir vorbei... ich sah noch die hochgezogene Falte auf der Stirn und dann nur mehr den Rücken, den weißen, kühlen, nackten Rücken. Eine Sekunde lang dauerte es, bevor ich begriff, daß sie fortging... daß ich sie nicht mehr sehen, nicht mehr sprechen könnte diesen Abend, diesen letzten Abend der Rettung... einen Augenblick lang also stand ich noch starr, bis ichs begriff... dann... dann...

Aber warten Sie... warten Sie... Sie werden sonst das Sinnlose, das Stupide meiner Tat nicht verstehen... ich muß Ihnen erst den ganzen Raum schildern... Es war der große Saal des Regierungsgebäudes, ganz von Lichtern erhellt und fast leer, der ungeheure Saal... die Paare waren zum Tanz gegangen, die Herren zum Spiel... nur an den Ecken plauderten einige Gruppen... der Saal war also leer, jede Bewegung auffällig und im grellen Licht sichtbar... und diesen großen weiten Saal schritt sie langsam und leicht mit ihren hohen Schultern durch, ab und zu einen Gruß mit ihrer unbeschreiblichen Haltung erwidernd... mit dieser herrlichen erfrorenen hoheitlichen Ruhe, die mich an ihr so entzückte... Ich... ich war zurückgeblieben, ich sagte es Ihnen ja, ich war gleichsam gelähmt, bevor ich es begriff, daß sie fortging... und da, als ich es begriff, war sie schon am anderen Ende des Saales knapp vor der Türe... Da... oh, ich schäme mich jetzt noch, es zu denken... da packte es mich plötzlich an und ich *lief*, hören Sie: ich lief … ich ging nicht, ich *lief* mit polternden Schuhen, die laut widerhallten, quer durch den Saal ihr nach … Ich hörte meine Schritte, ich sah alle Blicke erstaunt auf mich gerichtet … ich hätte vergehen können vor Scham … noch während ich lief, war mir schon der Wahnsinn bewußt … aber ich konnte … ich konnte nicht mehr zurück … Bei der Tür holte ich sie ein … Sie wandte sich um … ihre Augen stießen wie ein grauer Stahl in mich hinein, ihre Nasenflügel zitterten vor Zorn … ich wollte eben zu stammeln anfangen … da … da … *lachte* sie plötzlich hellauf … ein helles, unbesorgtes, herzliches Lachen, und sagte laut … so laut, daß es alle hören konnten … ›Ach, Doktor, jetzt fällt Ihnen erst das Rezept für meinen Buben ein … ja, die Herren der Wissenschaft …‹ Ein paar, die in der Nähe standen, lachten gutmütig mit … ich begriff, ich taumelte unter der Meisterschaft, mit der sie die Situation gerettet hatte … griff in die Brieftasche und riß ein leeres Blatt vom Block, das sie lässig nahm, ehe sie … noch einmal mit einem kalten, dankenden Lächeln … ging … Mir war leicht in der ersten Sekunde … ich sah, daß mein Irrsinn durch ihre Meisterschaft gutgemacht, die Situation gewonnen … aber ich wußte auch sofort, daß alles für mich verloren sei, daß diese Frau mich um meiner hitzigen Narrheit haßte … haßte mehr als den Tod … daß ich nun hundertmal und hundertmal vor ihre Türe kommen könnte und sie mich wegweisen würde wie einen Hund.

Ich taumelte durch den Saal … ich merkte, daß die Leute auf mich blickten … ich muß irgendwie sonderbar ausgesehen haben … Ich ging zum Büfett, trank zwei, drei, vier Gläser Kognak hintereinander … das rettete mich vor dem Umsinken … meine Nerven konnten schon nicht mehr, sie waren wie durchgerissen … Dann schlich ich bei einer Nebentür hinaus, heimlich wie ein Verbrecher … Um kein Fürstentum der Welt hätte ich jenen Saal nochmals durchschreiten können, wo ihr Lachen noch gell an allen Wänden klebte ... ich ging ... genau weiß ichs nicht mehr zu sagen, wohin ich ging ... in ein paar Kneipen und soff mich an ... soff mich an wie einer, der sich alles Wache wegsaufen will ... aber ... es ward mir nicht dumpf in den Sinnen ... das Lachen stak in mir, schrill und böse ... das Lachen, dieses verfluchte Lachen konnte ich nicht betäuben ... Ich irrte dann noch am Hafen herum ... meinen Revolver hatte ich zu Hause gelassen, sonst hätte ich mich erschossen. Ich dachte an nichts anderes, und mit diesem Gedanken ging ich auch heim ... nur mit diesem Gedanken an das Schubfach links im Kasten, wo mein Revolver lag ... nur mit diesem einen Gedanken.

Daß ich mich dann nicht erschoß ... ich schwöre Ihnen, das war nicht Feigheit ... es wäre für mich eine Erlösung gewesen, den schon gespannten kalten Hahn abzudrücken ... aber wie soll ich es Ihnen erklären ... ich fühlte noch eine Pflicht in mir ... ja, jene Pflicht zu helfen, jene verfluchte Pflicht ... mich machte der Gedanke wahnsinnig, daß sie mich noch brauchen könnte, daß sie mich brauchte ... es war ja schon Donnerstag morgens, als ich heimkam, und Samstag ... ich sagte es Ihnen ja ... Samstag kam das Schiff, und daß *diese* Frau, diese hochmütige, stolze Frau die Schande vor ihrem Gatten, vor der Welt nicht überleben würde, das wußte ich ... Ah, wie mich solche Gedanken gemartert haben an die sinnlos vertane kostbare Zeit, an meine irrwitzige Übereilung, die jede rechtzeitige Hilfe vereitelt hatte ... stundenlang, ja stundenlang, ich schwöre es Ihnen, bin ich im Zimmer niedergegangen, auf und ab, und habe mir das Hirn zermartert, wie ich mich ihr nähern, wie ich alles gutmachen, wie ich ihr helfen könnte ... denn daß sie mich nicht mehr vorlassen würde in ihrem Haus, das war mir gewiß ... ich hatte das Lachen noch in allen Nerven und das Zucken des Zornes um ihre Nasenflügel ... stundenlang, wirklich stundenlang bin ich so die drei Meter des schmalen Zimmers auf und ab gerannt … es war schon Tag, es war schon Vormittag …

Und plötzlich schmiß es mich hin zu dem Tisch … ich riß ein Bündel Briefblätter heraus und begann ihr zu schreiben … alles zu schreiben … einen hündisch winselnden Brief, in dem ich sie um Vergebung bat, in dem ich mich einen Wahnsinnigen, einen Verbrecher nannte … in dem ich sie beschwor, sich mir anzuvertrauen … Ich schwor in der nächsten Stunde zu verschwinden, aus der Stadt, aus der Kolonie, wenn sie wollte: aus der Welt … nur verzeihen sollte sie mir und mir vertrauen, sich helfen lassen in der letzten, der allerletzten Stunde … Zwanzig Seiten fieberte ich so hinunter … es muß ein toller, ein unbeschreiblicher Brief wie aus einem Delirium gewesen sein, denn als ich aufstand vom Tisch, war ich in Schweiß gebadet … das Zimmer schwankte, ich mußte ein Glas Wasser trinken … Dann erst versuchte ich den Brief noch einmal zu überlesen, aber mir graute nach den ersten Worten … zitternd faltete ich ihn zusammen, faßte schon ein Kuvert … Da plötzlich fuhrs mich durch. Mit einem Male wußte ich das wahre, das entscheidende Wort. Und ich riß noch einmal die Feder zwischen die Finger und schrieb auf das letzte Blatt: ›Ich warte hier im Strandhotel auf ein Wort der Verzeihung. Wenn ich bis sieben Uhr keine Antwort habe, erschieße ich mich.‹

Dann nahm ich den Brief, schellte einem Boy und hieß ihn das Schreiben sofort überbringen. Endlich war alles gesagt – alles!«

Etwas klirrte und kollerte neben uns. Mit einer heftigen Bewegung hatte er die Whiskyflasche umgestoßen, ich hörte, wie seine Hand ihr suchend am Boden nachtastete und sie dann mit einem plötzlichen Schwung faßte: in weitem Bogen warf er die geleerte Flasche über Bord. Einige Minuten schwieg die Stimme, dann fieberte er wieder fort, noch erregter und hastiger als zuvor.

»Ich bin kein gläubiger Christ mehr … für mich gibt es keinen Himmel und keine Hölle … und wenn es eine gibt, so fürchte ich sie nicht, denn sie kann nicht ärger sein als jene Stunden, die ich von vormittags bis abends erlebte … Denken Sie sich ein kleines Zimmer, heiß in der Sonne, immer glühender im Mittagsbrand … ein kleines Zimmer, nur Tisch und Stuhl und Bett … Und auf diesem Tisch nichts als eine Uhr und einen Revolver und vor dem Tisch einen Menschen … einen Menschen, der nichts tut als immer auf diesen Tisch, auf den Sekundenzeiger der Uhr starren … einen Menschen, der nicht ißt und trinkt und nicht raucht und sich nicht regt … der immer nur … hören Sie: immer nur, drei Stunden lang … auf den weißen Kreis des Zifferblattes starrt und auf den kleinen Zeiger, der tickend den Kreis umläuft … So … so … habe ich diesen Tag verbracht, nur gewartet, gewartet, gewartet … aber gewartet wie … wie eben ein Amokläufer etwas tut, sinnlos, tierisch, mit dieser rasenden, geradlinigen Beharrlichkeit.

Nun … ich werde Ihnen diese Stunden nicht schildern … das läßt sich nicht schildern … ich verstehe ja selbst nicht mehr, wie man das erleben kann ohne … ohne wahnsinnig zu werden … Also … um drei Uhr zweiundzwanzig Minuten … ich weiß es genau, ich starrte ja auf die Uhr … klopfte es plötzlich an die Tür … Ich springe auf … springe, wie ein Tiger auf seine Beute springt, mit einem Ruck durch das ganze Zimmer zur Tür, reiße sie auf … ein ängstlicher kleiner Chinesenjunge steht draußen, einen zusammengefalteten Zettel in der Hand, und während ich gierig danach greife, huscht er schon weg und ist verschwunden.

Ich reiße den Zettel auf, will ihn lesen … und kann ihn nicht lesen … Mir schwankt es rot vor den Augen … denken Sie die Qual, ich habe endlich, habe endlich das Wort von ihr … und nun zittert und tanzt es mir vor den Pupillen … Ich tauche den Kopf ins Wasser … nun wirds mir klarer … Nochmals nehme ich den Zettel und lese:

›Zu spät! Aber warten Sie zu Hause. Vielleicht rufe ich Sie noch.‹

Keine Unterschrift auf dem zerknüllten Papier, das von irgendeinem alten Prospekt abgefetzt war … hastige, verworrene Bleistiftzüge einer sonst sicheren Schrift … ich weiß nicht, warum mich das Blatt so erschütterte … Irgend etwas von Grauen, von Geheimnis haftete ihm an, es war wie auf einer Flucht geschrieben, stehend an einer Fensternische oder in einem fahrenden Wagen … Etwas Unbeschreibliches von Angst, von Hast, von Entsetzen schlug kalt von diesem heimlichen Zettel mir in die Seele … und doch … und doch, ich war glücklich: sie hatte mir geschrieben, ich mußte noch nicht sterben, ich durfte ihr helfen … vielleicht … ich durfte … oh, ich verlor mich ganz in den wahnwitzigsten Konjekturen und Hoffnungen … Hundertemal, tausendemal habe ich den kleinen Zettel gelesen, ihn geküßt … ihn durchforscht nach irgendeinem vergessenen, übersehenen Wort … immer tiefer, immer verworrener wurde meine Träumerei, ein phantastischer Zustand von Schlaf mit offenen Augen … eine Art Lähmung, irgend etwas ganz Dumpfes und doch Bewegtes zwischen Schlaf und Wachsein, das vielleicht Viertelstunden dauerte, vielleicht Stunden …

Plötzlich schreckte ich auf … Hatte es nicht geklopft? … Ich hielt den Atem an … eine Minute, zwei Minuten reglose Stille … Und dann wieder ganz leise, so wie eine Maus knabbert, ein leises aber heftiges Pochen … Ich sprang auf, noch ganz taumelig, riß die Tür auf – draußen stand der Boy, ihr Boy, derselbe, dem ich den Mund damals mit der Faust zerschlagen … sein braunes Gesicht war aschfahl, sein verwirrter Blick sagte Unglück … Sofort spürte ich Grauen … ›Was … was ist geschehen?‹ konnte ich noch stammeln.

›*Come quickly*‹, sagte er … sonst nichts … sofort raste ich die Treppe herunter, er mir nach … Ein Sado, so ein kleiner Wagen, stand bereit, wir stiegen ein … ›Was ist geschehen?‹ fragte ich ihn … Er sah mich zitternd an und schwieg mit verbissenen Lippen … Ich fragte nochmals – er schwieg und schwieg … Ich hätte ihm am liebsten wieder ins Gesicht geschlagen mit der Faust, aber … gerade seine hündische Treue zu ihr rührte mich … so fragte ich nicht mehr … Das Wägelchen trabte so hastig durch das Gewirr, daß die Menschen fluchend auseinanderstoben, lief aus dem Europäerviertel am Strand in die niedere Stadt und weiter, weiter ins schreiende Gewirr der Chinesenstadt … Endlich kamen wir in eine enge Gasse, ganz abseits lag sie … vor einem niedern Haus hielt er an … Es war schmutzig und wie in sich zusammengekrochen, vorne ein kleiner Laden mit einem Talglicht … irgendeine dieser Buden, in die sich die Opiumhäuser oder Bordelle verstecken, ein Diebsnest oder ein Hehlerkeller … Hastig klopfte der Boy an … Hinter dem Türspalt zischelte eine Stimme, fragte und fragte … Ich konnte es nicht mehr ertragen, sprang vom Sitz, stieß die angelehnte Tür auf … ein altes chinesisches Weib flüchtete mit einem kleinen Schrei zurück … hinter mir kam der Boy, führte mich durch den Gang … klinkte eine andere Tür auf … eine andere Türe in einen dunklen Raum, der übel roch von Branntwein und gestocktem Blut … Irgend etwas stöhnte darin … ich tappte hin …«

Wieder stockte die Stimme. Und was dann ausbrach, war mehr ein Schluchzen als ein Sprechen.

»Ich … Ich tappte hin … und dort … dort lag auf einer schmutzigen Matte … verkrümmt vor Schmerz … ein stöhnendes Stück Mensch … dort lag sie …

Ich konnte ihr Gesicht nicht sehen im Dunkel … Meine Augen waren noch nicht gewöhnt … so tastete ich nur hin … ihre Hand … heiß … brennend heiß … Fieber, hohes Fieber … und ich schauerte … ich wußte sofort alles … sie war hierher geflüchtet vor mir … hatte sich verstümmeln lassen von irgendeiner schmutzigen Chinesin, nur weil sie hier mehr Schweigsamkeit erhoffte … hatte sich morden lassen von irgendeiner teuflischen Hexe, lieber als mir zu vertrauen … nur weil ich Wahnsinniger … weil ich ihren Stolz nicht geschont, ihr nicht gleich geholfen hatte … weil sie den Tod weniger fürchtete als mich …

Ich schrie nach Licht. Der Boy sprang: die abscheuliche Chinesin brachte mit zitternden Händen eine rußende Petroleumlampe … ich mußte mich halten, um der gelben Kanaille nicht an die Gurgel zu springen … sie stellten die Lampe auf den Tisch … der Lichtschein fiel gelb und hell über den gemarterten Leib … Und plötzlich … plötzlich war alles weg von mir, alle Dumpfheit, aller Zorn, all diese unreine Jauche von aufgehäufter Leidenschaft … ich war nur mehr Arzt, helfender, spürender, wissender Mensch … ich hatte mich vergessen … kämpfte mit wachen, klaren Sinnen gegen das Entsetzliche … Ich fühlte den nackten Leib, den ich in meinen Träumen begehrt, nur mehr als … wie soll ich es sagen … als Materie, als Organismus … ich spürte nicht mehr sie, sondern nur das Leben, das sich gegen den Tod wehrte, den Menschen, der sich krümmte in mörderischer Qual … Ihr Blut, ihr heißes, heiliges Blut überströmte meine Hände, aber ich spürte es nicht in Lust und nicht in Grauen … ich war nur Arzt … ich sah nur das Leiden … und sah …

Und sah sofort, daß alles verloren war, wenn nicht ein Wunder geschehe … sie war verletzt und halb verblutet unter der verbrecherisch ungeschickten Hand … und ich hatte nichts, um das Blut zu stillen in dieser stinkenden Höhle, nicht einmal reines Wasser … alles, was ich anrührte, starrte von Schmutz …

›Wir müssen sofort ins Spital‹, sagte ich. Aber kaum daß

ichs gesagt, bäumte sich krampfig der gemarterte Leib auf. ›Nein … nein … lieber sterben … niemand es erfahren … niemand es erfahren … nach Hause … nach Hause …‹

Ich verstand … nur mehr um das Geheimnis, um ihre Ehre rang sie … nicht um ihr Leben … Und – ich gehorchte … Der Boy brachte eine Sänfte … wir betteten sie hinein … und so … wie eine Leiche schon, matt und fiebernd … trugen wir sie durch die Nacht … nach Hause … die fragende, erschreckte Dienerschaft abwehrend … wie Diebe trugen wir sie hinein in ihr Zimmer und sperrten die Türen … Und dann … dann begann der Kampf, der lange Kampf gegen den Tod …«

Plötzlich krampfte sich eine Hand in meinen Arm, daß ich fast aufschrie vor Schreck und Schmerz. Im Dunkeln war mir das Gesicht mit einemmal fratzenhaft nah, ich sah die weißen Zähne, wie sie sich bleckten in plötzlichem Ausbruch, sah die Augengläser im fahlen Reflex des Mondlichts wie zwei riesige Katzenaugen glimmen. Und jetzt sprach er nicht mehr – er schrie, geschüttelt von einem heulenden Zorn:

»Wissen Sie denn, Sie fremder Mensch, der Sie hier lässig auf einem Deckstuhl sitzen, ein Spazierfahrer durch die Welt, wissen Sie, wie das ist, wenn ein Mensch stirbt? Sind Sie schon einmal dabeigewesen, haben Sie es gesehen, wie der Leib sich aufkrümmt, die blauen Nägel ins Leere krallen, wie die Kehle röchelt, jedes Glied sich wehrt, jeder Finger sich stemmt gegen das Entsetzliche, und wie das Auge aufspringt in einem Grauen, für das es keine Worte gibt? Haben Sie das schon einmal erlebt, Sie Müßiggänger, Sie Weltfahrer, Sie, der Sie vom Helfen reden als von einer Pflicht? Ich habe es oft gesehen als Arzt, habe es gesehen als … klinischen Fall, als Tatsache … habe es sozusagen studiert – aber *erlebt* habe ichs nur einmal, miterlebt, mitgestorben bin ich nur damals in jener Nacht … in jener entsetzlichen Nacht, wo ich saß und mir das Hirn zerpreßte, um etwas zu wissen, etwas zu finden, zu erfinden gegen das Blut, das rann und rann und rann, gegen das Fieber, das sie vor meinen Augen verbrannte ... gegen den Tod, der immer näher kam und den ich nicht wegdrängen konnte vom Bett. Verstehen Sie, was das heißt, Arzt zu sein, alles wissen gegen alle Krankheiten – die Pflicht haben, zu helfen, wie Sie so weise sagen – und doch ohnmächtig bei einer Sterbenden zu sitzen, wissend und doch ohne Macht ... nur dies eine, dies Entsetzliche wissend, daß man nicht helfen kann, ob man sich auch jede Ader in seinem Körper aufreißen möchte ... einen geliebten Körper zu sehen, wie er elend verblutet, gemartert von Schmerzen, einen Puls zu fühlen, der fliegt und zugleich verlischt ... der einem wegfließt unter den Fingern ... Arzt zu sein und nichts zu wissen, nichts, nichts, nichts ... nur dazusitzen und irgendein Gebet stammeln wie ein Hutzelweib in der Kirche, und dann wieder die Fäuste ballen gegen einen erbärmlichen Gott, von dem man weiß, daß es ihn nicht gibt ... Verstehen Sie das? Verstehen Sie das? ... Ich ... ich verstehe nur eines nicht, wie ... wie man es macht, daß man nicht mitstirbt in solchen Sekunden ... daß man dann noch am nächsten Morgen von einem Schlaf aufsteht und sich die Zähne putzt und eine Krawatte umbindet ... daß man noch leben kann, wenn man das miterlebte, was ich fühlte, wie dieser Atem, dieser erste Mensch, um den ich rang und kämpfte, den ich halten wollte mit allen Kräften meiner Seele ... wie der wegglitt unter mir ... irgendwohin, immer rascher wegglitt, Minute um Minute und ich nichts wußte in meinem fiebernden Gehirn, um diesen, diesen einen Menschen festzuhalten ...

Und dazu, um teuflisch noch meine Qual zu verdoppeln, dazu noch dies ... Während ich an ihrem Bett saß – ich hatte ihr Morphium eingegeben, um die Schmerzen zu lindern, und sah sie liegen, mit heißen Wangen, heiß und fahl – ja ... während ich so saß, spürte ich vom Rücken her immer zwei Augen auf mich gerichtet mit einem fürchterlichen Ausdruck der Spannung ... Der Boy saß dort auf den Boden gekauert und murmelte leise irgendwelche Gebete ... Wenn mein Blick den seinen traf, so ... nein, ich kann es nicht schildern ... so kam etwas so Flehendes, so ... so Dankbares in seinen hündischen Blick, und gleichzeitig hob er die Hände zu mir, als wollte er mich beschwören, sie zu retten ... verstehen Sie: zu mir, zu mir hob er die Hände wie zu einem Gott ... zu mir ... dem ohnmächtigen Schwächling, der wußte, daß alles verloren ... daß ich hier so unnötig sei wie eine Ameise, die am Boden raschelt ... Ah, dieser Blick, wie er mich quälte, diese fanatische, diese tierische Hoffnung auf meine Kunst ... ich hätte ihn anschreien können und mit dem Fuß treten, so weh tat er mir ... und doch, ich spürte, wie wir beide zusammenhingen durch unsere Liebe zu ihr ... durch das Geheimnis ... Ein lauerndes Tier, ein dumpfes Knäuel, saß er zusammengeballt knapp hinter mir ... kaum daß ich etwas verlangte, sprang er auf mit seinen nackten lautlosen Sohlen und reichte es zitternd ... erwartungsvoll her, als sei das die Hilfe ... die Rettung ... Ich weiß, er hätte sich die Adern aufgeschnitten, um ihr zu helfen ... so war diese Frau, solche Macht hatte sie über Menschen ... und ich ... ich hatte nicht Macht, ein Quentchen Blut zu retten ... O diese Nacht, diese entsetzliche Nacht, diese unendliche Nacht zwischen Leben und Tod!

Gegen Morgen ward sie noch einmal wach ... sie schlug die Augen auf ... jetzt waren sie nicht mehr hochmütig und kalt ... ein Fieber glitzerte feucht darin, als sie, gleichsam fremd, das Zimmer abtasteten ... Dann sah sie mich an: sie schien nachzudenken, sich erinnern zu wollen an mein Gesicht ... und plötzlich ... ich sah es ... erinnerte sie sich ... denn irgendein Schreck, eine Abwehr ... etwas ... etwas Feindliches, Entsetztes spannte ihr Gesicht ... sie arbeitete mit den Armen, als wollte sie flüchten ... weg, weg, weg von mir ... ich sah, sie dachte an *das* ... an die Stunde von damals … Aber dann kam ein Besinnen … sie sah mich ruhiger an, atmete schwer … ich fühlte, sie wollte sprechen, etwas sagen … Wieder begannen die Hände sich zu spannen … sie wollte sich aufheben, aber sie war zu schwach … Ich beruhigte sie, beugte mich nieder … da sah sie mich an mit einem langen, gequälten Blick … ihre Lippen regten sich leise … es war nur ein letzter erlöschender Laut, wie sie sagte …

›Wird es niemand erfahren? … Niemand?‹

›Niemand‹, sagte ich mit aller Kraft der Überzeugung, ›ich verspreche es Ihnen.‹

Aber ihr Auge war noch unruhig … Mit fiebriger Lippe ganz undeutlich arbeitete sie's heraus.

›Schwören Sie mir … niemand erfahren … schwören.‹

Ich hob die Finger wie zum Eid. Sie sah mich an … mit einem … einem unbeschreiblichen Blick … weich war er, warm, dankbar … ja, wirklich, wirklich dankbar … Sie wollte noch etwas sprechen, aber es ward ihr zu schwer. Lang lag sie, ganz matt von der Anstrengung, mit geschlossenen Augen. Dann begann das Entsetzliche … das Entsetzliche … eine ganze schwere Stunde kämpfte sie noch: erst morgens war es zu Ende …«

Er schwieg lange. Ich merkte es nicht eher, als vom Mitteldeck die Glocke in die Stille schlug, ein, zwei, drei harte Schläge – drei Uhr. Das Mondlicht war matter geworden, aber irgendeine andere gelbe Helle zitterte schon unsicher in der Luft, und Wind flog manchmal leicht wie eine Brise her. Eine halbe, eine Stunde mehr, und dann war es Tag, war dies Grauen ausgelöscht im klaren Licht. Ich sah seine Züge jetzt deutlicher, da die Schatten nicht mehr so dicht und schwarz in unsern Winkel fielen – er hatte die Kappe abgenommen, und unter dem blanken Schädel schien sein verquältes Gesicht noch schreckhafter. Aber schon wandten sich die glitzernden Brillengläser wieder mir zu, er straffte sich zusammen, und seine Stimme hatte einen höhnischen, scharfen Ton.

»Mit ihr wars nun zu Ende – aber nicht mit mir. Ich war allein mit der Leiche – aber allein in einem fremden Haus, allein in einer Stadt, die kein Geheimnis duldete, und ich … ich hatte das Geheimnis zu hüten … Ja, denken Sie sich das nur aus, die ganze Situation: eine Frau aus der besten Gesellschaft der Kolonie, vollkommen gesund, die noch abends zuvor auf dem Regierungsball getanzt hat, liegt plötzlich tot in ihrem Bett … ein fremder Arzt ist bei ihr, den angeblich ihr Diener gerufen … niemand im Haus hat gesehen, wann und woher er kam … man hat sie nachts auf einer Sänfte hereingetragen und dann die Türen geschlossen … und morgens ist sie tot … dann erst hat man die Diener gerufen, und plötzlich gellt das Haus von Geschrei … im Nu wissen es die Nachbarn, die ganze Stadt … und nur einer ist da, der das alles erklären soll … ich, der fremde Mensch, der Arzt aus einer entlegenen Station … Eine erfreuliche Situation, nicht wahr? …

Ich wußte, was mir bevorstand. Glücklicherweise war der Boy bei mir, der brave Bursche, der mir jeden Wink von den Augen las – auch dieses gelbe dumpfe Tier verstand, daß hier noch ein Kampf ausgetragen werden müsse. Ich hatte ihm nur gesagt: ›Die Frau will, daß niemand erfährt, was geschehen ist.‹ Er sah mir in die Augen mit seinem hündisch feuchten und doch entschlossenen Blick: ›Yes, Sir‹, mehr sagte er nicht. Aber er wusch die Blutspuren vom Boden, richtete alles in beste Ordnung – und gerade seine Entschlossenheit gab mir die meine wieder.

Nie im Leben, das weiß ich, habe ich eine ähnlich zusammengeballte Energie gehabt, nie werde ich sie wieder haben. Wenn man alles verloren hat, dann kämpft man um das Letzte wie ein Verzweifelter – und das Letzte war ihr Vermächtnis, das Geheimnis. Ich empfing voll Ruhe die Leute, erzählte ihnen allen die gleiche erdichtete Geschichte, wie der Boy, den sie um den Arzt gesandt hatte, mich zufällig auf dem Wege traf. Aber während ich scheinbar ruhig redete, wartete … wartete ich immer auf das Entscheidende … auf den Totenbeschauer, der erst kommen mußte, ehe wir sie in den Sarg verschließen konnten und das Geheimnis mit ihr … Es war, vergessen Sie nicht, Donnerstag, und Samstag kam ihr Gatte …

Um neun Uhr hörte ich endlich, wie man den Amtsarzt anmeldete. Ich hatte ihn rufen lassen – er war mein Vorgesetzter im Rang und gleichzeitig mein Konkurrent, derselbe Arzt, von dem sie seinerzeit so verächtlich gesprochen und der offenbar meinen Wunsch nach Versetzung bereits erfahren hatte. Bei seinem ersten Blick spürte ichs schon: er war mir feind. Aber gerade das straffte meine Kraft.

Im Vorzimmer fragte er schon: ›Wann ist Frau …‹ – er nannte ihren Namen – ›gestorben?‹

›Um sechs Uhr morgens.‹

›Wann sandte sie zu Ihnen?‹

›Um elf Uhr abends.‹

›Wußten Sie, daß ich ihr Arzt war?‹

›Ja, aber es tat Eile not … und dann … die Verstorbene hatte ausdrücklich mich verlangt. Sie hatte verboten, einen andern Arzt rufen zu lassen.‹

Er starrte mich an: in seinem bleichen, etwas verfetteten Gesicht flog eine Röte hoch, ich spürte, daß er erbittert war. Aber gerade das brauchte ich – alle meine Energien drängten sich zu rascher Entscheidung, denn ich spürte, lange hielten es meine Nerven nicht mehr aus. Er wollte etwas Feindliches erwidern, dann sagte er lässig: ›Wenn Sie schon meinen, mich entbehren zu können, so ist es doch meine amtliche Pflicht, den Tod zu konstatieren und … wie er eingetreten ist.‹

Ich antwortete nicht und ließ ihn vorangehen. Dann trat ich zurück, schloß die Tür und legte den Schlüssel auf den Tisch. Überrascht zog er die Augenbrauen hoch:

›Was bedeutet das?‹

Ich stellte mich ruhig ihm gegenüber:

›Es handelt sich hier nicht darum, die Todesursache festzustellen, sondern – eine andere zu finden. Diese Frau hat mich gerufen, um sie nach … nach den Folgen eines verunglückten Eingriffes zu behandeln … ich konnte sie nicht mehr retten, aber ich habe ihr versprochen, ihre Ehre zu retten, und das werde ich tun. Und ich bitte Sie darum, mir zu helfen!‹

Seine Augen waren ganz weit geworden vor Erstaunen. ›Sie wollen doch nicht etwa sagen‹, stammelte er dann, ›daß ich, der Amtsarzt, hier ein Verbrechen decken soll?‹

›Ja, das will ich, das muß ich wollen.‹

›Für Ihr Verbrechen soll ich …‹

›Ich habe Ihnen gesagt, daß ich diese Frau nicht berührt habe, sonst … sonst stünde ich nicht vor Ihnen, sonst hätte ich längst mit mir Schluß gemacht. Sie hat ihr Vergehen – wenn Sie es so nennen wollen – gebüßt, die Welt braucht davon nichts zu wissen. Und ich werde es nicht dulden, daß die Ehre dieser Frau jetzt noch unnötig beschmutzt wird.‹

Mein entschlossener Ton reizte ihn nur noch mehr auf.

›Sie werden nicht dulden … so … nun, Sie sind ja mein Vorgesetzter … oder glauben es wenigstens schon zu sein … Versuchen Sie nur, mir zu befehlen … ich habe mirs gleich gedacht, da ist Schmutziges im Spiel, wenn man Sie aus Ihrem Winkel herruft … eine saubere Praxis, die Sie da anfangen, ein sauberes Probestück … Aber jetzt werde *ich* untersuchen, *ich*, und Sie können sich darauf verlassen, daß ein Protokoll, unter dem mein Name steht, richtig sein wird. Ich werde keine Lüge unterschreiben.‹

Ich war ganz ruhig.

›Ja – das müssen Sie diesmal doch. Denn früher werden Sie das Zimmer nicht verlassen.‹

Ich griff dabei in die Tasche – meinen Revolver hatte

ich nicht bei mir. Aber er zuckte zusammen. Ich trat einen Schritt auf ihn zu und sah ihn an.

›Hören Sie, ich werde Ihnen etwas sagen… damit es nicht zum Äußersten kommt. Mir liegt an meinem Leben nichts… nichts an dem eines andern – ich bin nun schon einmal soweit… mir liegt einzig daran, mein Versprechen einzulösen, daß die Art dieses Todes geheim bleibt… Hören Sie: ich gebe Ihnen mein Ehrenwort, daß, wenn Sie das Zertifikat unterfertigen, diese Frau sei an… nun an einer Zufälligkeit gestorben, daß ich dann noch im Laufe dieser Woche die Stadt und Indien verlasse… daß ich, wenn Sie es verlangen, meinen Revolver nehme und mich niederschieße, sobald der Sarg in der Erde ist und ich sicher sein kann, daß niemand… Sie verstehen: *niemand* – mehr nachforschen kann. Das wird Ihnen wohl genügen – das *muß* Ihnen genügen.‹

Es muß etwas Drohendes, etwas Gefährliches in meiner Stimme gewesen sein, denn wie ich unwillkürlich nähertrat, wich er zurück mit jenem aufgerissenen Entsetzen, wie… wie eben Menschen vor dem Amokläufer flüchten, wenn er rasend hinrennt mit geschwungenem Kris… Und mit einemmal war er anders… irgendwie geduckt und gelähmt… seine harte Haltung brach ein. Er murmelte mit einem letzten ganz weichen Widerstand:

›Es wäre das erstemal in meinem Leben, daß ich ein falsches Zertifikat unterzeichnete… immerhin, es wird sich schon eine Form finden lassen… man weiß ja auch, was vorkommt… Aber ich durfte doch nicht so ohne weiteres…‹

›Gewiß durften Sie nicht‹, half ich ihm, um ihn zu bestärken – (›Nur rasch! nur rasch!‹ tickte es mir in den Schläfen) – ›aber jetzt, da Sie wissen, daß Sie nur einen Lebenden kränken würden und einer Toten ein Entsetzliches täten, werden Sie doch gewiß nicht zögern.‹

Er nickte. Wir traten zum Tisch. Nach einigen Minuten

war das Attest fertig (das dann auch in der Zeitung veröffentlicht wurde und glaubhaft eine Herzlähmung schilderte). Dann stand er auf, sah mich an:

›Sie reisen noch diese Woche, nicht wahr?‹

›Mein Ehrenwort.‹

Er sah mich wieder an. Ich merkte, er wollte streng, wollte sachlich erscheinen. ›Ich besorge sofort einen Sarg‹, sagte er, um seine Verlegenheit zu decken. Aber was war das in mir, das mich so … so furchtbar … so gequält machte – plötzlich streckte er mir die Hand hin und schüttelte sie mit einer aufspringenden Herzlichkeit. ›Überstehen Sie's gut‹, sagte er – ich wußte nicht, was er meinte. War ich krank? War ich … wahnsinnig? Ich begleitete ihn zur Tür, schloß auf – aber das war meine letzte Kraft, die hinter ihm die Tür schloß. Dann kam dies Ticken wieder in die Schläfen, alles schwankte und kreiste: und gerade vor ihrem Bett fiel ich zusammen … so … so wie der Amokläufer am Ende seines Laufs sinnlos niederfällt mit zersprengten Nerven.«

Wieder hielt er inne. Irgendwie fröstelte michs: war das erster Schauer des Morgenwinds, der jetzt leise sausend über das Schiff lief? Aber das gequälte Gesicht – nun schon halb erhellt vom Widerschein der Frühe – spannte sich wieder zusammen:

»Wie lang ich so auf der Matte gelegen hatte, weiß ich nicht. Da rührte michs an. Ich fuhr auf. Es war der Boy, der zaghaft mit seiner devoten Geste vor mir stand und mir unruhig in den Blick sah.

›Es will jemand herein … will sie sehen …‹

›Niemand darf herein.‹

›Ja … aber …‹

Seine Augen waren erschreckt. Er wollte etwas sagen und wagte es doch nicht. Das treue Tier litt irgendwie eine Qual.

›Wer ist es?‹

Er sah mich zitternd an wie in Furcht vor einem Schlag. Und dann sagte er – er nannte keinen Namen … woher ist in solch einem niedern Wesen mit einmal so viel Wissen, wie kommt es, daß in manchen Sekunden ein unbeschreibliches Zartgefühl derlei ganz dumpfe Menschen beseelt? … dann sagte er … ganz, ganz ängstlich …

›*Er* ist es.‹

Ich fuhr auf, verstand sofort und war sofort ganz Gier, ganz Ungeduld nach diesem Unbekannten. Denn sehen Sie, wie sonderbar … inmitten all dieser Qual, in diesem Fieber von Verlangen, von Angst und Hast hatte ich ganz ›ihn‹ vergessen … vergessen, daß da noch ein Mann im Spiel war … der Mann, den diese Frau geliebt, dem sie leidenschaftlich das gegeben, was sie mir verweigert … Vor zwölf, vor vierundzwanzig Stunden hätte ich diesen Mann noch gehaßt, ihn noch zerfleischen können … Jetzt … ich kann, ich kann Ihnen nicht schildern, wie es mich jagte, ihn zu sehen … ihn … zu lieben, weil sie ihn geliebt.

Mit einem Ruck war ich bei der Tür. Ein junger, ganz junger blonder Offizier stand dort, sehr linkisch, sehr schmal, sehr blaß. Wie ein Kind sah er aus, so … so rührend jung … und unsäglich erschütterte michs gleich, wie er sich mühte, Mann zu sein, Haltung zu zeigen … seine Erregung zu verbergen … Ich sah sofort, daß seine Hände zitterten, als er zur Mütze fuhr … Am liebsten hätte ich ihn umarmt … weil er ganz so war, wie ich mirs wünschte, daß der Mann sein sollte, der diese Frau besessen … kein Verführer, kein Hochmütiger … nein, ein halbes Kind, ein reines zärtliches Wesen, dem sie sich geschenkt.

Ganz befangen stand der junge Mensch vor mir. Mein gieriger Blick, mein leidenschaftlicher Aufsprung machten ihn noch mehr verwirrt. Das kleine Schnurrbärtchen über der Lippe zuckte verräterisch … dieser junge Offizier, dies Kind mußte sich bezwingen, um nicht herauszuschluchzen.

›Verzeihen Sie‹, sagte er dann endlich, ›ich hätte gerne Frau … gerne noch … gesehen.‹

Unbewußt, ganz ohne es zu wollen, legte ich ihm, dem Fremden, meinen Arm um die Schulter, führte ihn, wie man einen Kranken führt. Er sah mich erstaunt an mit einem unendlich warmen und dankbaren Blick … irgendein Verstehen unserer Gemeinschaft war schon in dieser Sekunde zwischen uns beiden … Wir gingen zu der Toten … Sie lag da, weiß, in den weißen Linnen – ich spürte, daß meine Nähe ihn noch bedrückte … so trat ich zurück, um ihn allein zu lassen mit ihr. Er ging langsam näher mit … mit so zuckenden, ziehenden Schritten … an seinen Schultern sah ichs, wie es in ihm wühlte und riß … er ging so wie … wie einer, der gegen einen ungeheuren Sturm geht … Und plötzlich brach er vor dem Bett in die Knie … genauso, wie ich hingebrochen war.

Ich sprang sofort vor, hob ihn empor und führte ihn zu einem Sessel. Er schämte sich nicht mehr, sondern schluchzte seine Qual heraus. Ich vermochte nichts zu sagen – nur mit der Hand strich ich ihm unbewußt über sein blondes, kindlich weiches Haar. Er griff nach meiner Hand … ganz lind und doch ängstlich … und mit einemmal fühlte ich seinen Blick an mir hängen …

›Sagen Sie mir die Wahrheit, Doktor‹, stammelte er, ›hat sie selbst Hand an sich gelegt?‹

›Nein‹, sagte ich.

›Und ist … ich meine … ist irgend … irgend jemand schuld an ihrem Tode?‹

›Nein‹, sagte ich wieder, obwohl mirs aufquoll in der Kehle, ihm entgegenzuschreien: ›Ich! Ich! Ich! … Und du! … Wir beide! Und ihr Trotz, ihr unseliger Trotz!‹ Aber ich hielt mich zurück. Ich wiederholte noch einmal: ›Nein … niemand hat schuld daran … es war ein Verhängnis!‹

›Ich kann es nicht glauben‹, stöhnte er, ›ich kann es nicht glauben. Sie war noch vorgestern auf dem Balle, sie lächelte, sie winkte mir zu. Wie ist das möglich, wie konnte das geschehen?‹

Ich erzählte eine lange Lüge. Auch ihm verriet ich ihr Geheimnis nicht. Wie zwei Brüder sprachen wir zusammen alle diese Tage, gleichsam überstrahlt von dem Gefühl, das uns verband … und das wir einander nicht anvertrauten, aber wir spürten einer vom andern, daß unser ganzes Leben an dieser Frau hing … Manchmal drängte sichs mir würgend an die Lippen, aber dann biß ich die Zähne zusammen – nie hat er erfahren, daß sie ein Kind von ihm trug … daß ich das Kind, sein Kind, hätte töten sollen, und daß sie es mit sich selbst in den Abgrund gerissen. Und doch sprachen wir nur von ihr in diesen Tagen, während deren ich mich bei ihm verbarg … denn – das hatte ich vergessen, Ihnen zu sagen – man suchte nach mir … Ihr Mann war gekommen, als der Sarg schon geschlossen war … er wollte den Befund nicht glauben … die Leute munkelten allerlei … und er suchte mich … Aber ich konnte es nicht ertragen, ihn zu sehen, ihn, von dem ich wußte, daß sie unter ihm gelitten … ich verbarg mich … vier Tage ging ich nicht aus dem Hause, gingen wir beide nicht aus der Wohnung … ihr Geliebter hatte mir unter einem falschen Namen einen Schiffsplatz genommen, damit ich flüchten könne … wie ein Dieb bin ich nachts auf das Deck geschlichen, daß niemand mich erkennt … Alles habe ich zurückgelassen, was ich besitze … mein Haus mit der ganzen Arbeit dieser sieben Jahre, mein Hab und Gut, alles steht offen für jeden, der es haben will … und die Herren von der Regierung haben mich wohl schon gestrichen, weil ich ohne Urlaub meinen Posten verließ … Aber ich konnte nicht leben mehr in diesem Haus, in dieser Stadt … in dieser Welt, wo alles mich an sie erinnert … wie ein Dieb bin ich geflohen in der Nacht … nur ihr zu entrinnen … nur zu vergessen … Aber … wie ich an Bord kam … nachts … mitternachts … mein Freund war mit mir … da … da … zogen sie gerade am

Kran etwas herauf … rechteckig, schwarz … ihren Sarg … hören Sie: ihren Sarg … sie hat mich hierher verfolgt, wie ich sie verfolgte … und ich mußte dabeistehen, mich fremd stellen, denn er, ihr Mann, war mit … er begleitet ihn nach England … vielleicht will er dort eine Autopsie machen lassen … er hat sie an sich gerissen … jetzt gehört sie wieder ihm … nicht uns mehr, uns … uns beiden … Aber ich bin noch da … ich gehe mit bis zur letzten Stunde … er wird, er darf es nie erfahren … ich werde ihr Geheimnis zu verteidigen wissen gegen jeden Versuch … gegen diesen Schurken, vor dem sie in den Tod gegangen ist … Nichts, nichts wird er erfahren … ihr Geheimnis gehört mir, nur mir allein …

Verstehen Sie jetzt … verstehen Sie jetzt … warum ich die Menschen nicht sehen kann … ihr Gelächter nicht hören … wenn sie flirten und sich paaren … denn da drunten … drunten im Lagerraum zwischen Teeballen und Paranüssen steht der Sarg verstaut … Ich kann nicht hin, der Raum ist versperrt … aber ich weiß es mit allen meinen Sinnen, weiß es in jeder Sekunde … auch wenn sie hier Walzer spielen und Tango … es ist ja dumm, das Meer da schwemmt über Millionen Tote, auf jedem Fußbreit Erde, den man tritt, fault eine Leiche … aber doch, ich kann es nicht ertragen, ich kann es nicht ertragen, wenn sie Maskenbälle geben und so geil lachen … diese Tote, ich spüre sie, und ich weiß, was sie von mir will … ich weiß es, ich habe noch eine Pflicht … ich bin noch nicht zu Ende … noch ist ihr Geheimnis nicht gerettet … sie gibt mich noch nicht frei …

Vom Mittelschiff kamen schlurfende Schritte, klatschende Laute: Matrosen begannen das Deck zu scheuern. Er fuhr auf wie ertappt: sein zerspanntes Gesicht bekam einen ängstlichen Zug. Er stand auf und murmelte: »Ich gehe schon … ich gehe schon.«

Es war eine Qual, ihn anzuschauen: seinen verwüsteten

Blick, die gedunsenen Augen, rot von Trinken oder Tränen. Er wich meiner Anteilnahme aus: ich spürte aus seinem geduckten Wesen Scham, unendliche Scham, sich verraten zu haben an mich, an diese Nacht. Unwillkürlich sagte ich:

»Darf ich vielleicht nachmittags zu Ihnen in die Kabine kommen …«

Er sah mich an – ein höhnischer, harter, zynischer Zug zerrte an seinen Lippen, etwas Böses stieß und verkrümmte jedes Wort.

»Aha … Ihre famose Pflicht, zu helfen … aha … Mit der Maxime haben Sie mich ja glücklich zum Schwatzen gebracht. Aber nein, mein Herr, ich danke. Glauben Sie ja nicht, daß mir jetzt leichter sei, seit ich mir die Eingeweide vor Ihnen aufgerissen habe bis zum Kot in meinen Därmen. Mein verpfuschtes Leben kann mir keiner mehr zusammenflicken … ich habe eben umsonst der verehrlichen holländischen Regierung gedient … die Pension ist futsch, ich komme als armer Hund nach Europa zurück … ein Hund, der hinter einem Sarg herwinselt … man läuft nicht lange ungestraft Amok, am Ende schlägts einen doch nieder, und ich hoffe, ich bin bald am Ende … Nein, danke, mein Herr, für Ihren gütigen Besuch … ich habe schon in der Kabine meine Gefährten … ein paar gute alte Flaschen Whisky, die trösten mich manchmal, und dann meinen Freund von damals, an den ich mich leider nicht rechtzeitig gewandt habe, meinen braven Browning … der hilft schließlich besser als alles Geschwätz … Bitte, bemühen Sie sich nicht … das einzige Menschenrecht, das einem bleibt, ist doch: zu krepieren wie man will … und dabei ungeschoren zu bleiben von fremder Hilfe.«

Er sah mich noch einmal höhnisch … ja herausfordernd an, aber ich spürte: es war nur Scham, grenzenlose Scham. Dann duckte er die Schultern, wandte sich um, ohne zu grüßen, und ging merkwürdig schief und schlurfend über das schon helle Vorderdeck den Kabinen zu. Ich habe ihn nicht mehr gesehen. Vergebens suchte ich ihn nachts und die nächste Nacht an der gewohnten Stelle. Er blieb verschwunden, und ich hätte an einen Traum geglaubt oder an eine phantastische Erscheinung, wäre mir nicht inzwischen unter den Passagieren ein anderer aufgefallen mit einem Trauerflor um den Arm, ein holländischer Großkaufmann, der, wie man mir bestätigte, eben seine Frau an einer Tropenkrankheit verloren hatte. Ich sah ihn ernst und gequält abseits von den andern auf und ab gehen, und der Gedanke, daß ich um seine geheimste Sorge wußte, gab mir eine geheimnisvolle Scheu: ich bog immer zur Seite, wenn er vorüberkam, um nicht mit einem Blick zu verraten, daß ich mehr von seinem Schicksal wußte als er selbst.

Im Hafen von Neapel ereignete sich dann jener merkwürdige Unfall, dessen Deutung ich in der Erzählung des Fremden zu finden glaube. Die meisten Passagiere waren abends von Bord gegangen, ich selbst in die Oper und dann noch in eines der hellen Cafés an der Via Roma. Als wir mit einem Ruderboot zu dem Dampfer zurückkehrten, fiel mir schon auf, daß einige Boote mit Fackeln und Azetylenlampen das Schiff suchend umkreisten, und oben am dunklen Bord war ein geheimnisvolles Gehen und Kommen von Carabinieris und Gendarmerie. Ich fragte einen Matrosen, was geschehen sei. Er wich in einer Weise aus, die sofort zeigte, daß Auftrag zum Schweigen gegeben sei, und auch am nächsten Tage, als das Schiff wieder friedfertig und ohne Spur eines Zwischenfalles nach Genua weiterfuhr, war nichts an Bord zu erfahren. Erst in den italienischen Zeitungen las ich dann, romantisch ausgeschmückt, von jenem angeblichen Unfall im Hafen von Neapel. In jener Nacht sollte, so schrieben sie, in unbelebter Stunde, um die Passagiere nicht durch den Anblick zu beunruhigen, der Sarg einer vornehmen Dame aus den holländischen Kolonien von Bord des Schiffes auf ein Boot gebracht werden, und man ließ ihn eben in Gegenwart des Gatten die Strickleiter herab, als irgend etwas Schweres vom hohen Bord niederstürzte und den Sarg mit den Trägern und dem Gatten, die ihn gemeinsam niederhißten, mit sich in die Tiefe riß. Eine Zeitung behauptete, es sei ein Irrsinniger gewesen, der sich die Treppe hinab auf die Strickleiter gestürzt habe, eine andere beschönigte, die Leiter sei von selbst unter dem übergroßen Gewicht gerissen: jedenfalls schien die Schiffahrtsgesellschaft alles getan zu haben, um den genauen Sachverhalt zu verschleiern. Man rettete nicht ohne Mühe die Träger und den Gatten der Verstorbenen mit Booten aus dem Wasser, der Bleisarg aber ging sofort in die Tiefe und konnte nicht mehr geborgen werden. Daß gleichzeitig in einer andern Notiz kurz erwähnt wurde, es sei die Leiche eines etwa vierzigjährigen Mannes im Hafen angeschwemmt worden, schien für die Öffentlichkeit in keinem Zusammenhang mit dem romantisch reportierten Unfall zu stehen; mir aber war, kaum daß ich die flüchtige Zeile gelesen, als starre plötzlich hinter dem papierenen Blatt das mondweiße Antlitz mit den glitzernden Brillengläsern mir noch einmal gespenstisch entgegen.

Die unsichtbare Sammlung

Eine Episode aus der deutschen Inflation

Zwei Stationen hinter Dresden stieg ein älterer Herr in unser Coupé, grüßte höflich und nickte mir dann, aufblickend, noch einmal ausdrücklich zu wie einem guten Bekannten. Ich vermochte mich seiner im ersten Augenblick nicht zu entsinnen; kaum er dann aber mit einem leichten Lächeln seinen Namen nannte, erinnerte ich mich sofort: er war einer der angesehensten Kunstantiquare Berlins, bei dem ich in Friedenszeit öfter alte Bücher und Autographen besehen und gekauft. Wir plauderten zunächst von gleichgültigen Dingen. Plötzlich sagte er unvermittelt:

»Ich muß Ihnen doch erzählen, woher ich gerade komme. Denn diese Episode ist so ziemlich das Sonderbarste, was mir altem Kunstkrämer in den siebenunddreißig Jahren meiner Tätigkeit begegnet ist. Sie wissen wahrscheinlich selbst, wie es im Kunsthandel jetzt zugeht, seit sich der Wert des Geldes wie Gas verflüchtigt: die neuen Reichen haben plötzlich ihr Herz entdeckt für gotische Madonnen und Inkunabeln und alte Stiche und Bilder; man kann ihnen gar nicht genug herzaubern, ja wehren muß man sich sogar, daß einem nicht Haus und Stube kahl ausgeräumt wird. Am liebsten kauften sie einem noch den Manschettenknopf vom Ärmel weg und die Lampe vom Schreibtisch. Da wird es nun eine immer härtere Not, stets neue Ware herbeizuschaffen – verzeihen Sie, daß ich für diese Dinge, die unsereinem sonst etwas Ehrfürchtiges bedeuten, plötzlich Ware sage –, aber diese üble Rasse hat einen ja selbst daran gewöhnt, einen wunderbaren Venezianer Wiegendruck nur als Überzug von soundsoviel

Dollars zu betrachten und eine Handzeichnung des Guercino als Inkarnation von ein paar Hundertfrankenscheinen. Gegen die penetrante Eindringlichkeit dieser plötzlichen Kaufwütigen hilft kein Widerstand. Und so war ich über Nacht wieder einmal ganz ausgepowert und hätte am liebsten die Rolladen heruntergelassen, so schämte ich mich, in unserem alten Geschäft, das schon mein Vater vom Großvater übernommen, nur noch erbärmlichen Schund herumkümmeln zu sehen, den früher kein Straßentrödler im Norden sich auf den Karren gelegt hätte.

In dieser Verlegenheit kam ich auf den Gedanken, unsere alten Geschäftsbücher durchzusehen, um einstige Kunden aufzustöbern, denen ich vielleicht ein paar Dubletten wieder abluchsen könnte. Eine solche alte Kundenliste ist immer eine Art Leichenfeld, besonders in jetziger Zeit, und sie lehrte mich eigentlich nicht viel: die meisten unserer früheren Käufer hatten längst ihren Besitz in Auktionen abgeben müssen oder waren gestorben, und von den wenigen Aufrechten war nichts zu erhoffen. Aber da stieß ich plötzlich auf ein ganzes Bündel Briefe von unserm wohl ältesten Kunden, der mir nur darum aus dem Gedächtnis gekommen war, weil er seit Anbruch des Weltkrieges, seit 1914, sich nie mehr mit irgendeiner Bestellung oder Anfrage an uns gewandt hatte. Die Korrespondenz reichte – wahrhaftig keine Übertreibung! – auf beinahe sechzig Jahre zurück; er hatte schon von meinem Vater und Großvater gekauft, dennoch konnte ich mich nicht entsinnen, daß er in den siebenunddreißig Jahren meiner persönlichen Tätigkeit jemals unser Geschäft betreten hätte. Alles deutete darauf hin, daß er ein sonderbarer, altväterischer, skurriler Mensch gewesen sein mußte, einer jener verschollenen Menzel- oder Spitzweg-Deutschen, wie sie sich noch knapp bis in unsere Zeit hinein in kleinen Provinzstädten als seltene Unika hier und da erhalten haben. Seine Schriftstücke waren Kalligraphika, säuberlich geschrieben, die Beträge mit dem Lineal und roter Tinte unterstrichen, auch wiederholte er immer zweimal die Ziffer, um ja keinen Irrtum zu erwecken: dies sowie die ausschließliche Verwendung von abgelösten Respektblättern und Sparkuverts deuteten auf die Kleinlichkeit und fanatische Sparwut eines rettungslosen Provinzlers. Unterzeichnet waren diese sonderbaren Dokumente außer mit seinem Namen stets noch mit dem umständlichen Titel: Forst- und Ökonomierat a. D., Leutnant a. D., Inhaber des Eisernen Kreuzes erster Klasse. Als Veteran aus dem siebziger Jahr mußte er also, wenn er noch lebte, zumindest seine guten achtzig Jahre auf dem Rücken haben. Aber dieser skurrile, lächerliche Sparmensch zeigte als Sammler alter Graphiken eine ganz ungewöhnliche Klugheit, vorzügliche Kenntnis und feinsten Geschmack: wie ich mir so langsam seine Bestellungen aus beinahe sechzig Jahren zusammenlegte, deren erste noch auf Silbergroschen lautete, wurde ich gewahr, daß sich dieser kleine Provinzmann in den Zeiten, da man für einen Taler noch ein Schock schönster deutscher Holzschnitte kaufen konnte, ganz im stillen eine Kupferstichsammlung zusammengetragen haben mußte, die wohl neben den lärmend genannten der neuen Reichen in höchsten Ehren bestehen konnte. Denn schon was er bei uns allein in kleinen Mark- und Pfennigbeträgen im Laufe eines halben Jahrhunderts erstanden hatte, stellte heute einen erstaunlichen Wert dar, und außerdem ließ sich's erwarten, daß er auch bei Auktionen und anderen Händlern nicht minder wohlfeil gescheffelt. Seit 1914 war allerdings keine Bestellung mehr von ihm gekommen, ich jedoch wiederum zu vertraut mit allen Vorgängen im Kunsthandel, als daß mir die Versteigerung oder der geschlossene Verkauf eines solchen Stapels hätte entgehen können: so mußte dieser sonderbare Mensch wohl noch am Leben oder die Sammlung in den Händen seiner Erben sein.

Die Sache interessierte mich, und ich fuhr sofort am nächsten Tage, gestern abend, direkt drauflos, geradeswegs in eine der unmöglichsten Provinzstädte, die es in Sachsen gibt; und wie ich so vom kleinen Bahnhof durch die Hauptstraße schlenderte, schien es mir fast unmöglich, daß da, inmitten dieser banalen Kitschhäuser mit ihrem Kleinbürgerplunder, in irgendeiner dieser Stuben ein Mensch wohnen sollte, der die herrlichsten Blätter Rembrandts neben Stichen Dürers und Mantegnas in tadelloser Vollständigkeit besitzen könnte. Zu meinem Erstaunen erfuhr ich aber im Postamt auf die Frage, ob hier ein Forst- oder Ökonomierat dieses Namens wohne, daß tatsächlich der alte Herr noch lebe, und machte mich – offen gestanden, nicht ohne etwas Herzklopfen – noch vor Mittag auf den Weg zu ihm.

Ich hatte keine Mühe seine Wohnung zu finden. Sie war im zweiten Stock eines jener sparsamen Provinzhäuser, die irgendein spekulativer Maurerarchitekt in den sechziger Jahren hastig aufgekellert haben mochte. Den ersten Stock bewohnte ein biederer Schneidermeister, links glänzte im zweiten Stock das Schild eines Postverwalters, rechts endlich das Porzellantäfelchen mit dem Namen des Forst- und Ökonomierates. Auf mein zaghaftes Läuten trat sofort eine ganz alte, weißhaarige Frau mit sauberem schwarzen Häubchen auf. Ich überreichte ihr meine Karte und fragte, ob Herr Forstrat zu sprechen sei. Erstaunt und mit einem gewissen Mißtrauen sah sie zuerst mich und dann die Karte an: in diesem weltverlorenen Städtchen, in diesem altväterischen Haus schien ein Besuch von außen her ein Ereignis zu sein. Aber sie bat mich freundlich zu warten, nahm die Karte, ging hinein ins Zimmer; leise hörte ich sie flüstern und dann plötzlich eine laute, polternde Männerstimme: ›Ah, der Herr R… von Berlin, von dem großen Antiquariat… soll nur kommen, soll nur kommen… freue mich sehr!‹ Und schon trippelte das alte Mütterchen wieder heran und bat mich in die gute Stube.

Ich legte ab und trat ein. In der Mitte des bescheidenen Zimmers stand hochaufgerichtet ein alter, aber noch markiger Mann mit buschigem Schnurrbart in verschnürtem, halb militärischem Hausrock und hielt mir herzlich beide Hände entgegen. Doch dieser offenen Geste unverkennbar freudiger und spontaner Begrüßung widersprach eine merkwürdige Starre in seinem Dastehen. Er kam mir nicht einen Schritt entgegen, und ich mußte – ein wenig befremdet – bis an ihn heran, um seine Hand zu fassen. Doch als ich sie fassen wollte, merkte ich an der waagerecht unbeweglichen Haltung dieser Hände, daß sie die meinen nicht suchten, sondern erwarteten. Und im nächsten Augenblick wußte ich alles: dieser Mann war blind.

Schon von Kindheit an, immer war es mir unbehaglich, einem Blinden gegenüberzustehen, niemals konnte ich mich einer gewissen Scham und Verlegenheit erwehren, einen Menschen ganz als lebendig zu fühlen und gleichzeitig zu wissen, daß er mich nicht so fühlte wie ich ihn. Auch jetzt hatte ich ein erstes Erschrecken zu überwinden, als ich diese toten, starr ins Leere hineingestellten Augen unter den aufgesträubten weißbuschigen Brauen sah. Aber der Blinde ließ mir nicht lange Zeit zu solcher Befremdung, denn kaum daß meine Hand die seine berührte, schüttelte er sie auf das kräftigste und erneute den Gruß mit stürmischer, behaglich-polternder Art. ›Ein seltener Besuch‹, lachte er mir breit entgegen, ›wirklich ein Wunder, daß sich einmal einer der Berliner großen Herren in unser Nest verirrt … Aber da heißt es vorsichtig sein, wenn sich einer der Herren Händler auf die Bahn setzt … Bei uns zu Hause sagt man immer: Tore und Taschen zu, wenn die Zigeuner kommen … Ja, ich kann mirs schon denken, warum Sie mich aufsuchen … Die Geschäfte gehen jetzt schlecht in unserem armen, heruntergekommenen Deutschland, es gibt keine Käufer mehr, und da besinnen sich die großen Herren wieder einmal auf ihre alten Kunden und suchen ihre Schärflein auf... Aber bei mir, fürchte ich, werden Sie kein Glück haben, wir armen, alten Pensionisten sind froh, wenn wir unser Stück Brot auf dem Tische haben. Wir können nicht mehr mittun bei den irrsinnigen Preisen, die ihr jetzt macht... unsereins ist ausgeschaltet für immer.‹

Ich berichtigte sofort, er habe mich mißverstanden, ich sei nicht gekommen, ihm etwas zu verkaufen, ich sei nur gerade hier in der Nähe gewesen und hätte die Gelegenheit nicht versäumen wollen, ihm als vieljährigem Kunden unseres Hauses und einem der größten Sammler Deutschlands meine Aufwartung zu machen. Kaum hatte ich das Wort ›einer der größten Sammler Deutschlands‹ ausgesprochen, so ging eine seltsame Verwandlung im Gesichte des alten Mannes vor. Noch immer stand er aufrecht und starr inmitten des Zimmers, aber jetzt kam ein Ausdruck plötzlicher Helligkeit und innersten Stolzes in seine Haltung, er wandte sich in die Richtung, wo er seine Frau vermutete, als wollte er sagen: ›Hörst du‹, und voll Freudigkeit in der Stimme, ohne eine Spur jenes militärisch barschen Tones, in dem er sich noch eben gefallen, sondern weich, geradezu zärtlich, wandte er sich zu mir:

›Das ist wirklich sehr, sehr schön von Ihnen... Aber Sie sollen auch nicht umsonst gekommen sein. Sie sollen etwas sehen, was Sie nicht jeden Tag zu sehen bekommen, selbst nicht in Ihrem protzigen Berlin... ein paar Stücke, wie sie nicht schöner in der ›Albertina‹ und in dem gottverfluchten Paris zu finden sind... Ja, wenn man sechzig Jahre sammelt, da kommen allerhand Dinge zustande, die sonst nicht gerade auf der Straße liegen. Luise, gib mir mal den Schlüssel zum Schrank!‹

Jetzt aber geschah etwas Unerwartetes. Das alte Mütterchen, das neben ihm stand und höflich, mit einer lächelnden, leise lauschenden Freundlichkeit an unserem Gespräch teilgenommen, hob plötzlich zu mir bittend beide Hände auf, und gleichzeitig machte sie mit dem Kopfe eine heftige verneinende Bewegung, ein Zeichen, das ich zunächst nicht verstand. Dann erst ging sie auf ihren Mann zu und legte ihm leicht beide Hände auf die Schulter: ›Aber Herwarth‹, mahnte sie, ›du fragst ja den Herrn gar nicht, ob er jetzt Zeit hat, die Sammlung zu besehen, es geht doch schon auf Mittag. Und nach Tisch mußt du eine Stunde ruhen, das hat der Arzt ausdrücklich verlangt. Ist es nicht besser, du zeigst dem Herrn alle die Sachen nach Tisch, und wir trinken dann gemeinsam Kaffee? Dann ist auch Annemarie hier, die versteht ja alles viel besser und kann dir helfen!‹

Und nochmals, kaum daß sie die Worte ausgesprochen hatte, wiederholte sie gleichsam über den Ahnungslosen hinweg jene bittend eindringliche Gebärde. Nun verstand ich sie. Ich wußte, daß sie wünschte, ich solle eine sofortige Besichtigung ablehnen, und erfand schnell eine Verabredung zu Tisch. Es wäre mir ein Vergnügen und eine Ehre, seine Sammlung besehen zu dürfen, aber dies sei mir kaum vor drei Uhr möglich, dann aber würde ich mich gern einfinden.

Ärgerlich wie ein Kind, dem man sein liebstes Spielzeug genommen, wandte sich der alte Mann herum. ›Natürlich‹, brummte er, ›die Herrn Berliner, die haben nie für was Zeit. Aber diesmal werden Sie sich schon Zeit nehmen müssen, denn das sind nicht drei oder fünf Stücke, das sind siebenundzwanzig Mappen, jede für einen anderen Meister, und keine davon halb leer. Also um drei Uhr; aber pünktlich sein, wir werden sonst nicht fertig.‹

Wieder streckte er mir die Hand ins Leere entgegen. ›Passen Sie auf. Sie dürfen sich freuen – oder ärgern. Und je mehr Sie sich ärgern, desto mehr freue ich mich. So sind wir Sammler ja schon: alles für uns selbst und nichts für die andern!‹ Und nochmals schüttelte er mir kräftig die Hand.

Das alte Frauchen begleitete mich zur Tür. Ich hatte ihr

schon die ganze Zeit eine gewisse Unbehaglichkeit angemerkt, einen Ausdruck verlegener Ängstlichkeit. Nun aber, schon knapp am Ausgang, stotterte sie mit einer ganz niedergedrückten Stimme: ›Dürfte Sie … dürfte Sie … meine Tochter Annemarie abholen, ehe Sie zu uns kommen? … Es ist besser aus … aus mehreren Gründen … Sie speisen doch wohl im Hotel?‹

›Gewiß, ich werde mich freuen, es wird mir ein Vergnügen sein‹, sagte ich.

Und tatsächlich, eine Stunde später, als ich in der kleinen Gaststube des Hotels am Marktplatz die Mittagsmahlzeit gerade beendet hatte, trat ein ältliches Mädchen, einfach gekleidet, mit suchendem Blick ein. Ich ging auf sie zu, stellte mich vor und erklärte mich bereit, gleich mitzugehen, um die Sammlung zu besichtigen. Aber mit einem plötzlichen Erröten und der gleichen wirren Verlegenheit, die ihre Mutter gezeigt hatte, bat sie mich, ob sie nicht zuvor noch einige Worte mit mir sprechen könnte. Und ich sah sofort, es wurde ihr schwer. Immer, wenn sie sich einen Ruck gab und zu sprechen versuchte, stieg diese unruhige, diese flatternde Röte ihr bis zur Stirn empor, und die Hand verbastelte sich im Kleid. Endlich begann sie, stockend und immer wieder von neuem verwirrt:

›Meine Mutter hat mich zu Ihnen geschickt … Sie hat mir alles erzählt, und … wir haben eine große Bitte an Sie … Wir möchten Sie nämlich informieren, ehe Sie zu Vater kommen … Vater wird Ihnen natürlich seine Sammlung zeigen wollen, und die Sammlung … die Sammlung … ist nicht mehr ganz vollständig … es fehlen eine Reihe Stücke daraus … leider sogar ziemlich viele …‹

Wieder mußte sie Atem holen, dann sah sie mich plötzlich an und sagte hastig:

›Ich muß ganz aufrichtig mit Ihnen reden … Sie kennen die Zeit, Sie werden alles verstehen … Vater ist nach dem

Ausbruch des Krieges vollkommen erblindet. Schon vorher war seine Sehkraft öfter gestört, die Aufregung hat ihn dann gänzlich des Lichtes beraubt – er wollte nämlich durchaus, trotz seiner sechsundsiebzig Jahre, noch nach Frankreich mit, und als die Armee nicht gleich wie 1870 vorwärtskam, da hat er sich entsetzlich aufgeregt, und da ging es furchtbar rasch abwärts mit seiner Sehkraft. Sonst ist er ja noch vollkommen rüstig, er konnte bis vor kurzem noch stundenlang gehen, sogar auf seine geliebte Jagd. Jetzt ist es aber mit seinen Spaziergängen aus, und da blieb als einzige Freude ihm die Sammlung, die sieht er sich jeden Tag an ... das heißt, er sieht sie ja nicht, er sieht ja nichts mehr, aber er holt sich doch jeden Nachmittag alle Mappen hervor, um wenigstens die Stücke anzutasten, eins nach dem andern, in der immer gleichen Reihenfolge, die er seit Jahrzehnten auswendig kennt ... Nichts anderes interessiert ihn heute mehr, und ich muß ihm immer aus der Zeitung vorlesen von allen Versteigerungen, und je höhere Preise er hört, desto glücklicher ist er ... denn ... das ist ja das Furchtbare, Vater versteht nichts mehr von den Preisen und von der Zeit ... er weiß nicht, daß wir alles verloren haben und daß man von seiner Pension nicht mehr zwei Tage im Monat leben kann ... dazu kam noch, daß der Mann meiner Schwester gefallen ist und sie mit vier kleinen Kindern zurückblieb ... Doch Vater weiß nichts von allen unseren materiellen Schwierigkeiten. Zuerst haben wir gespart, noch mehr gespart als früher, aber das half nichts. Dann begannen wir zu verkaufen – wir rührten natürlich nicht an seine geliebte Sammlung ... Man verkaufte das bißchen Schmuck, das man hatte, doch, mein Gott, was war das, hatte doch Vater seit sechzig Jahren jeden Pfennig, den er erübrigen konnte, einzig für seine Blätter ausgegeben. Und eines Tages war nichts mehr da ... wir wußten nicht weiter ... und da ... da ... haben Mutter und ich ein Stück verkauft. Vater hätte es nie erlaubt, er weiß ja nicht, wie schlecht es geht, er ahnt nicht, wie schwer es ist, im Schleichhandel das bißchen Nahrung aufzutreiben, er weiß auch nicht, daß wir den Krieg verloren haben und daß Elsaß und Lothringen abgetreten sind, wir lesen ihm aus der Zeitung alle diese Dinge nicht mehr vor, damit er sich nicht erregt.

Es war ein sehr kostbares Stück, das wir verkauften, eine Rembrandt-Radierung. Der Händler bot uns viele, viele tausend Mark dafür, und wir hofften, damit auf Jahre versorgt zu sein. Aber Sie wissen ja, wie das Geld einschmilzt… Wir hatten den ganzen Rest auf die Bank gelegt, doch nach zwei Monaten war alles weg. So mußten wir noch ein Stück verkaufen und noch eins, und der Händler sandte das Geld immer so spät, daß es schon entwertet war. Dann versuchten wir es bei Auktionen, aber auch da betrog man uns trotz den Millionenpreisen… Bis die Millionen zu uns kamen, waren sie immer schon wertloses Papier. So ist allmählich das Beste seiner Sammlung bis auf ein paar gute Stücke weggewandert, nur um das nackte, kärglichste Leben zu fristen, und Vater ahnt nichts davon.

Deshalb erschrak auch meine Mutter so, als Sie heute kamen… denn wenn er Ihnen die Mappen aufmacht, so ist alles verraten… wir haben ihm nämlich in die alten Passepartouts, deren jedes er beim Anfühlen kennt, Nachdrucke oder ähnliche Blätter statt der verkauften eingelegt, so daß er nichts merkt, wenn er sie antastet. Und wenn er sie nur antasten und nachzählen kann (er hat die Reihenfolge genau in Erinnerung), so hat er genau dieselbe Freude, als wenn er sie früher mit seinen offenen Augen sah. Sonst ist ja niemand in diesem kleinen Städtchen, den Vater je für würdig gehalten hätte, ihm seine Schätze zu zeigen… und er liebt jedes einzelne Blatt mit einer so fanatischen Liebe, ich glaube, das Herz würde ihm brechen, wenn er ahnte, daß alles das unter seinen Händen längst weggewandert ist. Sie sind der erste in all diesen Jahren, seit der frühere Vorstand des Dresdner Kupferstichkabinetts tot ist, dem er seine Mappen zu zeigen meint. Darum bitte ich Sie …‹

Und plötzlich hob das alternde Mädchen die Hände auf, und ihre Augen schimmerten feucht.

›… bitten wir Sie … machen Sie ihn nicht unglücklich … nicht uns unglücklich … zerstören Sie ihm nicht diese letzte Illusion, helfen Sie uns, ihm glauben zu machen, daß alle diese Blätter, die er Ihnen beschreiben wird, noch vorhanden sind … er würde es nicht überleben, wenn er es nur mutmaßte. Vielleicht haben wir ein Unrecht an ihm getan, aber wir konnten nicht anders: man mußte leben … und Menschenleben, vier verwaiste Kinder, wie die meiner Schwester, sind doch wichtiger als bedruckte Blätter … Bis zum heutigen Tage haben wir ihm ja auch keine Freude genommen damit; er ist glücklich, jeden Nachmittag drei Stunden seine Mappen durchblättern zu dürfen, mit jedem Stück wie mit einem Menschen zu sprechen. Und heute … heute wäre vielleicht sein glücklichster Tag, wartete er doch seit Jahren darauf, einmal einem Kenner seine Lieblinge zeigen zu dürfen; bitte … ich bitte Sie mit aufgehobenen Händen, zerstören Sie ihm diese Freude nicht!‹

Das war alles so erschütternd gesagt, wie es mein Nacherzählen gar nicht ausdrücken kann. Mein Gott, als Händler hat man ja viele dieser niederträchtig ausgeplünderten, von der Inflation hundsföttisch betrogenen Menschen gesehen, denen kostbarster jahrhundertealter Familienbesitz um ein Butterbrot weggegaunert worden war – aber hier schuf das Schicksal ein Besonderes, das mich besonders ergriff. Selbstverständlich versprach ich ihr, zu schweigen und mein Bestes zu tun.

Wir gingen nun zusammen hin – unterwegs erfuhr ich noch voll Erbitterung, mit welchen Kinkerlitzchen von Beträgen man diese armen, unwissenden Frauen betrogen hatte, aber das festigte nur meinen Entschluß, ihnen bis zum Letzten zu helfen. Wir gingen die Treppe hinauf, und kaum daß wir die Türe aufklinkten, hörten wir von der Stube drinnen schon die freudig-polternde Stimme des alten Mannes: ›Herein! Herein!‹ Mit der Feinhörigkeit eines Blinden mußte er unsere Schritte schon von der Treppe vernommen haben.

›Herwarth hat heute gar nicht schlafen können vor Ungeduld, Ihnen seine Schätze zu zeigen‹, sagte lächelnd das alte Mütterchen. Ein einziger Blick ihrer Tochter hatte sie bereits über mein Einverständnis beruhigt. Auf dem Tische lagen ausgebreitet und wartend die Stöße von Mappen, und kaum daß der Blinde meine Hand fühlte, faßte er schon ohne weitere Begrüßung meinen Arm und drückte mich auf den Sessel.

›So, und jetzt wollen wir gleich anfangen – es ist viel zu sehen, und die Herren aus Berlin haben ja niemals Zeit. Diese erste Mappe da ist Meister Dürer und, wie Sie sich überzeugen werden, ziemlich komplett – dabei ein Exemplar schöner als das andere. Na, Sie werden ja selber urteilen, da sehen Sie einmal!‹ – er schlug das erste Blatt der Mappe auf – ›das große Pferd‹.

Und nun entnahm er mit jener zärtlichen Vorsicht, wie man sonst etwas Zerbrechliches berührt, mit ganz vorsichtig anfassenden schonenden Fingerspitzen der Mappe ein Passepartout, in dem ein leeres vergilbtes Papierblatt eingerahmt lag, und hielt den wertlosen Wisch begeistert vor sich hin. Er sah es an, minutenlang, ohne doch wirklich zu sehen, aber er hielt ekstatisch das leere Blatt mit ausgespreizter Hand in Augenhöhe, sein ganzes Gesicht drückte magisch die angespannte Geste eines Schauenden aus. Und in seine Augen, die starren mit ihren toten Sternen, kam mit einem Male – schuf dies der Reflex des Papiers oder ein Glanz von innen her? – eine spiegelnde Helligkeit, ein wissendes Licht.

›Nun‹, sagte er stolz, ›haben Sie schon jemals einen

schöneren Abzug gesehen? Wie scharf, wie klar da jedes Detail herauswächst – ich habe das Blatt verglichen mit dem Dresdner Exemplar, aber das wirkte ganz flau und stumpf dagegen. Und dazu das Pedigree! Da‹ – und er wandte das Blatt um und zeigte mit dem Fingernagel auf der Rückseite haargenau auf einzelne Stellen des leeren Blattes, so daß ich unwillkürlich hinsah, ob die Zeichen nicht doch noch da waren – ›da haben Sie den Stempel der Sammlung Nagler, hier den von Remy und Esdaile; die haben auch nicht geahnt, diese illustren Vorbesitzer, daß ihr Blatt einmal hierher in die kleine Stube käme.‹

Mir lief es kalt über den Rücken, als der Ahnungslose ein vollkommen leeres Blatt so begeistert rühmte, und es war gespenstisch mitanzusehen, wie er mit dem Fingernagel bis zum Millimeter genau auf alle die nur in seiner Phantasie noch vorhandenen unsichtbaren Sammlerzeichen hindeutete. Mir war die Kehle vor Grauen zugeschnürt, ich wußte nichts zu antworten; aber als ich verwirrt zu den beiden aufsah, begegnete ich wieder den flehentlich aufgehobenen Händen der zitternden und aufgeregten alten Frau. Da faßte ich mich und begann mit meiner Rolle.

›Unerhört!‹ stammelte ich endlich heraus. ›Ein herrlicher Abzug.‹ Und sofort erstrahlte sein ganzes Gesicht vor Stolz. ›Das ist aber noch gar nichts‹, triumphierte er, ›da müssen Sie erst die ‚Melancholia' sehen oder da die ‚Passion', ein illuminiertes Exemplar, wie es kaum ein zweites Mal vorkommt in gleicher Qualität. Da sehen Sie nur‹ – und wieder strichen zärtlich seine Finger über eine imaginäre Darstellung hin – ›diese Frische, dieser körnige, warme Ton. Da würde Berlin kopfstehen mit allen seinen Herren Händlern und Museumsdoktoren.‹

Und so ging dieser rauschende, redende Triumph weiter, zwei ganze geschlagene Stunden lang. Nein, ich kann es Ihnen nicht schildern, wie gespenstisch das war, mit ihm diese hundert oder zweihundert leeren Papierfetzen oder schäbigen Reproduktionen anzusehen, die aber in der Erinnerung dieses tragisch Ahnungslosen so unerhört wirklich waren, daß er ohne Irrtum in fehlloser Aufeinanderfolge jedes einzelne mit den präzisesten Details rühmte und beschrieb: die unsichtbare Sammlung, die längst in alle Winde zerstreut sein mußte, sie war für diesen Blinden, für diesen rührend betrogenen Menschen, noch unverstellt da und die Leidenschaft seiner Vision so überwältigend, daß beinahe auch ich schon an sie zu glauben begann. Nur einmal unterbrach schreckhaft die Gefahr eines Erwachens die somnambule Sicherheit seiner schauenden Begeisterung: er hatte bei der Rembrandtschen ›Antiope‹ (einem Probeabzug, der tatsächlich einen unermeßlichen Wert gehabt haben mußte) wieder die Schärfe des Druckes gerühmt, und dabei war sein nervös hellsichtiger Finger, liebevoll nachzeichnend, die Linie des Eindruckes nachgefahren, ohne daß aber die geschärften Tastnerven jene Vertiefung auf dem fremden Blatte fanden. Da ging es plötzlich wie ein Schatten über seine Stirne hin, die Stimme verwirrte sich. ›Das ist doch … das ist doch die ‚Antiope'?‹ murmelte er, ein wenig verlegen, worauf ich mich sofort ankurbelte, ihm eilig das gerahmte Blatt aus den Händen nahm und die auch mir gewärtige Radierung in allen möglichen Einzelheiten begeistert beschrieb. Da entspannte sich das verlegen gewordene Gesicht des Blinden wieder. Und je mehr ich rühmte, desto mehr blühte in diesem knorrigen, vermorschten Manne eine joviale Herzlichkeit, eine bieder-heitere Innigkeit auf. ›Da ist einmal einer, der etwas versteht‹, jubelte er, triumphierend zu den Seinen hingewandt. ›Endlich, endlich einmal einer, von dem auch ihr hört, was meine Blätter da wert sind. Da habt ihr mich immer mißtrauisch gescholten, weil ich alles Geld in meine Sammlung gesteckt: es ist ja wahr, in sechzig Jahren kein Bier, keinen Wein, kein Tabak, keine Reise, kein Theater, kein Buch, nur immer gespart und gespart für diese Blätter. Aber ihr werdet einmal sehen, wenn ich nicht mehr da bin – dann seid ihr reich, reicher als alle in der Stadt, und so reich wie die Reichsten in Dresden, dann werdet ihr meiner Narrheit noch einmal froh sein. Doch solange ich lebe, kommt kein einziges Blatt aus dem Haus – erst müssen sie mich hinaustragen, dann erst meine Sammlung.‹

Und dabei strich seine Hand zärtlich, wie über etwas Lebendiges, über die längst geleerten Mappen – es war grauenhaft und doch gleichzeitig rührend für mich, denn in all den Jahren des Krieges hatte ich nicht einen so vollkommenen, so reinen Ausdruck von Seligkeit auf einem deutschen Gesichte gesehen. Neben ihm standen die Frauen, geheimnisvoll ähnlich den weiblichen Gestalten auf jener Radierung des deutschen Meisters, die, gekommen, um das Grab des Heilands zu besuchen, vor dem erbrochenen, leeren Gewölbe mit einem Ausdruck fürchtigen Schreckens und zugleich gläubiger, wunderfreudiger Ekstase stehen. Wie dort auf jenem Bilde die Jüngerinnen von der himmlischen Ahnung des Heilands, so waren diese beiden alternden, zermürbten, armseligen Kleinbürgerinnen angestrahlt von der kindlichseligen Freude des Greises, halb in Lachen, halb in Tränen, ein Anblick, wie ich ihn nie ähnlich erschütternd erlebt. Aber der alte Mann konnte nicht satt werden an meinem Lob, immer wieder häufte und wendete er die Mappen, durstig jedes Wort eintrinkend: so war es für mich eine Erholung, als endlich die lügnerischen Mappen zur Seite geschoben wurden und er widerstrebend den Tisch freigeben mußte für den Kaffee. Doch was war dies mein schuldbewußtes Aufatmen gegen die aufgeschwellte, tumultuöse Freudigkeit, gegen den Übermut des wie um dreißig Jahre verjüngten Mannes! Er erzählte tausend Anekdoten von seinen Käufen und Fischzügen, tappte, jede Hilfe abweisend, immer wieder auf, um noch und noch ein Blatt herauszuholen: wie von Wein war er übermütig und trunken. Als ich aber endlich sagte, ich müsse Abschied nehmen, erschrak er geradezu, tat verdrossen wie ein eigensinniges Kind und stampfte trotzig mit dem Fuße auf, das ginge nicht an, ich hätte kaum die Hälfte gesehen. Und die Frauen hatten harte Not, seinem starrsinnigen Unmut begreiflich zu machen, daß er mich nicht länger zurückhalten dürfe, weil ich meinen Zug versäume.

Als er sich endlich nach verzweifeltem Widerstand gefügt hatte und es an den Abschied ging, wurde seine Stimme ganz weich. Er nahm meine beiden Hände, und seine Finger strichen liebkosend mit der ganzen Ausdrucksfähigkeit eines Blinden an ihnen entlang bis zu den Gelenken, als wollten sie mehr von mir wissen und mir mehr Liebe sagen, als es Worte vermochten. ›Sie haben mir eine große, große Freude gemacht mit Ihrem Besuche‹, begann er mit einer von innen her aufgewühlten Erschütterung, die ich nie vergessen werde. ›Das war mir eine wirkliche Wohltat, endlich, endlich, endlich einmal wieder mit einem Kenner meine geliebten Blätter durchsehen zu können. Doch Sie sollen sehen, daß Sie nicht vergebens zu mir altem, blinden Manne gekommen sind. Ich verspreche Ihnen hier vor meiner Frau als Zeugin, daß ich in meine Verfügungen noch eine Klausel einsetzen will, die Ihrem altbewährten Hause die Auktion meiner Sammlung überträgt. Sie sollen die Ehre haben, diesen unbekannten Schatz‹ – und dabei legte er die Hand liebevoll auf die ausgeraubten Mappen – ›verwalten zu dürfen bis an den Tag, da er sich in die Welt zerstreut. Versprechen Sie mir nur, einen schönen Katalog zu machen: er soll mein Grabstein sein, ich brauche keinen besseren.‹

Ich sah auf Frau und Tochter, sie hielten sich eng zusammen, und manchmal lief ein Zittern hinüber von einer zur ändern, als wären sie ein einziger Körper, der da bebte in einmütiger Erschütterung. Mir selbst war es ganz feierlich zumute, da mir der rührend Ahnungslose seine unsichtbare, längst zerstobene Sammlung wie eine Kostbarkeit zur Verwaltung zuteilte. Ergriffen versprach ich ihm, was ich niemals erfüllen konnte; wieder ging ein Leuchten in den toten Augensternen auf, ich spürte, wie seine Sehnsucht von innen suchte, mich leibhaftig zu fühlen: ich spürte es an der Zärtlichkeit, an dem liebenden Anpressen seiner Finger, die die meinen hielten in Dank und Gelöbnis.

Die Frauen begleiteten mich zur Tür. Sie wagten nicht zu sprechen, weil seine Feinhörigkeit jedes Wort erlauscht hätte, aber wie heiß in Tränen, wie strömend voll Dankbarkeit strahlten ihre Blicke mich an! Ganz betäubt tastete ich mich die Treppe hinunter. Eigentlich schämte ich mich: da war ich wie der Engel des Märchens in eine Armeleutestube getreten, hatte einen Blinden sehend gemacht für eine Stunde nur dadurch, daß ich einem frommen Betrug Helferdienst bot und unverschämt log, ich, der in Wahrheit doch als ein schäbiger Krämer gekommen war, um ein paar kostbare Stükke jemandem listig abzujagen. Was ich aber mitnahm, war mehr: ich hatte wieder einmal reine Begeisterung lebendig spüren dürfen in dumpfer, freudloser Zeit, eine Art geistig durchleuchteter, ganz auf die Kunst gewandter Ekstase, wie sie unsere Menschen längst verlernt zu haben scheinen. Und mir war – ich kann es nicht anders sagen – ehrfürchtig zumute, obgleich ich mich noch immer schämte, ohne eigentlich zu wissen, warum.

Schon stand ich unten auf der Straße, da klirrte oben ein Fenster, und ich hörte meinen Namen rufen: wirklich, der alte Mann hatte es sich nicht nehmen lassen, mit seinen blinden Augen mir in der Richtung nachzusehen, in der er mich vermutete. Er beugte sich so weit vor, daß die beiden Frauen ihn vorsorglich stützen mußten, schwenkte sein Taschentuch und rief: ›Reisen Sie gut!‹ mit der heiteren, aufgefrischten Stimme eines Knaben. Unvergeßlich war mir der Anblick: dies frohe Gesicht des weißhaarigen Greises da oben im Fenster, hoch schwebend über all den mürrischen, gehetzten, geschäftigen Menschen der Straße, sanft aufgehoben aus unserer wirklichen widerlichen Welt von der weißen Wolke eines gütigen Wahns. Und ich mußte wieder an das alte wahre Wort denken – ich glaube, Goethe hat es gesagt –: ›Sammler sind glückliche Menschen.‹

Schachnovelle

Auf dem großen Passagierdampfer, der Mitternachts von New York nach Buenos Aires abgehen sollte, herrschte die übliche Geschäftigkeit und Bewegung der letzten Stunde. Gäste vom Land drängten durcheinander, um ihren Freunden das Geleit zu geben, Telegraphenboys mit schiefen Mützen schossen die Namen ausrufend durch die Gesellschaftsräume, Koffer und Blumen wurden geschleppt, Kinder liefen neugierig treppauf und treppab, während das Orchester unerschütterlich zur Deckshow spielte. Ich stand im Gespräch mit einem Bekannten etwas abseits von diesem Getümmel auf dem Promenadendeck, als neben uns zwei- oder dreimal Blitzlicht scharf aufsprühte – anscheinend war irgendein Prominenter knapp vor der Abfahrt noch rasch von Reportern interviewt und photographiert worden. Mein Freund blickte hin und lächelte. »Sie haben da einen raren Vogel an Bord, den Czentovic.« Und da ich offenbar ein ziemlich verständnisloses Gesicht zu dieser Mitteilung machte, fügte er erklärend bei: »Mirko Czentovic, der Weltschachmeister. Er hat ganz Amerika von Ost nach West mit Turnierspielen abgeklappert und fährt jetzt zu neuen Triumphen nach Argentinien.«

In der Tat erinnerte ich mich nun des Namens dieses jungen Weltmeisters und sogar einiger Einzelheiten im Zusammenhang mit seiner raketenhaften Karriere; mein Freund, ein aufmerksamerer Zeitungsleser als ich, konnte sie mit einer ganzen Reihe von Anekdoten ergänzen. Czentovic hatte sich vor etwa einem Jahr mit einem Schlag neben die bewährten Altmeister der Schachkunst, wie Aljechin, Capablanca, Tartakower, Lasker, Bogoljubow, gestellt; seit dem Auftreten des siebenjährigen Wunderkindes Rzecewski bei dem Schachturnier 1922 in New York hatte noch nie der Einbruch eines völlig Unbekannten in die ruhmreiche Gilde derart allgemeines Aufsehen erregt. Denn Czentovics intellektuelle Eigenschaften schienen ihm keineswegs solch eine blendende Karriere von vornherein zu weissagen. Bald sickerte das Geheimnis durch, daß dieser Schachmeister in seinem Privatleben außerstande war, in irgendeiner Sprache einen Satz ohne orthographischen Fehler zu schreiben und, wie einer seiner verärgerten Kollegen ingrimmig spottete, war »seine Unbildung auf allen Gebieten gleich universell«. Sohn eines blutarmen südslawischen Donauschiffers, dessen winzige Barke eines nachts von einem Getreidedampfer überrannt wurde, war der damals Zwölfjährige nach dem Tode seines Vaters vom Pfarrer des abgelegenen Ortes aus Mitleid aufgenommen worden, und der gute Pater bemühte sich redlich, durch häusliche Nachhilfe wettzumachen, was das maulfaule, dumpfe, breitstirnige Kind in der Dorfschule nicht zu erlernen vermochte.

Aber alle Anstrengungen blieben vergeblich. Mirko starrte die schon hundertmal ihm erklärten Schriftzeichen immer wieder fremd an; auch für die simpelsten Unterrichtsgegenstände fehlte seinem schwerfällig arbeitenden Gehirn jede festhaltende Kraft. Wenn er rechnen sollte, mußte er noch mit vierzehn Jahren jedesmal die Finger zu Hilfe nehmen, und ein Buch oder eine Zeitung zu lesen, bedeutete für den schon halbwüchsigen Jungen noch besondere Anstrengung. Dabei konnte man Mirko keineswegs unwillig oder widerspenstig nennen. Er tat gehorsam, was man ihm gebot, holte Wasser, spaltete Holz, arbeitete mit auf dem Felde, räumte die Küche auf und erledigte verläßlich, wenn auch mit verärgernder Langsamkeit, jeden geforderten Dienst. Was den guten Pfarrer aber an dem querköpfigen Knaben am meisten verdroß, war seine totale Teilnahmslosigkeit. Er tat nichts ohne besondere Aufforderung, stellte nie eine Frage, spielte nicht mit anderen Burschen und suchte von selbst keine Beschäftigung, sofern man sie nicht ausdrücklich anordnete; sobald Mirko die Verrichtungen des Haushalts erledigt hatte, saß er stur im Zimmer herum mit jenem leeren Blick, wie ihn Schafe auf der Weide haben, ohne an den Geschehnissen rings um ihn den geringsten Anteil zu nehmen. Während der Pfarrer abends, die lange Bauernpfeife schmauchend, mit dem Gendarmeriewachtmeister seine üblichen drei Schachpartien spielte, hockte der blondsträhnige dumpfe Bursche stumm daneben und starrte unter seinen schweren Lidern anscheinend schläfrig und gleichgültig auf das karierte Brett.

Eines Winterabends klingelten, während die beiden Partner in ihre tägliche Partie vertieft waren, von der Dorfstraße her die Glöckchen eines Schlittens rasch und immer rascher heran. Ein Bauer, die Mütze mit Schnee überstäubt, stapfte hastig herein, seine alte Mutter läge im Sterben, und der Pfarrer möge eilen, ihr noch rechtzeitig die letzte Ölung zu erteilen. Ohne zu zögern, folgte ihm der Priester. Der Gendarmeriewachtmeister, der sein Glas Bier noch nicht ausgetrunken hatte, zündete sich zum Abschied eine neue Pfeife an und bereitete sich eben vor, die schweren Schaftstiefel anzuziehen, als ihm auffiel, wie unentwegt der Blick Mirkos auf dem Schachbrett mit der angefangenen Partie haftete.

»Na, willst du sie zuende spielen?« spaßte er, vollkommen überzeugt, daß der schläfrige Junge nicht einen einzigen Stein auf dem Brett richtig zu rücken verstünde. Der Knabe starrte scheu auf, nickte dann und setzte sich auf den Platz des Pfarrers. Nach vierzehn Zügen war der Gendarmeriewachtmeister geschlagen und mußte zudem eingestehen, daß keineswegs ein versehentlich nachlässiger Zug seine Niederlage verschuldet habe. Die zweite Partie fiel nicht anders aus.

»Bileams Esel!« rief erstaunt bei seiner Rückkehr der Pfarrer aus, dem weniger bibelfesten Gendarmeriewachtmeister erklärend, schon vor zweitausend Jahren hätte sich ein ähnliches Wunder ereignet, daß ein stummes Wesen plötzlich die Sprache der Weisheit gefunden habe. Trotz der vorgerückten Stunde konnte der Pfarrer sich nicht enthalten, seinen halb analphabetischen Famulus zu einem Zweikampf herauszufordern. Mirko schlug auch ihn mit Leichtigkeit. Er spielte zäh, langsam, unerschütterlich, ohne ein einziges Mal die gesenkte breite Stirn vom Brette aufzuheben. Aber er spielte mit unwiderlegbarer Sicherheit; weder der Gendarmeriewachtmeister noch der Pfarrer waren in den nächsten Tagen imstande, eine Partie gegen ihn zu gewinnen. Der Pfarrer, besser als irgend jemand befähigt, die sonstige Rückständigkeit seines Zöglings zu beurteilen, wurde nun ernstlich neugierig, wie weit diese einseitige sonderbare Begabung einer strengeren Prüfung standhalten würde. Nachdem er Mirko bei dem Dorfbarbier die struppigen strohblonden Haare hatte schneiden lassen, uni ihn einigermaßen präsentabel zu machen, nahm er ihn in seinem Schlitten mit in die kleine Nachbarstadt, wo er im Kaffee des Hauptplatzes eine Ecke mit enragierten Schachspielern wußte, denen er selbst erfahrungsgemäß nicht gewachsen war. Es erregte bei der ansässigen Runde nicht geringes Staunen, als der Pfarrer den fünfzehnjährigen strohblonden und rotbackigen Burschen in seinem nach innen getragenen Schafpelz und schweren, hohen Schaftstiefeln in das Kaffeehaus schob, wo der Junge befremdet mit scheu niedergeschlagenen Augen in einer Ecke stehenblieb, bis man ihn zu einem der Schachtische hinrief. In der ersten Partie wurde Mirko geschlagen, da er die sogenannte sizilianische Eröffnung bei dem guten Pfarrer nie gesehen hatte. In der zweiten Partie kam er schon gegen den besten Spieler auf remis. Von der dritten und vierten an schlug er sie alle, einen nach dem anderen.

Nun ereignen sich in einer kleinen südslawischen Provinzstadt höchst selten aufregende Dinge; so wurde das erste Auftreten dieses bäuerlichen Champions für die versammelten Honoratioren unverzüglich zur Sensation. Einstimmig wurde beschlossen, der Wunderknabe müßte unbedingt noch bis zum nächsten Tage in der Stadt bleiben, damit man die anderen Mitglieder des Schachklubs zusammenrufen und vor allem den alten Grafen Simczic, einen Fanatiker des Schachspiels, auf seinem Schlosse verständigen könne. Der Pfarrer, der mit einem ganz neuen Stolz auf seinen Pflegling blickte, aber über seiner Entdeckerfreude doch seinen pflichtgemäßen Sonntagsgottesdienst nicht versäumen wollte, erklärte sich bereit, Mirko für eine weitere Probe zurückzulassen. Der junge Czentovic wurde auf Kosten der Schachecke im Hotel einquartiert und sah an diesem Abend zum ersten Mal ein Wasserklosett. Am folgenden Sonntagnachmittag war der Schachraum überfüllt. Mirko, unbeweglich vier Stunden vor dem Brett sitzend, besiegte, ohne ein Wort zu sprechen oder auch nur aufzuschauen, einen Spieler nach dem anderen; schließlich wurde eine Simultanpartie vorgeschlagen. Es dauerte eine Weile, ehe man dem Unbelehrten begreiflich machen konnte, daß bei einer Simultanpartie er allein gleichzeitig gegen die verschiedenen Spieler zu kämpfen hätte. Aber sobald Mirko diesen Usus begriffen, fand er sich rasch in die Aufgabe, ging mit seinen schweren, knarrenden Schuhen langsam von Tisch zu Tisch und gewann schließlich sieben von den acht Partien.

Nun begannen große Beratungen. Obwohl dieser neue Champion im strengeren Sinne nicht zur Stadt gehörte, war doch der heimische Nationalstolz lebhaft entzündet. Vielleicht konnte endlich die kleine Stadt, deren Vorhandensein auf der Landkarte kaum jemand bisher wahrgenommen, zum ersten Mal sich die Ehre erwerben, einen berühmten Mann in die Welt zu schicken. Ein Agent namens Koller, sonst nur Chansonetten und Sängerinnen für das Kabarett der Garnison vermittelnd, erklärte sich bereit, sofern man den Zuschuß für ein Jahr leiste, den jungen Menschen in Wien von einem ihm bekannten ausgezeichneten kleinen Meister fachmäßig in der Schachkunst ausbilden zu lassen. Graf Simczic, dem in sechzig Jahren täglichen Schachspiels nie ein so merkwürdiger Gegner entgegengetreten war, zeichnete sofort den Betrag. Mit diesem Tage begann die erstaunliche Karriere des Schiffersohnes.

Nach einem halben Jahr beherrschte Mirko sämtliche Geheimnisse der Schachkunst, allerdings mit einer seltsamen Einschränkung, die später in den Fachkreisen viel beobachtet und bespöttelt wurde. Denn Czentovic brachte es nie dazu, auch nur eine einzige Schachpartie auswendig – oder wie man fachgemäß sagt: blind – zu spielen. Ihm fehlte vollkommen die Fähigkeit, das Schachfeld in den unbegrenzten Raum der Phantasie zu stellen. Er mußte immer das schwarzweiße Karree mit den vierundsechzig Feldern und zweiunddreißig Figuren handgreiflich vor sich haben; noch zur Zeit seines Weltruhms führte er ständig ein zusammenlegbares Taschenschach mit sich, um, wenn er eine Meisterpartie rekonstruieren oder ein Problem für sich lösen wollte, sich die Stellung optisch vor Augen zu führen. Dieser an sich unbeträchtliche Defekt verriet einen Mangel an imaginativer Kraft und wurde in dem engen Kreise ebenso lebhaft diskutiert, wie wenn unter Musikern ein hervorragender Virtuose oder Dirigent sich unfähig gezeigt hätte, ohne aufgeschlagene Partitur zu spielen oder zu dirigieren. Aber diese merkwürdige Eigenheit verzögerte keineswegs Mirkos stupenden Aufstieg. Mit siebzehn Jahren hatte er schon ein Dutzend Schachpreise gewonnen, mit achtzehn sich die ungarische Meisterschaft, mit zwanzig endlich die Weltmeisterschaft erobert. Die verwegensten Champions, jeder einzelne an intellektueller Begabung, an Phantasie und Kühnheit ihm unermeßlich überlegen, erlagen ebenso seiner zähen und kalten Logik wie Napoleon dem schwerfälligen Kutusow, wie Hannibal dem Fabius Cunctator, von dem Livius berichtet, daß er gleichfalls in seiner Jugend derart auffällige Züge von Phlegma und Imbezilität gezeigt habe. So geschah es, daß in die illustre Galerie der Schachmeister, die in ihren Reihen die verschiedensten Typen intellektueller Überlegenheit vereinigt, Philosophen, Mathematiker, kalkulierende, imaginierende und oft schöpferische Naturen, zum ersten Mal ein völliger Outsider der geistigen Welt einbrach, ein schwerer, maulfauler Bauernbursche, aus dem auch nur ein einziges publizistisch brauchbares Wort herauszulocken selbst den gerissensten Journalisten nie gelang. Freilich, was Czentovic den Zeitungen an geschliffenen Sentenzen vorenthielt, ersetzte er bald reichlich durch Anekdoten über seine Person. Denn rettungslos wurde mit der Sekunde, da er vom Schachbrette aufstand, wo er Meister ohnegleichen war, Czentovic zu einer grotesken und beinahe komischen Figur; trotz seines feierlichen schwarzen Anzuges, seiner pompösen Krawatte mit der etwas aufdringlichen Perlennadel und seiner mühsam manikürten Finger blieb er in seinem Gehaben und seinen Manieren derselbe beschränkte Bauernjunge, der im Dorf die Stube des Pfarrers gefegt. Ungeschickt und geradezu schamlos plump suchte er zum Gaudium und zum Ärger seiner Fachkollegen aus seiner Begabung und seinem Ruhm mit einer kleinlichen und sogar oft ordinären Habgier herauszuholen, was an Geld herauszuholen war. Er reiste von Stadt zu Stadt, immer in den billigsten Hotels wohnend, er spielte in den kläglichsten Vereinen, sofern man ihm sein Honorar bewilligte, er ließ sich abbilden auf Seifenreklamen und verkaufte sogar, ohne auf den Spott seiner Konkurrenten zu achten, die genau wußten, daß er nicht imstande war, drei Sätze richtig zu schreiben, seinen Namen für eine ›Philosophie des Schachs‹, die in Wirklichkeit ein kleiner galizischer Student für den geschäftstüchtigen Verleger geschrieben. Wie allen zähen Naturen fehlte ihm jeder Sinn für das Lächerliche; seit seinem Siege im Weltturnier hielt er sich für den wichtigsten Mann der Welt, und das Bewußtsein, all diese gescheiten, intellektuellen, blendenden Sprecher und Schreiber auf ihrem eigenen Felde geschlagen zu haben, und vor allem die handgreifliche Tatsache, mehr als sie zu verdienen, verwandelte die ursprüngliche Unsicherheit in einen kalten und meist plump zur Schau gestellten Stolz.

»Aber wie sollte ein so rascher Ruhm nicht einen so leeren Kopf beduseln?« schloß mein Freund, der mir gerade einige klassische Proben von Czentovics kindischer Präpotenz anvertraut hatte. »Wie sollte ein einundzwanzigjähriger Bauernbursche aus dem Banat nicht den Eitelkeitskoller kriegen, wenn er plötzlich mit ein bißchen Figurenherumschieben auf dem Holzbrett in einer Woche mehr verdient als sein ganzes Dorf daheim mit Holzfällen und den bittersten Abrackereien in einem ganzen Jahr? Und dann, ist es nicht eigentlich verflucht leicht, sich für einen großen Menschen zu halten, wenn man nicht mit der leisesten Ahnung belastet ist, daß ein Rembrandt, ein Beethoven, ein Dante, ein Napoleon je gelebt haben? Dieser Bursche weiß in seinem vermauerten Gehirn nur das eine, daß er seit Monaten nicht eine einzige Schachpartie verloren hat, und da er eben nicht ahnt, daß es außer Schach und Geld noch andere Werte auf unserer Erde gibt, hat er allen Grund, von sich begeistert zu sein.«

Diese Mitteilungen meines Freundes verfehlten nicht, meine besondere Neugierde zu erregen. Alle Arten von monomanischen, in eine einzige Idee verschlossenen Menschen haben mich zeitlebens angereizt, denn je mehr sich einer begrenzt, umso mehr ist er andererseits dem Unendlichen nah; gerade solche scheinbar Weltabseitigen bauen in ihrer besonderen Materie sich termitenhaft eine merkwürdige und durchaus einmalige Abbreviatur der Welt. So machte ich aus meiner Absicht, dieses sonderbare Spezimen intellektueller Eingleisigkeit auf der zwölftägigen Fahrt bis Rio näher unter die Lupe zu nehmen, kein Hehl.

Jedoch: »Da werden Sie wenig Glück haben«, warnte mein Freund. »Soviel ich weiß, ist es noch keinem gelungen, aus Czentovic das Geringste an psychologischem Material herauszuholen. Hinter all seiner abgründigen Beschränktheit verbirgt dieser gerissene Bauer die große Klugheit, sich keine Blößen zu geben, und zwar dank der simplen Technik, daß er außer mit Landsleuten seiner eigenen Sphäre, die er sich in kleinen Gasthäusern zusammensucht, jedes Gespräch vermeidet. Wo er einen gebildeten Menschen spürt, kriecht er in sein Schneckenhaus; so kann niemand sich rühmen, je ein dummes Wort von ihm gehört oder die angeblich unbegrenzte Tiefe seiner Unbildung ausgemessen zu haben.«

Mein Freund sollte in der Tat recht behalten. Während der ersten Tage der Reise erwies es sich als vollkommen unmöglich, an Czentovic ohne grobe Zudringlichkeit, die schließlich nicht meine Sache ist, heranzukommen. Manchmal schritt er zwar über das Promenadendeck, aber dann immer die Hände auf dem Rücken verschränkt, mit jener stolz in sich versenkten Haltung, wie Napoleon auf dem bekannten Bilde; außerdem erledigte er immer so eilig und stoßhaft seine peripatetische Deckrunde, daß man ihm hätte im Trab nachlaufen müssen, um ihn ansprechen zu können. In den Gesellschaftsräumen wiederum, in der Bar, im Rauchzimmer zeigte er sich niemals; wie mir der Steward auf vertrauliche Erkundigung hin mitteilte, verbrachte er den Großteil des Tages in seiner Kabine, um auf einem mächtigen Brett Schachpartien einzuüben oder zu rekapitulieren.

Nach drei Tagen begann ich mich tatsächlich zu ärgern, daß seine zähe Abwehrtechnik geschickter war als mein Wille, an ihn heranzukommen. Ich hatte in meinem Leben noch nie Gelegenheit gehabt, die persönliche Bekanntschaft eines Schachmeisters zu machen, und je mehr ich mich jetzt bemühte, mir einen solchen Typus zu personifizieren, umso unvorstellbarer schien mir eine Gehirntätigkeit, die ein ganzes Leben lang ausschließlich um einen Raum von vierundsechzig schwarzen und weißen Feldern rotiert. Ich wußte wohl aus eigener Erfahrung um die geheimnisvolle Attraktion des »königlichen Spiels«, dieses einzigen unter allen Spielen, die der Mensch ersonnen, das sich souverän jeder Tyrannis des Zufalls entzieht und seine Siegespalmen einzig dem Geist oder vielmehr einer bestimmten Form geistiger Begabung zuteilt. Aber macht man sich nicht bereits einer beleidigenden Einschränkung schuldig, indem man Schach ein Spiel nennt? Ist es nicht auch eine Wissenschaft, eine Technik, schwebend zwischen diesen Kategorien wie der Sarg Mohammeds zwischen Himmel und Erde, eine einmalige Bindung aller Gegensatzpaare: uralt und doch ewig neu, mechanisch in der Anlage und doch nur wirksam durch Phantasie, begrenzt in geometrisch starrem Raum und dabei unbegrenzt in seiner Kombination, ständig sich entwickelnd und doch steril, ein Denken, das zu nichts führt, eine Mathematik, die nichts errechnet, eine Kunst ohne Werke, eine Architektur ohne Substanz und nichtsdestominder erwiesenermaßen dauerhafter in seinem Sein und Dasein als alle Bücher und Werke, das einzige Spiel, das allen Völkern und allen Zeiten zugehört und von dem niemand weiß, welcher Gott es auf die Erde gebracht, um die Langeweile zu töten, die Sinne zu schärfen, die Seele zu spannen? Wo ist bei ihm Anfang und wo das Ende: jedes Kind kann seine ersten Regeln erlernen, jeder Stümper sich in ihm versuchen, und doch vermag es innerhalb dieser unveränderbar engen Quadrate eine besondere Spezies von Meistern zu erzeugen, unvergleichbar allen anderen, Menschen mit einer einzig dem Schach zubestimmten Begabung, spezifische Genies, in denen Vision, Geduld und Technik in einer ebenso genau bestimmten

Verteilung wirksam sind wie im Mathematiker, im Dichter, im Musiker, und nur in anderer Schichtung und Bindung. In früheren Zeiten physiognomischer Leidenschaft hätte ein Gall vielleicht die Gehirne solcher Schachmeister seziert, um festzustellen, ob bei solchen Schachgenies eine besondere Windung in der grauen Masse des Gehirns, eine Art Schachmuskel oder Schachhöcker sich intensiver eingezeichnet fände als in anderen Schädeln. Und wie hätte einen solchen Physiognomiker erst der Fall eines Czentovic angereizt, wo dies spezifische Genie eingesprengt erscheint in eine absolute intellektuelle Trägheit wie ein einzelner Faden Gold in einem Zentner tauben Gesteins. Im Prinzip war mir die Tatsache von jeher verständlich, daß ein derart einmaliges, ein solches geniales Spiel sich spezifische Matadore schaffen müßte, aber wie schwer, wie unmöglich doch, sich das Leben eines geistig regsamen Menschen vorzustellen, dem sich die Welt einzig auf die enge Einbahn zwischen Schwarz und Weiß reduziert, der in einem bloßen Hin und Her, Vor und Zurück von zweiunddreißig Figuren seine Lebenstriumphe sucht, einen Menschen, dem bei einer neuen Eröffnung, den Springer vorzuziehen statt des Bauern, schon Großtat und sein ärmliches Eckchen Unsterblichkeit im Winkel seines Schachbuchs bedeutet – einen Menschen, einen geistigen Menschen, der, ohne wahnsinnig zu werden, zehn, zwanzig, dreißig, vierzig Jahre lang die ganze Spannkraft seines Denkens immer und immer wieder an den lächerlichen Einsatz wendet, einen hölzernen König auf einem hölzernen Brett in den Winkel zu drängen!

Und nun war ein solches Phänomen, ein solches sonderbares Genie oder ein solcher rätselhafter Narr mir räumlich zum ersten Mal ganz nahe, sechs Kabinen weit auf demselben Schiff, und ich Unseliger, für den Neugier in geistigen Dingen immer zu einer Art Passion ausartet, sollte nicht imstande sein, mich ihm zu nähern? Ich begann, mir die absurdesten Listen auszudenken; etwa, ihn in seiner Eitelkeit zu kitzeln, indem ich ihm ein angebliches Interview für eine wichtige Zeitung vortäuschte, oder bei seiner Habgier zu packen, dadurch, daß ich ihm ein einträgliches Turnier in Schottland proponierte. Aber schließlich erinnerte ich mich, daß die bewährteste Technik der Jäger, den Auerhahn an sich heranzulocken, darin besteht, daß sie seinen Balzschrei nachahmen; was konnte eigentlich wirksamer sein, um die Aufmerksamkeit eines Schachmeisters auf sich zu ziehen, als indem man selber Schach spielt?

Nun bin ich zeitlebens nie ein ernstlicher Schachkünstler gewesen, und zwar aus dem einfachen Grunde, daß ich mich mit Schach immer bloß leichtfertig und ausschließlich zu meinem Vergnügen befaßte; wenn ich mich für eine Stunde vor das Brett setze, geschieht dies keineswegs, um mich anzustrengen, sondern im Gegenteil, um mich von geistiger Anspannung zu entlasten. Ich »spiele« Schach im wahrsten Sinne des Wortes, während die anderen, die wirklichen Schachspieler, Schach »ernsten«, um ein verwegenes neues Wort in die mir von Hitler verbotene deutsche Sprache einzuführen. Für Schach ist nun, wie für die Liebe, ein Partner unentbehrlich, und ich wußte zur Stunde noch nicht, ob sich außer uns andere Schachliebhaber an Bord befanden. Um sie aus ihren Höhlen herauszulocken, stellte ich im Smoking Room eine primitive Falle auf, indem ich mich mit meiner Frau, obwohl sie noch schwächer spielt als ich, vogelstellerisch vor ein Schachbrett setzte. Und tatsächlich, wir hatten noch nicht sechs Züge getan, so blieb schon jemand im Vorübergehen stehen, ein zweiter erbat die Erlaubnis, zusehen zu dürfen; schließlich fand sich auch der erwünschte Partner, der mich zu einer Partie herausforderte. Er hieß McConnor und war ein schottischer Tiefbauingenieur, der, wie ich hörte, bei Ölbohrungen in Kalifornien ein großes Vermögen gemacht hatte, von äußerem Ansehen ein stämmiger

Mensch mit starken, fast quadratisch harten Kinnbacken, kräftigen Zähnen und einer satten Gesichtsfarbe, deren prononcierte Rötlichkeit wahrscheinlich, zumindest teilweise, reichlichem Genuß von Whisky zu verdanken war. Die auffällig breiten, fast athletisch vehementen Schultern machten sich leider auch im Spiel charaktermäßig bemerkbar, denn dieser Mister McConnor gehörte zu jener Sorte selbstbewußter Erfolgsmenschen, die auch im belanglosesten Spiele eine Niederlage schon als Herabsetzung ihres Persönlichkeitsbewußtseins empfinden. Gewöhnt, sich im Leben rücksichtslos durchzusetzen, und verwöhnt vom faktischen Erfolg, war dieser massive Selfmade-man derart unerschütterlich von seiner Überlegenheit durchdrungen, daß jeder Widerstand ihn als ungebührliche Auflehnung und beinahe Beleidigung erregte. Als er die erste Partie verlor, wurde er mürrisch und begann umständlich und diktatorisch zu erklären, dies könne nur durch eine momentane Unaufmerksamkeit geschehen sein, bei der dritten machte er den Lärm im Nachbarraum für sein Versagen verantwortlich; nie war er gewillt, eine Partie zu verlieren, ohne sofort Revanche zu fordern. Anfangs amüsierte mich diese ehrgeizige Verbissenheit; schließlich nahm ich sie nur mehr als unvermeidliche Begleiterscheinung für meine eigentliche Absicht hin, den Weltmeister an unseren Tisch zu locken.

Am dritten Tag gelang es und gelang doch nur halb. Sei es, daß Czentovic uns vom Promenadendeck aus durch das Bordfenster vor dem Schachbrett beobachtet oder er nur zufälligerweise den Smoking Room mit seiner Anwesenheit beehrte – jedenfalls trat er, sobald er uns Unberufene seine Kunst ausüben sah, unwillkürlich einen Schritt näher und warf aus dieser gemessenen Distanz einen prüfenden Blick auf unser Brett. McConnor war gerade am Zuge. Und schon dieser eine Zug schien ausreichend, um Czentovic zu belehren, wie wenig ein weiteres Verfolgen unserer dilettantischen

Bemühungen seines meisterlichen Interesses würdig sei. Mit derselben selbstverständlichen Geste, mit der unsereiner in einer Buchhandlung einen angebotenen schlechten Detektivroman weglegt, ohne ihn auch nur anzublättern, trat er von unserem Tische fort und verließ den Smoking Room. ›Gewogen und zu leicht befunden‹, dachte ich mir, ein bißchen verärgert durch diesen kühlen, verächtlichen Blick, und um meinem Unmut irgendwie Luft zu machen, äußerte ich zu McConnor:

»Ihr Zug scheint den Meister nicht sehr begeistert zu haben.«

»Welchen Meister?«

Ich erklärte ihm, jener Herr, der eben an uns vorübergegangen und mit mißbilligendem Blick auf unser Spiel gesehen, sei der Weltschachmeister Czentovic gewesen. Nun, fügte ich bei, wir beide würden es überstehen und ohne Herzleid uns mit seiner illustren Verachtung abfinden; arme Leute müßten eben mit Wasser kochen. Aber zu meiner Überraschung übte auf McConnor meine lässige Mitteilung eine völlig unerwartete Wirkung. Er wurde sofort erregt, vergaß unsere Partie, und sein Ehrgeiz begann geradezu hörbar zu pochen. Er habe keine Ahnung gehabt, daß Czentovic an Bord sei, und Czentovic müsse unbedingt gegen ihn spielen. Er habe noch nie im Leben gegen einen Weltmeister gespielt außer einmal bei einer Simultanpartie mit vierzig anderen; schon das sei furchtbar spannend gewesen, und er habe damals beinahe gewonnen. Ob ich den Schachmeister persönlich kenne? Ich verneinte. Ob ich ihn nicht ansprechen wolle und zu uns bitten? Ich lehnte ab mit der Begründung, Czentovic sei meines Wissens für neue Bekanntschaften nicht sehr zugänglich. Außerdem, was für einen Reiz sollte es einem Weltmeister bieten, mit uns drittklassigen Spielern sich abzugeben?

Nun, das von drittklassigen Spielern hätte ich zu einem dermaßen ehrgeizigen Manne wie McConnor lieber nicht äußern sollen. Er lehnte sich verärgert zurück und erklärte schroff, er für seinen Teil könne nicht glauben, daß Czentovic die höfliche Aufforderung eines Gentleman ablehnen werde; dafür werde er schon sorgen. Auf seinen Wunsch gab ich ihm eine kurze Personenbeschreibung des Weltmeisters, und schon stürmte er, unser Schachbrett gleichgültig im Stich lassend, in unbeherrschter Ungeduld Czentovic auf das Promenadendeck nach. Wieder spürte ich, daß der Besitzer dermaßen breiter Schultern nicht zu halten war, sobald er einmal seinen Willen in eine Sache geworfen.

Ich wartete ziemlich gespannt. Nach etwa zehn Minuten kehrte McConnor zurück, nicht sehr aufgeräumt, wie mir schien.

»Nun?« fragte ich.

»Sie haben recht gehabt«, antwortete er etwas verärgert. »Kein sehr angenehmer Herr. Ich stellte mich vor, erklärte ihm, wer ich sei. Er reichte mir nicht einmal die Hand. Ich versuchte, ihm auseinanderzusetzen, wie stolz und geehrt wir alle an Bord sein würden, wenn er eine Simultanpartie gegen uns spielen wollte. Aber er hielt seinen Rücken verflucht steif; es täte ihm leid, aber er habe kontraktliche Verpflichtungen gegen seinen Agenten, die ihm ausdrücklich untersagten, während seiner ganzen Tournee ohne Honorar zu spielen. Sein Minimum sei zweihundertfünfzig Dollar pro Partie.«

Ich lachte. »Auf diesen Gedanken wäre ich eigentlich nie geraten, daß Figuren von Schwarz auf Weiß zu schieben ein derart einträgliches Geschäft sein kann. Nun, ich hoffe, Sie haben sich ebenso höflich empfohlen.«

Aber McConnor blieb vollkommen ernst. »Die Partie ist für morgen nachmittags drei Uhr angesetzt. Hier im Rauchsalon. Ich hoffe, wir werden uns nicht so leicht zu Brei schlagen lassen.«

»Wie? Sie haben ihm die zweihundertfünfzig Dollar bewilligt?« rief ich ganz betroffen aus.

»Warum nicht? *C'est son métier.* Wenn ich Zahnschmerzen hätte und es wäre zufällig ein Zahnarzt an Bord, würde ich auch nicht verlangen, daß er mir den Zahn umsonst ziehen soll. Der Mann hat ganz recht, die Preise zu machen; in jedem Fach sind die wirklichen Könner auch die besten Geschäftsleute. Und was mich betrifft, je klarer ein Geschäft, umso besser. Ich zahle lieber in Cash, als mir von einem Herrn Czentovic Gnaden erweisen zu lassen und mich am Ende noch bei ihm bedanken zu müssen. Schließlich habe ich in unserem Klub schon mehr an einem Abend verloren als zweihundertfünfzig Dollar und dabei mit keinem Weltmeister gespielt. Für ›drittklassige‹ Spieler ist es keine Schande, von einem Czentovic umgelegt zu werden.«

Es amüsierte mich, zu bemerken, wie tief ich McConnors Selbstgefühl mit dem einen unschuldigen Wort »drittklassiger Spieler« gekränkt hatte. Aber da er den teuren Spaß zu bezahlen gesonnen war, hatte ich nichts einzuwenden gegen seinen deplacierten Ehrgeiz, der mir endlich die Bekanntschaft meines Kuriosums vermitteln sollte. Wir verständigten eiligst die vier oder fünf Herren, die sich bisher als Schachspieler deklariert hatten, von dem bevorstehenden Ereignis und ließen, um von durchgehenden Passanten möglichst wenig gestört zu werden, nicht nur unseren Tisch, sondern auch die Nachbartische für das bevorstehende Match im voraus reservieren.

Am nächsten Tage war unsere kleine Gruppe zur vereinbarten Stunde vollzählig erschienen. Der Mittelplatz gegenüber dem Meister blieb selbstverständlich McConnor zugeteilt, der seine Nervosität entlud, indem er eine schwere Zigarre nach der anderen anzündete und immer wieder unruhig auf die Uhr blickte. Aber der Weltmeister ließ – ich hatte nach den Erzählungen meines Freundes derlei schon geahnt – gute zehn Minuten auf sich warten, wodurch allerdings sein Erscheinen dann erhöhten Aplomb erhielt. Er trat ruhig und gelassen auf den Tisch zu. Ohne sich vorzustellen – ›Ihr wißt, wer ich bin, und wer ihr seid, interessiert mich nicht‹, schien diese Unhöflichkeit zu besagen –, begann er mit fachmännischer Trockenheit die sachlichen Anordnungen. Da eine Simultanpartie hier an Bord aus Mangel an verfügbaren Schachbrettern unmöglich sei, schlage er vor, daß wir alle gemeinsam gegen ihn spielen sollten. Nach jedem Zug werde er, um unsere Beratungen nicht zu stören, sich zu einem anderen Tisch am Ende des Raumes verfügen. Sobald wir unseren Gegenzug getan, sollten wir, da bedauerlicherweise keine Tischglocke zur Hand sei, mit dem Löffel gegen ein Glas klopfen. Als maximale Zeit schlage er zehn Minuten vor, falls wir keine andere Einteilung wünschten. Wir pflichteten selbstverständlich wie schüchterne Schüler jedem Vorschlag bei. Die Farbenwahl teilte Czentovic schwarz zu; noch im Stehen tat er den ersten Gegenzug und wandte sich dann gleich dem von ihm vorgeschlagenen Warteplatz zu, wo er lässig hingelehnt eine illustrierte Zeitung durchblätterte.

Es hat wenig Sinn, über die Partie zu berichten. Sie endete selbstverständlich, wie sie enden mußte, mit unserer totalen Niederlage, und zwar bereits beim vierundzwanzigsten Zuge. Daß nun ein Weltschachmeister ein halbes Dutzend mittlerer oder untermittlerer Spieler mit der linken Hand niederfegt, war an sich wenig erstaunlich; verdrießlich wirkte eigentlich auf uns alle nur die präpotente Art, mit der Czentovic es uns allzu deutlich fühlen ließ, daß er uns mit der linken Hand erledigte. Er warf jedesmal nur einen scheinbar flüchtigen Blick auf das Brett, sah an uns so lässig vorbei, als ob wir selbst tote Holzfiguren wären, und diese impertinente Geste erinnerte unwillkürlich an die, mit der man einem räudigen Hund abgewendeten Blickes einen Brocken zuwirft. Bei einiger Feinfühligkeit hätte er meiner Meinung nach uns auf Fehler aufmerksam machen können oder durch ein freundliches Wort aufmuntern. Aber auch nach Beendigung der Partie äußerte dieser unmenschliche Schachautomat keine Silbe, sondern wartete, nachdem er »matt« gesagt, regungslos vor dem Tische, ob man noch eine zweite Partie von ihm wünsche. Schon war ich aufgestanden, um hilflos, wie man immer gegen dickfellige Grobheit bleibt, durch eine Geste anzudeuten, daß mit diesem erledigten Dollargeschäft wenigstens meinerseits das Vergnügen unserer Bekanntschaft beendet sei, als zu meinem Ärger neben mir McConnor mit ganz heiserer Stimme sagte: »Revanche!«

Ich erschrak geradezu über den herausfordernden Ton; tatsächlich bot McConnor in diesem Augenblick eher den Eindruck eines Boxers vor dem Losschlagen als den eines höflichen Gentleman. War es die unangenehme Art der Behandlung, die uns Czentovic hatte zuteil werden lassen, oder nur sein pathologisch reizbarer Ehrgeiz – jedenfalls war McConnors Wesen vollkommen verändert. Rot im Gesicht bis hoch hinauf an das Stirnhaar, die Nüstern von innerem Druck stark aufgespannt, transpirierte er sichtlich, und von den verbissenen Lippen schnitt sich scharf eine Falte gegen sein kämpferisch vorgestrecktes Kinn. Ich erkannte beunruhigt in seinen Augen jenes Flackern unbeherrschter Leidenschaft, wie sie sonst Menschen nur am Roulettetisch angreift, wenn zum sechsten- oder siebenten Mal bei immer verdoppeltem Einsatz nicht die richtige Farbe kommt. In diesem Augenblick wußte ich, dieser fanatisch Ehrgeizige würde, und sollte es ihn sein ganzes Vermögen kosten, gegen Czentovic solange spielen und spielen und spielen, einfach oder doubliert, bis er wenigstens ein einziges Mal eine Partie gewonnen. Wenn Czentovic durchhielt, so hatte er an McConnor eine Goldgrube gefunden, aus der er bis Buenos Aires ein paar tausend Dollar schaufeln konnte.

Czentovic blieb unbewegt. »Bitte«, antwortete er höflich. »Die Herren spielen jetzt Schwarz.«

Auch die zweite Partie bot kein verändertes Bild, außer, daß durch einige Neugierige unser Kreis nicht nur größer, sondern auch lebhafter geworden war. McConnor blickte so starr auf das Brett, als wollte er mit seinem Willen die Figuren zu gewinnen, magnetisieren; ich spürte ihm an, daß er auch tausend Dollar begeistert geopfert hätte für den Lustschrei ›Matt!‹ gegen den kaltschnäuzigen Gegner. Merkwürdigerweise ging etwas von seiner verbissenen Erregung unbewußt in uns über. Jeder einzelne Zug wurde ungleich leidenschaftlicher diskutiert als vordem, immer hielten wir noch im letzten Moment einer den anderen zurück, ehe wir uns einigten, das Zeichen zu geben, das Czentovic an unseren Tisch zurückberief. Allmählich waren wir beim siebzehnten Zug angelangt, und zu unserer eigenen Überraschung war eine Konstellation eingetreten, die verblüffend vorteilhaft schien, weil es uns gelungen war, den Bauern der c-Linie bis auf das vorletzte Feld c2 zu bringen; wir brauchten ihn nur vorzuschieben auf c1, um eine neue Dame zu gewinnen. Ganz behaglich war uns freilich nicht bei dieser allzu offenkundigen Chance; wir argwöhnten einmütig, dieser scheinbar von uns errungene Vorteil müßte von Czentovic, der doch die Situation viel weitblickender übersah, mit Absicht uns als Angelhaken zugeschoben sein. Aber trotz angestrengtem gemeinsamem Suchen und Diskutieren vermochten wir die versteckte Finte nicht wahrzunehmen. Schließlich, schon knapp am Rande der verstatteten Überlegungsfrist, entschlossen wir uns, den Zug zu wagen. Schon rührte McConnor den Bauern an, um ihn auf das letzte Feld zu schieben, als er sich jäh am Arm gepackt fühlte und jemand leise und heftig flüsterte: »Um Gottes willen! Nicht!«

Unwillkürlich wandten wir uns alle um. Ein Herr von etwa fünfundvierzig Jahren, dessen schmales, scharfes Gesicht mir schon vordem auf der Deckpromenade durch seine merkwürdige, fast kreidige Blässe aufgefallen war, mußte in den letzten Minuten, indes wir unsere ganze Aufmerksamkeit dem Problem zuwandten, zu uns getreten sein. Hastig fügte er, unseren Blick spürend, hinzu:

»Wenn Sie jetzt eine Dame machen, schlägt er sie sofort mit dem Läufer c1, Sie nehmen mit dem Springer zurück. Aber inzwischen geht er mit seinem Freibauern auf d7, bedroht Ihren Turm, und auch wenn Sie mit dem Springer Schach sagen, verlieren Sie und sind nach neun bis zehn Zügen erledigt. Es ist beinahe dieselbe Konstellation, wie sie Aljechin gegen Bogoljubow 1922 im Pistyaner Großturnier initiiert hat.«

McConnor ließ erstaunt die Hand von der Figur und starrte nicht minder verwundert als wir alle auf den Mann, der wie ein unvermuteter Engel helfend vom Himmel kam. Jemand, der auf neun Züge voraus ein Matt errechnen konnte, mußte ein Fachmann ersten Ranges sein, vielleicht sogar ein Konkurrent um die Meisterschaft, der zum gleichen Turnier reiste, und sein plötzliches Eingreifen, sein Kommen gerade in einem so kritischen Moment hatte etwas fast Übernatürliches. Als erster faßte sich McConnor:

»Was würden Sie raten?« flüsterte er aufgeregt.

»Nicht gleich vorziehen, sondern zunächst ausweichen! Vor allem mit dem König abrücken aus der gefährdeten Linie von g8 auf h7. Er wird dann wahrscheinlich den Angriff auf die andere Flanke hinüberwerfen. Aber das parieren Sie mit Turm c8-c4; das kostet ihn zwei Tempis, einen Bauern und damit die Überlegenheit. Dann steht Freibauer gegen Freibauer, und wenn Sie sich richtig defensiv halten, kommen Sie noch auf Remis. Mehr ist nicht herauszuholen.«

Wir staunten abermals. Die Präzision nicht minder als die Raschheit seiner Berechnung hatte etwas Verwirrendes; es war, als ob er die Züge aus einem gedruckten Buch ablesen würde. Immerhin wirkte die unvermutete Chance, dank seines Eingreifens unsere Partie gegen einen Weltmeister auf

Remis zu bringen, zauberisch. Einmütig rückten wir zur Seite, um ihm freieren Blick auf das Brett zu gewähren. Noch einmal fragte McConnor:

»Also König g8 auf h7?«

»Jawohl! Ausweichen vor allem!«

McConnor gehorchte, und wir klopften an das Glas. Czentovic trat mit seinem gewohnt-gleichmütigen Schritt an unseren Tisch und maß mit einem einzigen Blick den Gegenzug. Dann zog er auf dem Königsflügel den Bauern h2-h4, genau wie es unser unbekannter Helfer vorausgesagt. Und schon flüsterte dieser aufgeregt:

»Turm vor, Turm vor, c8 auf c4, er muß dann zuerst den Bauern decken. Aber das wird ihm nichts helfen! Sie schlagen, ohne sich um seinen Freibauern zu kümmern, mit dem Springer c3-d5, und das Gleichgewicht ist wiederhergestellt. Den ganzen Druck vorwärts, statt zu verteidigen.«

Wir verstanden nicht, was er meinte. Für uns war, was er sagte, Chinesisch. Aber schon einmal in seinem Bann, zog McConnor, ohne zu überlegen, wie jener geboten. Wir schlugen abermals an das Glas, um Czentovic zurückzurufen. Zum ersten Male entschied er sich nicht rasch, sondern blickte gespannt auf das Brett. Unwillkürlich schoben sich seine Brauen zusammen. Dann tat er genau den Zug, den der Fremde uns angekündigt, und wandte sich zum Gehen. Jedoch ehe er zurücktrat, geschah etwas Neues und Unerwartetes. Czentovic hob den Blick und musterte unsere Reihen; offenbar wollte er herausfinden, wer ihm mit einem Male so energischen Widerstand leistete.

Von diesem Augenblick an wuchs unsere Erregung ins Unermessene. Bisher hatten wir ohne ernstliche Hoffnung gespielt, nun aber trieb der Gedanke, den kalten Hochmut Czentovics zu brechen, uns eine fliegende Hitze durch alle Pulse. Schon aber hatte unser neuer Freund den nächsten Zug angeordnet, und wir konnten – die Finger zitterten mir, als ich den Löffel an das Glas schlug – Czentovic zurückrufen. Und nun kam unser erster Triumph. Czentovic, der bisher immer nur im Stehen gespielt, zögerte, zögerte und setzte sich schließlich nieder. Er setzte sich langsam und schwerfällig; damit aber war schon rein körperlich das bisherige Von-oben-herab zwischen ihm und uns aufgehoben. Wir hatten ihn genötigt, sich wenigstens räumlich auf eine Ebene mit uns zu begeben. Er überlegte lange, die Augen unbeweglich auf das Brett gesenkt, sodaß man kaum mehr die Pupillen unter den schweren Lidern wahrnehmen konnte, und im angestrengten Nachdenken öffnete sich ihm allmählich der Mund, was seinem runden Gesicht ein etwas einfältiges Aussehen gab. Czentovic überlegte einige Minuten, dann tat er seinen Zug und stand auf. Und schon flüsterte unser Freund:

»Ein Hinhaltezug! Gut gedacht! Aber nicht darauf eingehen! Abtausch forcieren, unbedingt Abtausch, dann kommen wir auf Remis, und kein Gott kann ihm helfen.«

McConnor gehorchte. Es begann in den nächsten Zügen zwischen den beiden – wir anderen waren längst zu leeren Statisten herabgesunken – ein uns unverständliches Hin und Her. Nach etwa sieben Zügen sah Czentovic nach längerem Nachdenken auf und erklärte »Remis!«

Einen Augenblick herrschte totale Stille. Man hörte plötzlich die Wellen rauschen und das Radio aus dem Salon herüberjazzen, man vernahm jeden Schritt vom Promenadendeck und das leise, feine Sausen des Winds, der durch die Fugen der Fenster fuhr. Keiner von uns atmete, es war zu plötzlich gekommen und wir alle noch geradezu erschrocken über das Unwahrscheinliche, daß dieser Unbekannte dem Weltmeister in einer schon halb verlorenen Partie seinen Willen aufgezwungen haben sollte. McConnor lehnte sich mit dem Rücken zurück, der angehaltene Atem fuhr ihm hörbar in einem beglückten »Ah!« von den Lippen. Ich wiederum beobachtete Czentovic. Schon bei den letzten Zügen hatte mir geschienen, als ob er blasser geworden sei. Aber er verstand sich gut zusammenzuhalten. Er verharrte in seiner scheinbar gleichmütigen Starre und fragte nur in lässiger Weise, während er die Figuren mit ruhiger Hand vom Brette schob:

»Wünschen die Herren noch eine dritte Partie?«

Er stellte die Frage rein sachlich, rein geschäftlich. Aber das Merkwürdige war: er hatte dabei nicht McConnor angeblickt, sondern scharf und gerade das Auge gegen unseren Retter gehoben. Wie ein Pferd am festeren Sitz einen neuen, einen besseren Reiter, mußte er an den letzten Zügen seinen wirklichen, seinen eigentlichen Gegner erkannt haben. Unwillkürlich folgten wir seinem Blick und sahen gespannt auf den Fremden. Jedoch ehe dieser sich besinnen oder gar antworten konnte, hatte in seiner ehrgeizigen Erregung McConnor schon triumphierend ihm zugerufen:

»Selbstverständlich! Aber jetzt müssen Sie allein gegen ihn spielen! Sie allein gegen Czentovic!«

Doch nun ereignete sich etwas Unvorhergesehenes. Der Fremde, der merkwürdigerweise noch immer angestrengt auf das schon abgeräumte Schachbrett starrte, schrak auf, da er alle Blicke auf sich gerichtet und sich so begeistert angesprochen fühlte. Seine Züge verwirrten sich.

»Auf keinen Fall, meine Herren«, stammelte er sichtlich betroffen. »Das ist völlig ausgeschlossen ..., ich komme gar nicht in Betracht ... ich habe seit zwanzig, nein, fünfundzwanzig Jahren vor keinem Schachbrett gesessen und ... und ich sehe erst jetzt, wie ungehörig ich mich betragen habe, indem ich mich ohne Ihre Verstattung in Ihr Spiel einmengte. Bitte, entschuldigen Sie meine Vordringlichkeit ... Ich will gewiß nicht weiter stören.« Und noch ehe wir uns von unserer Überraschung zurechtgefunden, hatte er sich bereits zurückgezogen und das Zimmer verlassen.

»Aber das ist doch ganz unmöglich!«, dröhnte der temperamentvolle McConnor, mit der Faust aufschlagend. »Völlig ausgeschlossen, daß dieser Mann fünfundzwanzig Jahre nicht Schach gespielt haben soll! Er hat doch jeden Zug, jede Gegenpointe auf fünf, auch sechs Züge vorausberechnet. So etwas kann niemand aus dem Handgelenk. Das ist doch völlig ausgeschlossen – nicht wahr?«

Mit der letzten Frage hatte sich McConnor unwillkürlich an Czentovic gewandt. Aber der Weltmeister blieb unerschütterlich kühl.

»Ich vermag darüber kein Urteil abzugeben. Jedenfalls hat der Herr etwas befremdlich und interessant gespielt; deshalb habe ich ihm auch absichtlich eine Chance gelassen.« Gleichzeitig lässig aufstehend, fügte er in seiner sachlichen Art bei:

»Sollte der Herr oder die Herren morgen eine abermalige Partie wünschen, so stehe ich von drei Uhr ab zur Verfügung.«

Wir konnten ein leises Lächeln nicht unterdrücken. Jeder von uns wußte, daß Czentovic unserem unbekannten Helfer keineswegs großmütig eine Chance gelassen und diese seine Bemerkung nichts anderes als eine naive Ausflucht war, um sein eigenes Versagen zu maskieren. Umso heftiger wuchs unser Verlangen, einen derart unerschütterlichen Hochmut gedemütigt zu sehen. Mit einem Mal war über uns friedliche, lässige Bordbewohner eine wilde, ehrgeizige Kampflust gekommen, denn der Gedanke, daß gerade auf unserem Schiff mitten auf dem Ozean dem Schachmeister die Palme entrungen werden könnte – ein Rekord, der dann von allen Telegraphenbüros über die ganze Welt hingeblitzt würde – faszinierte uns in herausforderndster Weise. Dazu kam noch der Reiz des Mysteriösen, der von dem unerwarteten Eingreifen unseres Retters gerade im kritischen Momente ausging, und der Kontrast seiner fast ängstlichen Bescheidenheit mit dem unerschütterlichen Selbstbewußtsein des

Professionellen. Wer war dieser Unbekannte? Hatte hier der Zufall ein noch unentdecktes Schachgenie zutage gefördert? Oder verbarg uns aus einem unerforschlichen Grunde ein berühmter Meister seinen Namen? Alle diese Möglichkeiten erörterten wir in aufgeregtester Weise; selbst die verwegensten Hypothesen waren uns nicht verwegen genug, um die rätselhafte Scheu und das überraschende Bekenntnis des Fremden mit seiner doch unverkennbaren Spielkunst in Einklang zu bringen. In einer Hinsicht jedoch blieben wir alle einig: keinesfalls auf das Schauspiel eines neuerlichen Kampfes zu verzichten. Wir beschlossen, alles zu versuchen, damit unser Helfer am nächsten Tage eine Partie gegen Czentovic spiele, für deren materielles Risiko McConnor aufzukommen sich verpflichtete. Da sich inzwischen durch Umfrage beim Steward herausgestellt hatte, daß der Unbekannte ein Österreicher sei, wurde mir als Landsmann der Auftrag zugeteilt, ihm unsere Bitte zu unterbreiten.

Ich benötigte nicht lange, um auf dem Promenadendeck den so eilig Entflüchteten aufzufinden. Er lag auf seinem Deckchair und las. Ehe ich auf ihn zutrat, nahm ich die Gelegenheit wahr, ihn zu betrachten. Der scharfgeschnittene Kopf ruhte in der Haltung leichter Ermüdung auf dem Kissen; abermals fiel mir die merkwürdige Blässe des verhältnismäßig jungen Gesichtes besonders auf, dem die Haare blendend weiß die Schläfen rahmten; ich hatte, ich weiß nicht warum, den Eindruck, dieser Mann müsse plötzlich gealtert sein. Kaum ich auf ihn zutrat, erhob er sich höflich und stellte sich mit einem Namen vor, der mir sofort vertraut war als der einer hochangesehenen altösterreichischen Familie. Ich erinnerte mich, daß ein Träger dieses Namens zu dem engsten Freundeskreise Schuberts gehört hatte und auch einer der Leibärzte des alten Kaisers dieser Familie entstammte. Als ich Dr. B. unsere Bitte übermittelte, die Herausforderung Czentovics anzunehmen, war er sichtlich verblüfft. Es erwies sich, daß er keine Ahnung gehabt hatte, bei jener Partie einen Weltmeister, und gar den zur Zeit erfolgreichsten, ruhmreich bestanden zu haben. Aus irgendeinem Grunde schien diese Mitteilung auf ihn besonderen Eindruck zu machen, denn er erkundigte sich immer und immer wieder von neuem, ob ich dessen gewiß sei, daß sein Gegner tatsächlich ein anerkannter Weltmeister gewesen. Ich merkte bald, daß dieser Umstand meinen Auftrag erleichterte, und hielt es nur, seine Feinfühligkeit spürend, für ratsam, ihm zu verschweigen, daß das materielle Risiko einer allfälligen Niederlage zu Lasten von McConnors Kasse ginge. Nach längerem Zögern erklärte sich Dr. B. schließlich zu einem Match bereit, doch nicht ohne ausdrücklich gebeten zu haben, die anderen Herren nochmals zu warnen, sie möchten keineswegs auf sein Können übertriebene Hoffnungen setzen.

»Denn«, fügte er mit einem versonnenen Lächeln hinzu, »ich weiß wahrhaftig nicht, ob ich fähig bin, eine Schachpartie nach allen Regeln richtig zu spielen. Bitte glauben Sie mir, daß es keineswegs falsche Bescheidenheit war, wenn ich sagte, daß ich seit meiner Gymnasialzeit, also seit mehr als zwanzig Jahren, keine Schachfigur mehr berührt habe. Und selbst zu jener Zeit galt ich bloß als Spieler ohne sonderliche Begabung.«

Er sagte dies in einer so natürlichen Weise, daß ich nicht den leisesten Zweifel an seiner Aufrichtigkeit hegen durfte. Dennoch konnte ich nicht umhin, meiner Verwunderung Ausdruck zu geben, wie genau er an jede einzelne Kombination der verschiedenen Meister sich erinnern könne; immerhin müsse er sich doch wenigstens theoretisch mit Schach viel beschäftigt haben. Dr. B. lächelte abermals in jener merkwürdig traumhaften Art.

»Viel beschäftigt! – weiß Gott, das kann man wohl sagen, daß ich mich mit Schach viel beschäftigt habe. Aber das geschah unter ganz besonderen, ja völlig einmaligen Umständen. Es war dies eine ziemlich komplizierte Geschichte, und sie könnte allenfalls als kleiner Beitrag gelten zu unserer lieblichen großen Zeit. Wenn Sie eine halbe Stunde Geduld haben …«

Er hatte auf den Deckchair neben sich gedeutet. Gerne folgte ich seiner Einladung. Wir waren ohne Nachbarn. Dr. B. nahm die Lesebrille von den Augen, legte sie zur Seite und begann:

»Sie waren so freundlich, zu äußern, daß Sie sich als Wiener des Namens meiner Familie erinnerten. Aber ich vermute, Sie werden kaum von der Rechtsanwaltskanzlei gehört haben, die ich gemeinsam mit meinem Vater und späterhin allein leitete, denn wir führten keine Causen, die publizistisch in der Zeitung abgehandelt wurden, und vermieden aus Prinzip neue Klienten. In Wirklichkeit hatten wir eigentlich gar keine richtige Anwaltspraxis mehr, sondern beschränkten uns ausschließlich auf die Rechtsberatung und vor allem Vermögensverwaltung der großen Klöster, denen mein Vater als früherer Abgeordneter der klerikalen Partei nahestand. Außerdem war uns – heute, da die Monarchie der Geschichte angehört, darf man wohl schon darüber sprechen – die Verwaltung der Fonds einiger Mitglieder der kaiserlichen Familie anvertraut. Diese Verbindungen zum Hof und zum Klerus – mein Onkel war Leibarzt des Kaisers, ein anderer Abt in Seitenstetten – reichten schon zwei Generationen zurück; wir hatten sie nur zu erhalten, und es war eine stille, eine, möchte ich sagen, lautlose Tätigkeit, die uns durch dies ererbte Vertrauen zugeteilt war, eigentlich nicht viel mehr erfordernd als strengste Diskretion und Verläßlichkeit, zwei Eigenschaften, die mein verstorbener Vater im höchsten Maße besaß; ihm ist es tatsächlich gelungen, sowohl in den Inflationsjahren als in jenen des Umsturzes durch seine Umsicht seinen Klienten beträchtliche Vermögenswerte zu erhalten. Als dann Hitler in Deutschland ans

Ruder kam und gegen den Besitz der Kirche und der Klöster seine Raubzüge begann, gingen auch von jenseits der Grenze mancherlei Verhandlungen und Transaktionen, um wenigstens den mobilen Besitz vor Beschlagnahme zu retten, durch unsere Hände, und von gewissen geheimen politischen Verhandlungen der Kurie und des Kaiserhauses wußten wir beide mehr, als die Öffentlichkeit je erfahren wird. Aber gerade die Unauffälligkeit unserer Kanzlei – wir führten nicht einmal ein Schild an der Tür – sowie die Vorsicht, daß wir beide alle Monarchistenkreise in Wien ostentativ mieden, bot sichersten Schutz vor unberufenen Nachforschungen. De facto hat in all diesen Jahren keine Behörde in Österreich jemals vermutet, daß die geheimen Kuriere des Kaiserhauses ihre wichtigste Post immer gerade in unserer unscheinbaren Kanzlei im vierten Stock abholten oder abgaben.

Nun hatten die Nationalsozialisten, längst ehe sie ihre Armeen gegen die Welt aufrüsteten, eine andere ebenso gefährliche und geschulte Armee in allen Nachbarländern zu organisieren begonnen, die Legion der Benachteiligten, der Zurückgesetzten, der Gekränkten. In jedem Amt, in jedem Betrieb waren ihre sogenannten ›Zellen‹ eingenistet, an jeder Stelle bis hinauf in die Privatzimmer von Dollfuß und Schuschnigg saßen ihre Horchposten und Spione. Selbst in unserer unscheinbaren Kanzlei hatten sie, wie ich leider erst zu spät erfuhr, ihren Mann. Es war freilich nicht mehr als ein jämmerlicher und talentloser Kanzlist, den ich auf Empfehlung eines Pfarrers einzig deshalb angestellt hatte, um der Kanzlei nach außen hin den Anschein eines regulären Betriebes zu geben; in Wirklichkeit verwerteten wir ihn zu nichts anderem als zu unschuldigen Botengängen, ließen ihn das Telephon bedienen und die Akten ordnen, das heißt jene Akten, die völlig gleichgültig und unbedenklich waren. Die Post durfte er niemals öffnen, alle wichtigen Briefe schrieb ich, ohne Kopien zu hinterlegen, eigenhändig mit der Maschine, jedes wesentliche Dokument nahm ich selbst nach Hause und verlegte geheime Besprechungen ausschließlich in die Priorei des Klosters oder in das Ordinationszimmer meines Onkels. Dank dieser Vorsichtsmaßnahmen bekam dieser Horchposten von den eigentlichen Vorgängen nichts zu sehen; aber durch einen unglücklichen Zufall mußte der ehrgeizige und eitle Bursche bemerkt haben, daß man ihm mißtraute und hinter seinem Rücken allerlei Interessantes geschah. Vielleicht hat einmal in meiner Abwesenheit einer der Kuriere unvorsichtigerweise von ›Seiner Majestät‹ gesprochen, statt, wie vereinbart, vom ›Baron Fern‹, oder der Lump mußte Briefe widerrechtlich geöffnet haben – jedenfalls holte er sich, ehe ich Verdacht schöpfen konnte, von München oder Berlin Auftrag, uns zu überwachen. Erst viel später, als ich längst in Haft saß, erinnerte ich mich, daß seine anfängliche Lässigkeit im Dienst sich in den letzten Monaten in plötzlichen Eifer verwandelt hatte und er sich mehrfach beinahe zudringlich angeboten, meine Korrespondenz zur Post zu bringen. Ich kann mich von einer gewissen Unvorsichtigkeit also nicht freisprechen, aber sind schließlich nicht auch die größten Diplomaten und Militärs der Welt von der Hitlerei heimtückisch überspielt worden? Wie genau und liebevoll die Gestapo mir längst ihre Aufmerksamkeit zugewandt hatte, erwies dann äußerst handgreiflich der Umstand, daß noch am selben Abend, da Schuschnigg seine Abdankung gab, und einen Tag, ehe Hitler in Wien einzog, ich bereits von SS-Leuten festgenommen war. Die allerwichtigsten Papiere war es mir glücklicherweise noch gelungen zu verbrennen, kaum ich im Radio die Abschiedsrede Schuschniggs gehört, und den Rest der Dokumente mit den unentbehrlichen Belegen für die im Ausland deponierten Vermögenswerte der Klöster und zweier Erzherzöge schickte ich – wirklich in der letzten Minute, ehe die Burschen mir die Tür einhämmerten – in einem Waschkorb versteckt durch meine alte, verläßliche Haushälterin zu meinem Onkel hinüber.«

Dr. B. unterbrach, um sich eine Zigarre anzuzünden. Bei dem aufflackernden Licht bemerkte ich, daß ein nervöses Zucken um seinen rechten Mundwinkel lief, das mir schon vorher aufgefallen war und, wie ich beobachten konnte, sich jede paar Minuten wiederholte. Es war nur eine flüchtige Bewegung, kaum stärker als ein Hauch, aber sie gab dem ganzen Gesicht eine merkwürdige Unruhe.

»Sie vermuten nun wahrscheinlich, daß ich Ihnen jetzt vom Konzentrationslager erzählen werde, in das doch alle jene überführt wurden, die unserem alten Österreich die Treue gehalten, von den Erniedrigungen, Martern, Torturen, die ich dort erlitten. Aber nichts dergleichen geschah. Ich kam in eine andere Kategorie. Ich wurde nicht zu jenen Unglücklichen getrieben, an denen man mit körperlichen und seelischen Erniedrigungen ein lang aufgespartes Ressentiment austobte, sondern jener anderen, ganz kleinen Gruppe zugeteilt, aus der die Nationalsozialisten entweder Geld oder wichtige Informationen herauszupressen hofften. An sich war meine bescheidene Person natürlich der Gestapo völlig uninteressant. Sie mußten aber erfahren haben, daß wir die Strohmänner, die Verwalter und Vertrauten ihrer erbittertsten Gegner gewesen, und was sie von mir zu erpressen hofften, war belastendes Material: Material gegen die Klöster, denen sie Vermögensverschiebungen nachweisen wollten, Material gegen die kaiserliche Familie und alle jene, die in Österreich sich aufopfernd für die Monarchie eingesetzt. Sie vermuteten – und wahrhaftig nicht zu Unrecht – daß von jenen Fonds, die durch unsere Hände gegangen waren, wesentliche Bestände sich noch, ihrer Raublust unzugänglich, versteckten; so holten sie mich darum gleich am ersten Tag heran, um mit ihren bewährten Methoden mir diese Geheimnisse abzuzwingen. Leute meiner Kategorie, aus denen wichtiges Material oder Geld herausgepreßt werden sollte, wurden deshalb nicht in Konzentrationslager abgeschoben, sondern für eine besondere Behandlung aufgespart. Sie erinnern sich vielleicht, daß unser Kanzler und anderseits der Baron Rothschild, dessen Verwandten sie Millionen abzunötigen hofften, keineswegs hinter Stacheldraht in ein Gefangenenlager gesetzt, sondern unter scheinbarer Bevorzugung in ein Hotel, das Hotel Metropole, das zugleich Hauptquartier der Gestapo war, überführt wurden, wo jeder von ihnen ein abgesondertes Zimmer erhielt. Auch mir unscheinbarem Manne wurde diese Auszeichnung erwiesen.

Ein eigenes Zimmer in einem Hotel – nicht wahr, das klingt an sich äußerst human? Aber Sie dürfen mir glauben, daß man uns keineswegs eine humanere, sondern nur eine raffiniertere Methode zudachte, wenn man uns ›Prominente‹ nicht zu zwanzig in eine eiskalte Baracke stopfte, sondern in einem leidlich geheizten und separaten Hotelzimmer behauste. Denn die Pression, mit der man uns das benötigte ›Material‹ abzwingen wollte, sollte auf subtilere Weise funktionieren als durch rohe Prügel oder körperliche Folter: durch die denkbar raffinierteste Isolierung. Man tat uns nichts – man stellte uns nur in das vollkommene Nichts, denn bekanntlich erzeugt kein Ding auf Erden einen solchen Druck auf die menschliche Seele als das Nichts. Indem man uns jeden einzeln in ein völliges Vakuum sperrte, in ein Zimmer, das hermetisch von der Außenwelt abgeschlossen war, sollte, statt von außen durch Prügel und Kälte, jener Druck von innen erzeugt werden, der uns schließlich die Lippen aufsprengte. Auf den ersten Blick sah das mir zugewiesene Zimmer durchaus nicht unbehaglich aus. Es hatte eine Tür, einen Tisch, ein Bett, einen Sessel, eine Waschschüssel, ein vergittertes Fenster. Aber die Tür blieb Tag und Nacht verschlossen, auf dem Tisch durfte kein Buch, keine Zeitung, kein Blatt Papier, kein Bleistift liegen, das Fenster starrte eine Feuermauer an;

rings um mein Ich und selbst an meinem eigenen Körper war das vollkommene Nichts konstruiert. Man hatte mir jeden Gegenstand abgenommen, die Uhr, damit ich nicht wisse um die Zeit, den Bleistift, daß ich nicht etwa schreiben könne, das Messer, damit ich mir nicht die Adern öffnen könne; selbst die kleinste Betäubung wie eine Zigarette wurde mir versagt. Nie sah ich außer dem Wärter, der kein Wort sprechen und auf keine Frage antworten durfte, ein menschliches Gesicht, nie hörte ich eine menschliche Stimme; Auge, Ohr, alle Sinne bekamen von morgens bis nachts und von nachts bis morgens nicht die geringste Nahrung, man blieb mit sich, mit seinem Körper und den vier oder fünf stummen Gegenständen Tisch, Bett, Fenster, Waschschüssel rettungslos allein; man lebte wie ein Taucher unter der Glasglocke im schwarzen Ozean dieses Schweigens und wie ein Taucher sogar, der schon ahnt, daß das Seil nach der Außenwelt abgerissen ist und er nie zurückgeholt werden wird aus der lautlosen Tiefe. Es gab nichts zu tun, nichts zu hören, nichts zu sehen, überall und ununterbrochen war um einen das Nichts, die völlige raumlose und zeitlose Leere. Man ging auf und ab, und mit einem gingen die Gedanken auf und ab, auf und ab, immer wieder. Aber selbst Gedanken, so substanzlos sie scheinen, brauchen einen Stützpunkt, sonst beginnen sie zu rotieren und sinnlos um sich selbst zu kreisen; auch sie ertragen nicht das Nichts. Man wartete auf etwas, von morgens bis abends, und es geschah nichts. Man wartete wieder und wieder. Es geschah nichts. Man wartete, wartete, wartete, man dachte, man dachte, man dachte, bis einem die Schläfen schmerzten. Nichts geschah. Man blieb allein. Allein. Allein.

Das dauerte vierzehn Tage, die ich außerhalb der Zeit, außerhalb der Welt lebte. Wäre damals ein Krieg ausgebrochen, ich hätte es nicht erfahren; meine Welt bestand doch nur aus Tisch, Tür, Bett, Waschschüssel, Sessel, Fenster und

Wand, und immer starrte ich auf dieselbe Tapete an derselben Wand; jede Linie ihres gezackten Musters hat sich wie mit ehernem Stichel eingegraben bis in die innerste Falte meines Gehirns, so oft habe ich sie angestarrt. Dann endlich begannen die Verhöre. Man wurde plötzlich abgerufen, ohne recht zu wissen, ob es Tag war oder Nacht. Man wurde gerufen und durch ein paar Gänge geführt, man wußte nicht wohin; dann wartete man irgendwo und wußte nicht wo und stand plötzlich vor einem Tisch, um den ein paar uniformierte Leute saßen. Auf dem Tisch lag ein Stoß Papier: die Akten, von denen man nicht wußte, was sie enthielten, und dann begannen die Fragen, die echten und die falschen, die klaren und die tückischen, die Deckfragen und Fangfragen, und während man antwortete, blätterten fremde, böse Finger in den Papieren, von denen man nicht wußte, was sie enthielten, und fremde, böse Finger schrieben etwas in ein Protokoll, und man wußte nicht, was sie schrieben. Aber das Fürchterlichste bei diesen Verhören für mich war, daß ich nie erraten und errechnen konnte, was die Gestapoleute von den Vorgängen in meiner Kanzlei tatsächlich wußten und was sie erst aus mir herausholen wollten. Wie ich Ihnen bereits sagte, hatte ich die eigentlich belastenden Papiere meinem Onkel in letzter Stunde durch die Haushälterin geschickt. Aber hatte er sie erhalten? Hatte er sie nicht erhalten? Und wieviel hatte jener Kanzlist verraten? Wieviel hatten sie an Briefen aufgefangen, wieviel inzwischen in den deutschen Klöstern, die wir vertraten, einem ungeschickten Geistlichen vielleicht schon abgepreßt? Und sie fragten und fragten. Welche Papiere ich für jenes Kloster gekauft, mit welchen Banken ich korrespondiert, ob ich einen Herrn Soundso kenne oder nicht, ob ich Briefe aus der Schweiz erhalten und aus Steenockerzele? Und da ich nie errechnen konnte, wieviel sie schon ausgekundschaftet hatten, wurde jede Antwort zur ungeheuersten Verantwortung. Gab ich etwas zu, was ihnen nicht bekannt war, so lieferte ich vielleicht unnötig jemanden ans Messer. Leugnete ich zuviel ab, so schädigte ich mich selbst.

Aber das Verhör war noch nicht das Schlimmste. Das Schlimmste war das Zurückkommen nach dem Verhör in mein Nichts, in dasselbe Zimmer mit demselben Tisch, demselben Bett, derselben Waschschüssel, derselben Tapete. Denn kaum allein mit mir, versuchte ich zu rekonstruieren, was ich am klügsten hätte antworten sollen und was ich das nächste Mal sagen müßte, um den Verdacht wieder abzulenken, den ich vielleicht mit einer unbedachten Bemerkung heraufbeschworen. Ich überlegte, ich durchdachte, ich durchforschte, ich überprüfte meine eigene Aussage auf jedes Wort, das ich dem Untersuchungsrichter gesagt, ich rekapitulierte jede Frage, die sie gestellt, jede Antwort, die ich gegeben, ich versuchte zu erwägen, was sie davon protokolliert haben könnten, und wußte doch, daß ich das nie errechnen und erfahren könnte. Aber diese Gedanken, einmal angekurbelt im leeren Raum, hörten nicht auf, im Kopf zu rotieren, immer wieder von neuem, in immer anderen Kombinationen, und das ging hinein bis in den Schlaf; jedesmal nach einer Vernehmung durch die Gestapo übernahmen ebenso unerbittlich meine eigenen Gedanken die Marter des Fragens und Forschens und Quälens, und vielleicht noch grausamer sogar, denn jene Vernehmungen endeten doch immerhin nach einer Stunde, und diese nie, dank der tückischen Tortur dieser Einsamkeit. Und immer um mich nur der Tisch, der Schrank, das Bett, die Tapete, das Fenster, keine Ablenkung, kein Buch, keine Zeitung, kein fremdes Gesicht, kein Bleistift, um etwas zu notieren, kein Zündholz, um damit zu spielen, nichts, nichts, nichts. Jetzt erst gewahrte ich, wie teuflisch sinnvoll, wie psychologisch mörderisch erdacht dieses System des Hotelzimmers war. Im Konzentrationslager hätte man vielleicht Steine karren müssen, bis einem die Hände bluteten und die Füße in den Schuhen abfroren, man wäre zusammengepackt gelegen mit zwei Dutzend Menschen in Stank und Kälte. Aber man hätte Gesichter gesehen, man hätte ein Feld, einen Karren, einen Baum, einen Stern, irgend, irgend etwas anstarren können, indes hier immer dasselbe um einen stand, immer dasselbe, das entsetzliche Dasselbe. Hier war nichts, was mich ablenken konnte von meinen Gedanken, von meinen Wahnvorstellungen, von meinem krankhaften Rekapitulieren. Und gerade das beabsichtigten sie – ich sollte doch würgen und würgen an meinen Gedanken, bis sie mich erstickten und ich nicht anders konnte, als sie schließlich ausspeien, als auszusagen, alles auszusagen, was sie wollten, endlich das Material und die Menschen auszuliefern. Allmählich spürte ich, wie meine Nerven unter diesem gräßlichen Druck des Nichts sich zu lockern begannen, und ich spannte, der Gefahr bewußt, bis zum Zerreißen meine Nerven, irgendeine Ablenkung zu finden oder zu erfinden. Um mich zu beschäftigen, versuchte ich alles, was ich jemals auswendig gelernt, zu rezitieren und zu rekonstruieren, die Volkshymne und die Spielreime der Kinderzeit, den Homer des Gymnasiums, die Paragraphen des Bürgerlichen Gesetzbuchs. Dann versuchte ich zu rechnen, beliebige Zahlen zu addieren, zu dividieren, aber mein Gedächtnis hatte im Leeren keine festhaltende Kraft. Ich konnte mich auf nichts konzentrieren. Immer fuhr und flackerte derselbe Gedanke dazwischen: Was wissen sie? Was habe ich gestern gesagt, was muß ich das nächste Mal sagen?

Dieser eigentlich unbeschreibbare Zustand dauerte vier Monate. Nun – vier Monate, das schreibt sich leicht hin: just ein Dutzend Buchstaben! Das spricht sich leicht aus: vier Monate – vier Silben. In einer Viertelsekunde hat die Lippe rasch so einen Laut artikuliert: vier Monate! Aber niemand kann schildern, kann messen, kann veranschaulichen, nicht einem anderen, nicht sich selbst, wie lange eine Zeit im Raumlosen, im Zeitlosen währt, und keinem kann man erklären, wie es einen zerfrißt und zerstört, dieses Nichts und Nichts und Nichts um einen, dies immer nur Tisch und Bett und Waschschüssel und Tapete, und immer das Schweigen, immer derselbe Wärter, der, ohne einen anzusehen, das Essen hereinschiebt, immer dieselben Gedanken, die im Nichts um das Eine kreisen, bis man irre wird. An kleinen Zeichen wurde ich beunruhigt gewahr, daß mein Gehirn in Unordnung geriet. Im Anfang war ich bei den Vernehmungen noch innerlich klar gewesen, ich hatte ruhig und überlegt ausgesagt; jenes Doppeldenken, was ich sagen sollte und was nicht, hatte noch funktioniert. Jetzt konnte ich schon die einfachsten Sätze nur mehr stammelnd artikulieren, denn während ich aussagte, starrte ich hypnotisiert auf die Feder, die protokollierend über das Papier lief, als wollte ich meinen eigenen Worten nachlaufen. Ich spürte, meine Kraft ließ nach, ich spürte, immer näher rückte der Augenblick, wo ich, um mich zu retten, alles sagen würde, was ich wußte, und vielleicht noch mehr, wo ich, um dem Würgen dieses Nichts zu entkommen, zwölf Menschen und ihre Geheimnisse verraten würde, ohne mir selbst damit mehr zu schaffen als einen Atemzug Rast. An einem Abend war es wirklich schon so weit: als der Wärter zufällig in diesem Augenblick des Erstickens mir das Essen brachte, schrie ich ihm plötzlich nach: ›Führen Sie mich zur Vernehmung! Ich will alles sagen! Ich will alles aussagen! Ich will sagen, wo die Papiere sind, wo das Geld liegt! Alles werde ich sagen, alles!‹ Glücklicherweise hörte er mich nicht mehr. Vielleicht wollte er mich auch nicht hören.

In dieser äußersten Not ereignete sich nun etwas Unvorhergesehenes, was Rettung bot, Rettung zum mindesten für eine gewisse Zeit. Es war Ende Juli, ein dunkler, verhangener, regnerischer Tag: ich erinnere mich an diese Einzelheit deshalb ganz genau, weil der Regen gegen die Scheiben im Gang trommelte, durch den ich zur Vernehmung geführt wurde. Im Vorraum des Untersuchungszimmers mußte ich warten. Immer mußte man bei jeder Vorführung warten: auch dieses Wartenlassen gehörte zur Technik. Erst riß man einem die Nerven auf durch den Anruf, durch das plötzliche Abholen aus der Zelle mitten in der Nacht, und dann, wenn man schon eingestellt war auf die Vernehmung, schon Verstand und Willen gespannt hatte zum Widerstand, ließen sie einen warten, sinnlos-sinnvoll warten, eine Stunde, zwei Stunden, drei Stunden vor der Vernehmung, um den Körper müde, um die Seele mürbe zu machen. Und man ließ mich besonders lange warten an diesem Donnerstag, den 27. Juli, zwei geschlagene Stunden im Vorzimmer stehend warten; ich erinnere mich auch an dieses Datum aus einem bestimmten Grunde so genau, denn in diesem Vorzimmer, wo ich – selbstverständlich, ohne mich niedersetzen zu dürfen – zwei Stunden mir die Beine in den Leib stehen mußte, hing ein Kalender, und ich vermag Ihnen nicht zu erklären, wie in meinem Hunger nach Gedrucktem, nach Geschriebenem ich diese eine Zahl, diese wenigen Worte ›27. Juli‹ an der Wand anstarrte und anstarrte; ich fraß sie gleichsam in mein Gehirn hinein. Und dann wartete ich wieder und wartete und starrte auf die Tür, wann sie sich endlich öffnen würde, und überlegte zugleich, was die Inquisitoren mich diesmal fragen könnten, und wußte doch, daß sie mich etwas ganz anderes fragen würden, als worauf ich mich vorbereitete. Aber trotz alledem war die Qual dieses Wartens und Stehens zugleich eine Wohltat, eine Lust, weil dieser Raum immerhin ein anderes Zimmer war als das meine, etwas größer und mit zwei Fenstern statt einem, und ohne das Bett und ohne die Waschschüssel und ohne den bestimmten Riß am Fensterbrett, den ich millionenmal betrachtet. Die Tür war anders gestrichen, ein anderer Sessel stand an der Wand und links ein Registerschrank mit Akten sowie eine Garderobe mit Aufhängern, an denen drei oder vier nasse militärische Mäntel, die Mäntel meiner Folterknechte, hingen. Ich hatte also etwas Neues, etwas anderes zu betrachten, endlich einmal etwas anderes mit meinen ausgehungerten Augen, und sie krallten sich gierig an jede Einzelheit. Ich beobachtete an diesen Mänteln jede Falte, ich bemerkte zum Beispiel einen Tropfen, der von einem der nassen Kragen niederhing, und so lächerlich es für Sie klingen mag, ich wartete mit einer unsinnigen Erregung, ob dieser Tropfen endlich abrinnen wollte, die Falte entlang, oder ob er noch gegen die Schwerkraft sich wehren und länger haften bleiben würde – ja, ich starrte und starrte minutenlang atemlos auf diesen Tropfen, als ob mein Leben davon abhinge. Dann, als er endlich niedergerollt war, zählte ich wieder die Knöpfe auf den Mänteln nach, acht an dem einen Rock, acht an dem andern, zehn an dem dritten, dann wieder verglich ich die Aufschläge; all diese lächerlichen, unwichtigen Kleinigkeiten betasteten, umspielten, umgriffen meine verhungerten Augen mit einer Gier, die ich nicht zu beschreiben vermag. Und plötzlich blieb mein Blick starr an etwas haften. Ich hatte entdeckt, daß an einem der Mäntel die Seitentasche etwas aufgebauscht war. Ich trat näher heran und glaubte an der rechteckigen Form der Ausbuchtung zu erkennen, was diese etwas geschwellte Tasche in sich barg: ein Buch! Mir begannen die Knie zu zittern: ein BUCH! Vier Monate lang hatte ich kein Buch in der Hand gehabt, und schon die bloße Vorstellung eines Buches, in dem man aneinandergereihte Worte sehen konnte, Zeilen, Seiten und Blätter, eines Buches, aus dem man andere, neue, fremde, ablenkende Gedanken lesen, verfolgen, sich ins Hirn nehmen könnte, hatte etwas Berauschendes und gleichzeitig Betäubendes. Hypnotisiert starrten meine Augen auf die kleine Wölbung, die jenes Buch innerhalb der Tasche formte, sie glühten diese eine unscheinbare Stelle an, als ob sie ein Loch in den Mantel brennen wollten. Schließlich konnte ich meine Gier nicht verhalten; unwillkürlich schob ich mich näher heran. Schon der Gedanke, ein Buch durch den Stoff mit den Händen wenigstens antasten zu können, machte mir die Nerven in den Fingern bis zu den Nägeln glühen. Fast ohne es zu wissen, drückte ich mich immer näher heran. Glücklicherweise achtete der Wärter nicht auf mein gewiß sonderbares Gehaben; vielleicht auch schien es ihm nur natürlich, daß ein Mensch nach zwei Stunden aufrechten Stehens sich ein wenig an die Wand lehnen wollte. Schließlich stand ich schon ganz nahe bei dem Mantel, und mit Absicht hatte ich die Hände hinter mich auf den Rücken gelegt, damit sie unauffällig den Mantel berühren könnten. Ich tastete den Stoff an und fühlte tatsächlich durch den Stoff etwas Rechteckiges, etwas, das biegsam war und leise knisterte – ein Buch! Ein Buch! Und wie ein Schuß durchzuckte mich der Gedanke: stiehl dir das Buch! Vielleicht gelingt es, und du kannst dir's in der Zelle verstecken und dann lesen, lesen, lesen, endlich wieder einmal lesen! Der Gedanke, kaum in mich gedrungen, wirkte wie ein starkes Gift; mit einem Mal begannen mir die Ohren zu brausen und das Herz zu hämmern, meine Hände wurden eiskalt und gehorchten nicht mehr. Aber nach der ersten Betäubung drängte ich mich leise und listig noch näher an den Mantel, ich drückte, immer dabei den Wächter fixierend, mit den hinter dem Rücken versteckten Händen das Buch von unten aus der Tasche höher und höher. Und dann: ein Griff, ein leichter, vorsichtiger Zug, und plötzlich hatte ich das kleine, nicht sehr umfangreiche Buch in der Hand. Jetzt erst erschrak ich vor meiner Tat. Aber ich konnte nicht mehr zurück. Jedoch wohin damit? Ich schob den Band hinter meinem Rücken unter die Hose an die Stelle, wo sie der Gürtel hielt, und von dort allmählich hinüber an die Hüfte, damit ich es beim Gehen mit der Hand militärisch an der Hosennaht festhalten könnte. Nun galt es die erste Probe. Ich trat von der Garderobe weg, einen Schritt, zwei Schritte, drei Schritte. Es ging. Es war möglich, das Buch im Gehen festzuhalten, wenn ich nur die Hand fest an den Gürtel preßte.

Dann kam die Vernehmung. Sie erforderte meinerseits mehr Anstrengung als je, denn eigentlich konzentrierte ich meine ganze Kraft, während ich antwortete, nicht auf meine Aussage, sondern vor allem darauf, das Buch unauffällig festzuhalten. Glücklicherweise fiel das Verhör diesmal kurz aus, und ich brachte das Buch heil in mein Zimmer – ich will Sie nicht aufhalten mit all den Einzelheiten, denn einmal rutschte es von der Hose gefährlich ab mitten im Gang, und ich mußte einen schweren Hustenanfall simulieren, um mich niederzubeugen und es wieder heil unter den Gürtel zurückzuschieben. Aber welch eine Sekunde dafür, als ich damit in meine Hölle zurücktrat, endlich allein und doch nicht mehr allein!

Nun vermuten Sie wahrscheinlich, ich hätte sofort das Buch gepackt, betrachtet, gelesen. Keineswegs! Erst wollte ich die Vorlust auskosten, daß ich ein Buch mit mir hatte, die künstlich verzögernde und meine Nerven wunderbar erregende Lust, mir auszuträumen, welche Art Buch dies gestohlene am liebsten sein sollte: sehr eng gedruckt vor allem, viele, viele Lettern enthaltend, viele, viele dünne Blätter, damit ich länger daran zu lesen hätte. Und dann wünschte ich mir, es sollte ein Werk sein, das mich geistig anstrengte, nichts Flaches, nichts Leichtes, sondern etwas, das man lernen, auswendig lernen konnte, Gedichte, und am besten – welcher verwegene Traum! – Goethe oder Homer. Aber schließlich konnte ich meine Gier, meine Neugier nicht länger verhalten. Hingestreckt auf das Bett, sodaß der Wärter, wenn er plötzlich die Tür aufmachen sollte, mich nicht ertappen könnte, zog ich unter dem Gürtel zitternd den Band heraus.

Der erste Blick war eine Enttäuschung und sogar eine Art erbitterter Ärger: dieses mit so ungeheurer Gefahr erbeutete, mit so glühender Erwartung aufgesparte Buch war nichts anderes als ein Schachrepetitorium, eine Sammlung von hundertfünfzig Meisterpartien. Wäre ich nicht verriegelt, verschlossen gewesen, ich hätte im ersten Zorn das Buch durch ein offenes Fenster geschleudert, denn was sollte, was konnte ich mit diesem Nonsens beginnen? Ich hatte als Knabe im Gymnasium wie die meisten anderen mich ab und zu aus Langeweile vor einem Schachbrett versucht. Aber was sollte mir dies theoretische Zeug? Schach kann man doch nicht spielen ohne einen Partner und schon gar nicht ohne Steine, ohne Brett. Verdrossen blätterte ich die Seiten durch, um vielleicht dennoch etwas Lesbares zu entdecken, eine Einleitung, eine Anleitung; aber ich fand nichts als die nackten quadratischen Schemata der einzelnen Meisterpartien und darunter mir zunächst unverständliche Zeichen, a1-a2, f1-g3 und so weiter. Alles dies schien mir eine Art Algebra, zu der ich keinen Schlüssel fand. Erst allmählich enträtselte ich, daß die Buchstaben a, b, c für die Längsreihen, die Zahlen 1 bis 8 für die Querreihen eingesetzt waren und den jeweiligen Stand jeder einzelnen Figur bestimmten; damit bekamen die rein graphischen Schemata immerhin eine Sprache. Vielleicht, überlegte ich, könnte ich mir in meiner Zelle eine Art Schachbrett konstruieren und dann versuchen, diese Partien nachzuspielen; wie ein himmlischer Wink erschien es mir, daß mein Bettuch sich zufällig als grob kariert erwies. Richtig zusammengefaßt, ließ es sich am Ende so legen, um vierundsechzig Felder zusammenzubekommen. Ich versteckte also zunächst das Buch unter der Matratze und riß nur die ersten Seiten heraus. Dann begann ich aus kleinen Krümeln, die ich mir von meinem Brot absparte, in selbstverständlich lächerlich unvollkommener Weise die Figuren des Schachs, König, Königin und so weiter, zurechtzumodeln; nach endlosem Bemühen konnte ich es schließlich unternehmen, auf dem karierten Bettuch die im Schachbuch abgebildete Position zu rekonstruieren. Als ich aber versuchte, die ganze Partie nachzuspielen, mißlang es zunächst vollkommen mit meinen lächerlichen Krümelfiguren, von denen ich zur Unterscheidung die eine Hälfte mit Staub dunkler gefärbt hatte. Ich verwirrte mich in den ersten Tagen unablässig; fünfmal, zehnmal, zwanzigmal mußte ich diese eine Partie immer wieder von Anfang an beginnen. Aber wer auf Erden verfügte über so viel ungenützte Zeit wie ich, der Sklave des Nichts, wem stand so viel unermeßliche Gier und Geduld zu Gebot? Nach sechs Tagen spielte ich schon die Partie tadellos zu Ende, nach weiteren acht Tagen benötigte ich nicht einmal die Krümel auf dem Bettuch mehr, um mir die Position aus dem Schachbuch zu vergegenständlichen, und nach weiteren acht Tagen wurde auch das karierte Bettuch entbehrlich; automatisch verwandelten sich die anfangs abstrakten Zeichen des Buches a1, a2, c7, c8 hinter meiner Stirn zu visuellen, zu plastischen Positionen. Die Umstellung war restlos gelungen: ich hatte das Schachbrett mit seinen Figuren nach innen projiziert und überblickte auch dank der bloßen Formeln die jeweilige Position, so wie einem geübten Musiker der bloße Anblick der Partitur schon genügt, um alle Stimmen und ihren Zusammenklang zu hören. Nach weiteren vierzehn Tagen war ich mühelos imstande, jede Partie aus dem Buch auswendig – wie der Fachausdruck lautet: blind – nachzuspielen; jetzt erst begann ich zu verstehen, welche unermeßliche Wohltat mein frecher Diebstahl mir erobert. Denn ich hatte mit einem Male eine Tätigkeit – eine sinnlose, eine zwecklose, wenn Sie wollen, aber doch eine, die das Nichts um mich zunichte machte, ich besaß mit den hundertfünfzig Turnierpartien eine wunderbare Waffe gegen die erdrückende Monotonie des Raumes und der Zeit. Um mir den Reiz der neuen Beschäftigung ungebrochen zu bewahren, teilte ich mir von nun ab jeden Tag genau ein: zwei Partien morgens, zwei Partien nachmittags, abends dann noch eine rasche Wiederholung. Damit war mein Tag, der sich sonst wie Gallert formlos dehnte, ausgefüllt, ich war beschäftigt, ohne mich zu ermüden, denn das Schachspiel besitzt den wunderbaren Vorzug, durch Bannung der geistigen Energien auf ein eng begrenztes Feld selbst bei angestrengtester Denkleistung das Gehirn nicht zu erschlaffen, sondern eher seine Agilität und Spannkraft zu schärfen. Allmählich begann bei dem zuerst bloß mechanischen Nachspielen der Meisterpartien ein künstlerisches, ein lusthaftes Verständnis in mir zu erwachen. Ich lernte die Feinheiten, die Tücken und Schärfen in Angriff und Verteidigung verstehen, ich erfaßte die Technik des Vorausdenkens, Kombinierens, Ripostierens und erkannte bald die persönliche Note jedes einzelnen Schachmeisters in seiner individuellen Führung so unfehlbar, wie man Verse eines Dichters schon aus wenigen Zeilen feststellt; was als bloße zeitfüllende Beschäftigung begonnen, wurde Genuß, und die Gestalten der großen Schachstrategen, wie Aljechin, Lasker, Bogoljubow, Tartakower, traten als geliebte Kameraden in meine Einsamkeit. Unendliche Abwechslung beseelte täglich die stumme Zelle, und gerade die Regelmäßigkeit meiner Exerzitien gab meiner Denkfähigkeit die schon erschütterte Sicherheit zurück; ich empfand mein Gehirn aufgefrischt und durch die ständige Denkdisziplin sogar noch gleichsam neu geschliffen. Daß ich klarer und konziser dachte, erwies sich vor allem bei den Vernehmungen; unbewußt hatte ich mich auf dem Schachbrett in der Verteidigung gegen falsche Drohungen und verdeckte Winkelzüge vervollkommnet; von diesem Zeitpunkt an gab ich mir bei den Vernehmungen keine Blöße mehr, und mir dünkte sogar, daß die Gestapoleute mich allmählich mit einem gewissen Respekt zu betrachten begannen. Vielleicht fragten sie sich im Stillen, da sie alle anderen zusammenbrechen sahen, aus welchen geheimen Quellen ich allein die Kraft solch unerschütterlichen Widerstandes schöpfte.

Diese meine Glückszeit, da ich die hundertfünfzig Partien jenes Buches Tag für Tag systematisch nachspielte, dauerte etwa zweieinhalb bis drei Monate. Dann geriet ich unvermuteterweise an einen toten Punkt. Plötzlich stand ich neuerdings vor dem Nichts. Denn sobald ich jede einzelne dieser Partien zwanzig- oder dreißigmal durchgespielt hatte, verlor sie den Reiz der Neuheit, der Überraschung, ihre vordem so aufregende, so anregende Kraft war erschöpft. Welchen Sinn hatte es, nochmals und nochmals Partien zu wiederholen, die ich Zug um Zug längst auswendig kannte? Kaum ich die erste Eröffnung getan, klöppelte sich ihr Ablauf gleichsam automatisch in mir ab, es gab keine Überraschung mehr, keine Spannungen, keine Probleme. Um mich zu beschäftigen, um mir die schon unentbehrlich gewordene geistige Anstrengung und Ablenkung zu schaffen, hätte ich eigentlich ein anderes Buch mit anderen Partien gebraucht. Da dies aber vollkommen unmöglich war, gab es nur einen Weg auf dieser sonderbaren Irrbahn: ich mußte mir statt der alten Partien neue erfinden. Ich mußte versuchen, mit mir selbst oder vielmehr gegen mich selbst zu spielen.

Ich weiß nun nicht, bis zu welchem Grade Sie über die geistige Situation bei diesem Spiel der Spiele nachgedacht haben. Aber schon die flüchtigste Überlegung dürfte ausreichen, um klarzumachen, daß beim Schach als einem reinen, vom Zufall abgelösten Denkspiel es logischerweise eine Absurdität bedeutet, gegen sich selbst spielen zu wollen. Das Attraktive des Schachs beruht doch im Grunde einzig darauf, daß sich eine Strategie in zwei verschiedenen Gehirnen verschieden entwickelt, daß in diesem geistigen Krieg Schwarz die jeweiligen Manöver von Weiß nicht kennt und ständig zu erraten und zu durchkreuzen sucht, während seinerseits wieder Weiß die geheimen Absichten von Schwarz zu überholen und zu parieren strebt. Bildeten nun Schwarz und Weiß ein- und dieselbe Person, so ergäbe sich der widersinnige Zustand, daß ein- und dasselbe Gehirn gleichzeitig etwas wissen und doch nicht wissen sollte, daß es als Partner Weiß funktionierend, auf Kommando völlig vergessen könnte, was es eine Minute vorher als Partner Schwarz gewollt und beabsichtigt. Ein solches Doppeldenken setzt eigentlich eine vollkommene Spaltung des Bewußtseins voraus, ein beliebiges Auf- und Abblendenkönnen der Gehirnfunktion wie bei einem mechanischen Apparat; gegen sich selbst spielen zu wollen, bedeutet also im Schach eine solche Paradoxie, wie über seinen eigenen Schatten zu springen.

Nun, um mich kurz zu fassen, diese Unmöglichkeit, diese Absurdität habe ich in meiner Verzweiflung monatelang versucht. Aber ich hatte keine Wahl als diesen Widersinn, um nicht dem puren Irrsinn oder einem völligen geistigen Marasmus zu verfallen. Ich war durch meine fürchterliche Situation gezwungen, diese Spaltung in ein Ich Schwarz und ein Ich Weiß zumindest zu versuchen, um nicht erdrückt zu werden von dem grauenhaften Nichts um mich.«

Dr. B. lehnte sich zurück in dem Liegestuhl und schloß für eine Minute die Augen. Es war, als ob er eine verstörende Erinnerung gewaltsam unterdrücken wollte. Wieder lief das merkwürdige Zucken, das er nicht zu beherrschen wußte, um den linken Mundwinkel. Dann richtete er sich in seinem Lehnstuhl etwas höher auf.

»So – bis zu diesem Punkt hoffe ich, Ihnen alles ziemlich verständlich erklärt zu haben. Aber ich bin leider keineswegs gewiß, ob ich das Weitere Ihnen noch ähnlich deutlich veranschaulichen kann. Denn diese neue Beschäftigung erforderte eine so unbedingte Anspannung des Gehirns, daß sie jede gleichzeitige Selbstkontrolle unmöglich machte. Ich deutete Ihnen schon an, daß meiner Meinung nach es an sich schon Nonsens bedeutet, Schach gegen sich selber spielen zu wollen; aber selbst diese Absurdität hätte immerhin noch eine minimale Chance mit einem realen Schachbrett vor sich, weil das Schachbrett durch seine Realität immerhin noch eine gewisse Distanz, eine materielle Exterritorialisierung erlaubt. Vor einem wirklichen Schachbrett mit wirklichen Figuren kann man Überlegungen einschalten, man kann sich schon rein körperlich bald auf die eine Seite, bald auf die andere Seite des Tisches stellen und damit die Situation bald vom Standpunkt Schwarz, bald vom Standpunkt Weiß ins Auge fassen. Aber genötigt, wie ich es war, diese Kämpfe gegen mich selbst oder, wenn Sie wollen, mit mir selbst in einen imaginären Raum zu projizieren, mußte ich in meinem Bewußtsein die jeweilige Stellung auf den vierundsechzig Feldern deutlich festhalten und außerdem nicht nur die momentane Figuration, sondern auch schon die möglichen weiteren Züge von beiden Partnern mir auskalkulieren, und zwar – ich weiß, wie absurd dies alles klingt – mir doppelt und dreifach imaginieren, nein, sechsfach, achtfach, zwölffach, für jedes meiner Ich, für Schwarz und Weiß immer schon vier oder fünf Züge voraus. Ich mußte – verzeihen Sie, daß ich Ihnen zumute, diesen Irrsinn durchzudenken – bei diesem Spiel im abstrakten Raum der Phantasie als Spieler Weiß vier oder fünf Züge vorausberechnen und ebenso als Spieler Schwarz, also alle sich in der Entwicklung ergebenden Situationen gewissermaßen mit zwei Gehirnen vorauskombinieren, mit dem Gehirn Weiß und mit dem Gehirn Schwarz. Aber selbst diese Selbstzerteilung war noch nicht das Gefährlichste an meinem abstrusen Experiment, sondern daß ich durch das selbständige Ersinnen von Partien mit einem Mal den Boden unter den Füßen verlor und ins Bodenlose geriet. Das bloße Nachspielen der Meisterpartien, wie ich es in den vorhergehenden Wochen geübt, war schließlich nichts als eine reproduktive Leistung gewesen, ein reines Rekapitulieren einer gegebenen Materie und als solches nicht anstrengender, als wenn ich Gedichte auswendig gelernt oder Gesetzesparagraphen memoriert hätte; es war eine begrenzte, eine disziplinierte Tätigkeit und darum ein ausgezeichnetes exercitium mentalis. Meine zwei Partien, die ich morgens, die zwei, die ich nachmittags probte, stellten ein bestimmtes Pensum dar, das ich ohne jeden Einsatz von Erregung erledigte; sie ersetzten mir eine normale Beschäftigung, und überdies hatte ich, wenn ich mich im Ablauf einer Partie irrte oder nicht weiterwußte, an dem Buche noch immer einen Halt. Nur darum war diese Tätigkeit für meine erschütterten Nerven eine so heilsame und eher beruhigende gewesen, weil ein Nachspielen fremder Partien nicht mich selber ins Spiel brachte; ob Schwarz oder Weiß siegte, blieb mir gleichgültig, es waren doch Aljechin oder Bogoljubow, die um die Palme des Champions kämpften, und meine eigene Person, mein Verstand, meine Seele genossen einzig als Zuschauer, als Kenner die Peripetien und Schönheiten jener Partien. Von dem Augenblicke an, da ich aber gegen mich zu spielen versuchte, begann ich mich unbewußt herauszufordern. Jedes meiner beiden Ich, mein Ich Schwarz und mein Ich Weiß, hatten zu wetteifern gegeneinander und gerieten jedes für sein Tell in einen Ehrgeiz, in eine Ungeduld, zu siegen, zu gewinnen; ich fieberte als Ich Schwarz nach jedem Zuge, was das Ich Weiß nun tun würde. Jedes meiner beiden Ich triumphierte, wenn das andere einen Fehler machte, und erbitterte sich gleichzeitig über sein eigenes Ungeschick.

Das alles scheint sinnlos, und in der Tat wäre ja eine solche künstliche Schizophrenie, eine solche Bewußtseinsspaltung mit ihrem Einschuß an gefährlicher Erregtheit bei einem normalen Menschen in normalem Zustand undenkbar. Aber vergessen Sie nicht, daß ich aus aller Normalität gewaltsam gerissen war, ein Häftling, unschuldig eingesperrt, seit Monaten raffiniert mit Einsamkeit gemartert, ein Mensch, der seine aufgehäufte Wut längst gegen irgend etwas entladen wollte. Und da ich nichts anderes hatte, als das unsinnige Spiel gegen mich selbst, fuhr meine Wut, meine Rachlust fanatisch in dieses Spiel hinein. Etwas in mir wollte recht behalten, und ich hatte doch nur dieses andere Ich in mir, das ich bekämpfen konnte; so steigerte ich mich während des Spiels in eine fast mechanische Erregung. Im Anfang hatte ich noch ruhig und überlegt gedacht, ich hatte Pausen eingeschaltet zwischen einer und der anderen Partie, um mich von der Anstrengung zu erholen; aber allmählich erlaubten meine gereizten Nerven mir kein Warten mehr. Kaum hatte mein Ich Weiß einen Zug getan, stieß schon mein Ich Schwarz fiebrig vor; kaum war eine Partie beendigt, so forderte ich mich schon zur nächsten heraus, denn jedesmal war doch eines meiner beiden Schach-Ich von dem anderen besiegt worden und verlangte Revanche. Nie werde ich auch nur annähernd sagen können, wieviele Partien ich infolge dieser irrwitzigen Unersättlichkeit während dieser letzten Monate in meiner Zelle gegen mich selbst gespielt – vielleicht tausend, vielleicht mehr. Es war eine Besessenheit, deren ich mich nicht erwehren konnte; von früh bis nachts dachte ich an nichts als an Läufer und Bauern und Turm und König und a und b und c und Matt und Rochade, mit meinem ganzen Sein und Fühlen stieß ich mich in das karierte Quadrat. Aus der Spielfreude war eine Spiellust geworden, aus der Spiellust ein Spielzwang, eine Manie, eine frenetische Wut, die nicht nur meine wachen Stunden, sondern allmählich auch meinen Schlaf durchdrang. Ich konnte nur Schach denken, nur in Schachbewegungen, Schachproblemen; manchmal wachte ich mit feuchter Stirne auf und erkannte, daß ich sogar im Schlaf unbewußt weitergespielt haben mußte, und wenn ich von Menschen träumte, so geschah es ausschließlich in den Bewegungen des Läufers, des Turms, im Vor und Zurück des Rösselsprungs. Selbst wenn ich zum Verhör gerufen wurde, konnte ich nicht mehr konzis an meine Verantwortung denken; ich habe die Empfindung, daß bei den letzten Vernehmungen ich mich ziemlich konfus ausgedrückt haben muß, denn die Verhörenden blickten sich manchmal befremdet an. Aber in Wirklichkeit wartete ich, während sie fragten und berieten, in meiner unseligen Gier doch nur darauf, wieder zurückgeführt zu werden in meine Zelle, um mein Spiel, mein irres Spiel, fortzusetzen, eine neue Partie und noch eine und noch eine. Jede Unterbrechung wurde mir zur Störung; selbst die Viertelstunde, da der Wärter die Gefängniszelle aufräumte, die zwei Minuten, da er mir das Essen brachte, quälten meine fiebrige Ungeduld; manchmal stand abends der Napf mit der Mahlzeit noch unberührt, ich hatte über dem Spiel vergessen zu essen. Das einzige, was ich körperlich empfand, war ein fürchterlicher Durst, es muß wohl schon das Fieber dieses ständigen Denkens und Spielens gewesen sein; ich trank die Flasche leer in zwei Zügen und quälte den Wärter um mehr und fühlte dennoch im nächsten Augenblick die Zunge schon wieder trocken im Munde. Schließlich steigerte sich meine Erregung während des Spielens – und ich tat nichts anderes mehr von morgens bis nachts – zu solchem Grade, daß ich nicht einen Augenblick mehr stillzusitzen vermochte; ununterbrochen ging ich, während ich die Partien überlegte, auf und ab, immer schneller und schneller und schneller auf und ab, auf und ab, auf und ab, und immer hitziger, je mehr sich die Entscheidung der Partie näherte; die Gier, zu gewinnen, zu siegen, mich selbst zu besiegen, wurde allmählich zu einer Art Wut, ich zitterte vor Ungeduld, denn immer war dem einen Schach-Ich in mir das andere zu langsam. Das eine trieb das andere an; und so lächerlich es Ihnen vielleicht scheint, ich begann mich zu beschimpfen ›schneller, schneller!‹ oder ›vorwärts, vorwärts!‹, wenn das eigene Ich in mir mit dem anderen nicht rasch genug ripostierte. Selbstverständlich bin ich mir heute ganz im klaren, daß dieser mein Zustand schon eine durchaus pathologische Form geistiger Überreizung war, für die ich eben keinen anderen

Namen finde als den bisher medizinisch unbekannten: eine Schachvergiftung. Schließlich begann diese monomanische Besessenheit nicht nur mein Gehirn, sondern auch meinen Körper zu attackieren. Ich magerte ab, ich schlief unruhig und verstört, ich brauchte beim Erwachen jedesmal eine besondere Anstrengung, die bleiernen Augenlider aufzuzwingen; manchmal fühlte ich mich derart schwach, daß, wenn ich ein Trinkglas anfaßte, ich es nur mit Mühe bis zu den Lippen brachte, so zitterten mir die Hände; aber kaum das Spiel begann, überkam mich eine wilde Kraft; ich lief auf und ab mit geballten Fäusten, und wie durch einen roten Nebel hörte ich manchmal meine eigene Stimme, wie sie heiser und böse ›Schach‹ oder ›Matt!‹ sich selber zuschrie.

Wie dieser grauenhafte, dieser unbeschreibbare Zustand zur Krise kam, vermag ich selbst nicht zu berichten. Alles, was ich darüber weiß, ist, daß ich eines Morgens aufwachte, und es war ein anderes Erwachen als sonst. Mein Körper war gleichsam abgelöst von mir, ich ruhte weich und wohlig. Eine dichte, gute Müdigkeit, wie ich sie seit Monaten nicht gekannt, lag auf meinen Lidern, lag so warm und wohltätig auf ihnen, daß ich mich zuerst gar nicht entschließen konnte, die Augen aufzutun. Minuten lag ich schon wach und genoß noch diese schwere Dumpfheit, dies laue Liegen mit wollüstig betäubten Sinnen. Auf einmal war mir, als ob ich hinter mir Stimmen hörte, lebendige menschliche Stimmen, leise flüsternde Stimmen, die Worte sprachen, und Sie können sich mein Entzücken nicht ausdenken, denn ich hatte doch seit Monaten, seit bald einem Jahr keine anderen Worte gehört als die harten, scharfen und bösen von der Richterbank. ›Du träumst‹, sagte ich mir. ›Du träumst! Tu' keinesfalls die Augen auf! Laß ihn noch dauern, diesen Traum, sonst siehst du wieder die verfluchte Zelle um dich, den Stuhl und den Waschtisch und den Tisch und die Tapete mit dem ewig gleichen Muster. Du träumst – träume weiter!‹

Aber die Neugier behielt die Oberhand. Ich schlug langsam und vorsichtig die Lider auf. Und Wunder: es war ein anderes Zimmer, in dem ich mich befand, ein Zimmer, breiter, geräumiger als meine Hotelzelle. Ein ungegittertes Fenster ließ freies Licht herein und einen Blick auf die Bäume, grüne, im Wind wogende Bäume statt meiner starren Feuermauer, weiß und glatt glänzten die Wände, weiß und hoch hob sich über mir die Decke – wahrhaftig, ich lag in einem neuen, einem fremden Bett, und wirklich, es war kein Traum, hinter mir flüsterten leise menschliche Stimmen. Unwillkürlich muß ich mich in meiner Überraschung heftig geregt haben, denn schon hörte ich hinter mir einen nahenden Schritt. Eine Frau kam weichen Gelenks heran, eine Frau mit weißer Haube über dem Haar, eine Pflegerin, eine Schwester. Ein Schauer des Entzückens fiel über mich: ich hatte schon seit einem Jahr keine Frau gesehen. Ich starrte die holde Erscheinung an, und es muß ein wilder, ekstatischer Aufblick gewesen sein, denn ›Ruhig! Bleiben Sie ruhig!‹ beschwichtigte mich dringlich die Nahende. Ich aber lauschte nur auf ihre Stimme – war das nicht ein Mensch, der sprach? Gab es wirklich noch auf Erden einen Menschen, der mich nicht verhörte, nicht quälte? Und dazu noch – unfaßbares Wunder! – eine weiche, warme, eine fast zärtliche Frauenstimme. Gierig starrte ich auf ihren Mund, denn es war mir in diesem Höllenjahr unwahrscheinlich geworden, daß ein Mensch gütig zu einem anderen sprechen könnte. Sie lächelte mir zu – ja, sie lächelte, es gab noch Menschen, die gütig lächeln konnten –, dann legte sie den Finger mahnend auf die Lippen und ging leise weiter. Aber ich konnte ihrem Gebot nicht gehorchen. Ich hatte mich noch nicht sattgesehen an dem Wunder. Gewaltsam versuchte ich mich in dem Bette aufzurichten, um ihr nachzublicken, diesem Wunder eines menschlichen Wesens nachzublicken, das gütig war. Aber wie ich mich auf dem Bettrand aufstützen wollte, gelang es mir nicht. Wo sonst meine rechte Hand gewesen, Finger und Gelenke, spürte ich etwas Fremdes, einen dicken, großen, weißen Bausch, offenbar einen umfangreichen Verband. Ich staunte dieses Weiße, Dicke, Fremde an meiner Hand zuerst verständnislos an, dann begann ich langsam zu begreifen, wo ich war, und zu überlegen, was mit mir geschehen sein mochte. Man mußte mich verwundet haben, oder ich hatte mich selbst an der Hand verletzt. Ich befand mich in einem Hospital.

Mittags kam der Arzt, ein freundlicher älterer Herr. Er kannte den Namen meiner Familie und erwähnte derart respektvoll meinen Onkel, den kaiserlichen Leibarzt, daß mich sofort das Gefühl überkam, er meine es gut mit mir. Im weiteren Verlauf richtete er allerhand Fragen an mich, vor allem eine, die mich erstaunte – ob ich Mathematiker sei oder Chemiker. Ich verneinte.

›Sonderbar‹, murmelte er. ›Im Fieber haben Sie immer so sonderbare Formeln geschrien – a3, c4. Wir haben uns alle nicht ausgekannt.‹

Ich erkundigte mich, was mit mir vorgegangen sei. Er lächelte merkwürdig.

›Nichts Ernstliches. Eine akute Irritation der Nerven‹, und fügte, nachdem er sich zuvor vorsichtig umgeblickt hatte, leise bei: ›Schließlich eine recht verständliche. Seit dem 13. März, nicht wahr?‹

Ich nickte.

›Kein Wunder bei dieser Methode‹, murmelte er.

›Sie sind nicht der erste. Aber sorgen Sie sich nicht.‹

An der Art, wie er mir dieses beruhigend zuflüsterte, und dank seines begütigenden Blickes wußte ich, daß ich bei ihm gut geborgen war.

Zwei Tage später erklärte mir der gütige Doktor ziemlich freimütig, was vorgefallen war. Der Wärter hatte mich in meiner Zelle laut schreien hören und zunächst geglaubt, daß jemand eingedrungen sei, mit dem ich streite. Kaum er sich aber an der Tür gezeigt, hätte ich mich auf ihn gestürzt und ihn mit wilden Ausrufen angeschrien, die ähnlich klangen wie: ›Zieh schon einmal, du Schuft, du Feigling!‹, ihn bei der Gurgel zu fassen versucht und schließlich so wild angefallen, daß er um Hilfe rufen mußte. Als man mich in meinem tollwütigen Zustand dann zur ärztlichen Untersuchung schleppte, hätte ich mich plötzlich losgerissen, auf das Fenster im Gang gestürzt, die Scheibe zerschlagen und mir dabei die Hand zerschnitten –. Sie sehen noch die tiefe Narbe hier. Die ersten Nächte im Hospital hätte ich in einer Art Gehirnfieber verbracht, aber jetzt finde er mein Sensorium völlig klar. ›Freilich‹, fügte er leise bei, ›werde ich das lieber nicht den Herrschaften melden, sonst holt man Sie am Ende noch einmal dorthin zurück. Verlassen Sie sich auf mich, ich werde mein Bestes tun.‹

Was dieser hilfreiche Arzt meinen Peinigern über mich berichtet hat, entzieht sich meiner Kenntnis. Jedenfalls erreichte er, was er erreichen wollte: meine Entlassung. Mag sein, daß er mich als unzurechnungsfähig erklärt hat, oder vielleicht war ich inzwischen schon der Gestapo unwichtig geworden, denn Hitler hatte seitdem Böhmen besetzt, und damit war der Fall Österreich für ihn erledigt. So brauchte ich nur die Verpflichtung zu unterzeichnen, unsere Heimat innerhalb von vierzehn Tagen zu verlassen, und diese vierzehn Tage waren dermaßen erfüllt mit all den tausend Formalitäten, die heutzutage der einstmalige Weltbürger zu einer Ausreise benötigt, Militärpapiere, Polizei, Steuer, Paß, Visum, Gesundheitszeugnis, daß ich keine Zeit hatte, über das Vergangene viel nachzudenken. Anscheinend wirken in unserem Gehirn geheimnisvoll regulierende Kräfte, die, was der Seele lästig und gefährlich werden kann, selbsttätig ausschalten, denn immer, wenn ich zurückdenken wollte an meine Zellenzeit, löschte gewissermaßen in meinem Gehirn das Licht aus; erst nach Wochen und Wochen, eigentlich erst hier auf dem Schiff, fand ich wieder den Mut, mich zu besinnen, was mir geschehen war.

Und nun werden Sie begreifen, warum ich mich so ungehörig und wahrscheinlich unverständlich Ihren Freunden gegenüber benommen. Ich schlenderte doch nur ganz zufällig durch den Rauchsalon, als ich Ihre Freunde vor dem Schachbrett sitzen sah; unwillkürlich fühlte ich den Fuß angewurzelt vor Staunen und Schrecken. Denn ich hatte total vergessen, daß man Schach spielen kann an einem wirklichen Schachbrett und mit wirklichen Figuren, vergessen, daß bei diesem Spiel zwei völlig verschiedene Menschen einander leibhaftig gegenübersitzen. Ich brauchte wahrhaftig ein paar Minuten, um mich zu erinnern, daß, was diese Spieler dort taten, im Grunde dasselbe Spiel war, das ich in meiner Hilflosigkeit monatelang gegen mich selbst versucht. Die Chiffren, mit denen ich mich beholfen während meiner grimmigen Exerzitien, waren doch nur Ersatz gewesen und Symbol für diese beinernen Figuren; meine Überraschung, daß dieses Figurenrücken auf dem Brett dasselbe sei wie mein imaginäres Phantasieren im Denkraum, mochte vielleicht der eines Astronomen ähnlich sein, der sich mit den kompliziertesten Methoden auf dem Papier einen neuen Planeten errechnet hat und ihn dann wirklich am Himmel erblickt als einen weißen, klaren, substantiellen Stern. Wie magnetisch festgehalten starrte ich auf das Brett und sah dort meine Schemata, Pferd, Turm, König, Königin und Bauern als reale Figuren, aus Holz geschnitzt; um die Stellung der Partie zu überblicken, mußte ich sie erst unwillkürlich zurückmutieren aus meiner abstrakten Ziffernwelt in die der bewegten Steine. Allmählich überkam mich die Neugier, ein solches reales Spiel zwischen zwei Partnern zu beobachten. Und da passierte das Peinliche, daß ich, alle Höflichkeit vergessend, mich einmengte in Ihre Partie. Aber dieser falsche

Zug Ihres Freundes traf mich wie ein Stich ins Herz. Es war eine reine Instinkthandlung, dass ich ihn zurückhielt, ein ganz impulsiver Zugriff, wie man, ohne zu überlegen, ein Kind faßt, das sich über ein Geländer beugt. Erst später wurde mir die grobe Ungehörigkeit klar, deren ich mich durch meine Vordringlichkeit schuldig gemacht.«

Ich beeilte mich, Dr. B. zu versichern, wie sehr wir alle uns freuten, diesem Zufall seine Bekanntschaft zu verdanken, und daß es für mich nach all dem, was er mir anvertraut, nun doppelt interessant scin werde, ihm morgen bei dem improvisierten Turnier zusehen zu dürfen. Dr. B. machte eine unruhige Bewegung.

»Nein, erwarten Sie wirklich nicht zu viel. Es soll nichts als eine Probe für mich sein ..., eine Probe, ob ich ..., ob ich überhaupt fähig bin, eine normale Schachpartie zu spielen, eine Partie auf einem wirklichen Schachbrett mit faktischen Figuren und einem lebendigen Partner ..., denn ich zweifle jetzt immer mehr daran, ob jene hunderte und vielleicht tausende Partien, die ich gespielt habe, tatsächlich regelrechte Schachpartien waren und nicht bloß eine Art Traumschach, ein Fieberspiel, ein Fieberschach, in dem wie immer im Traum Zwischenstufen übersprungen wurden. Sie werden mir doch hoffentlich nicht im Ernst zumuten, daß ich mir anmaße, einem Schachmeister, und gar dem ersten der Welt, Paroli bieten zu können. Was mich interessiert und intrigiert, ist einzig die posthume Neugier, festzustellen, ob das in der Zelle damals noch Schachspiel oder schon Wahnsinn gewesen, ob ich damals noch knapp vor oder schon jenseits der gefährlichen Klippe mich befand – nur dies, nur dies allein.«

Vom Schiffsende tönte in diesem Augenblick der Gong, der zum Abendessen rief. Wir mußten – Dr. B. hatte mir alles viel ausführlicher berichtet, als ich es hier zusammenfasse – fast zwei Stunden verplaudert haben. Ich dankte ihm herzlich und verabschiedete mich. Aber noch war ich nicht das Deck entlang, so kam er mir schon nach und fügte sichtlich nervös und sogar etwas stottrig bei:

»Noch eines! Wollen Sie den Herren gleich im voraus ausrichten, damit ich nachträglich nicht unhöflich erscheine: ich spiele nur eine einzige Partie … Sie soll nichts als der Schlußstrich unter eine alte Rechnung sein – eine endgültige Erledigung und nicht ein neuer Anfang … Ich möchte nicht ein zweites Mal in dieses leidenschaftliche Spielfieber geraten, an das ich nur mit Grauen zurückdenken kann … und übrigens … übrigens hat mich auch damals der Arzt gewarnt …, ausdrücklich gewarnt … Jeder, der einer Manie verfallen war, bleibt für immer gefährdet, und mit einer – wenn auch ausgeheilten – Schachvergiftung soll man besser keinem Schachbrett nahekommen … Also Sie verstehen – nur diese eine Probepartie für mich selbst und nicht mehr.«

Pünktlich um die vereinbarte Stunde, drei Uhr, waren wir am nächsten Tag im Rauchsalon versammelt. Unsere Runde hatte sich noch um zwei Liebhaber der königlichen Kunst vermehrt, zwei Schiffsoffiziere, die sich eigens Urlaub vom Borddienst erbeten, um dem Turnier zusehen zu können. Auch Czentovic ließ nicht wie am vorhergehenden Tage auf sich warten, und nach der obligaten Wahl der Farben begann die denkwürdige Partie dieses homo obscurissimus gegen den berühmten Weltmeister. Es tut mir leid, daß sie nur für durchaus unkompetente Zuschauer gespielt wurde und ihr Ablauf für die Annalen der Schachkunde ebenso verloren ist wie Beethovens Klavierimprovisationen für die Musik. Zwar haben wir an den nächsten Nachmittagen versucht, die Partie gemeinsam aus dem Gedächtnis zu rekonstruieren, aber vergeblich; wahrscheinlich hatten wir alle während des Spiels zu passioniert, zu interessiert auf die beiden Spieler statt auf den Gang des Spiels geachtet. Denn der geistige Gegensatz im Habitus der beiden Partner wurde im Verlauf der Partie immer mehr körperlich plastisch. Czentovic, der Routinier, blieb während der ganzen Zeit unbeweglich wie ein Block, die Augen streng und starr auf das Schachbrett gesenkt; Nachdenken schien bei ihm eine geradezu physische Anstrengung, die alle seine Organe zu äußerster Konzentration nötigte. Dr. B. dagegen bewegte sich vollkommen lokker und unbefangen. Als der rechte Dilettant im schönsten Sinne des Wortes, dem im Spiel nur das Spiel, das »diletto« Freude macht, ließ er seinen Körper völlig entspannt, plauderte während der ersten Pausen erklärend mit uns, zündete sich mit leichter Hand eine Zigarette an und blickte immer nur gerade, wenn an ihn die Reihe kam, eine Minute auf das Brett. Jedesmal hatte es den Anschein, als hätte er den Zug des Gegners schon im voraus erwartet.

Die obligaten Eröffnungszüge ergaben sich ziemlich rasch. Erst beim siebten oder achten schien sich etwas wie ein bestimmter Plan zu entwickeln. Czentovic verlängerte seine Überlegungspausen; daran spürten wir, daß der eigentliche Kampf um die Vorhand einzusetzen begann. Aber um der Wahrheit die Ehre zu geben, bedeutete die allmähliche Entwicklung der Situation wie jede richtige Turnierpartie für uns Laien eine ziemliche Enttäuschung. Denn je mehr sich die Figuren zu einem sonderbaren Ornament ineinander verflochten, um so undurchdringlicher wurde für uns der eigentliche Stand. Wir konnten weder wahrnehmen, was der eine Gegner noch was der andere beabsichtigte, und wer von den beiden sich eigentlich im Vorteil befand. Wir merkten bloß, daß sich einzelne Figuren wie Hebel vorschoben, um die feindliche Front aufzusprengen, aber wir vermochten nicht – da bei diesen überlegenen Spielern jede Bewegung immer auf mehrere Züge vorauskombiniert war – die strategische Absicht in diesem Hin und Wider zu erfassen. Dazu gesellte sich allmählich eine lähmende Ermüdung, die hauptsächlich durch die endlosen Überlegungspausen Czentovics verschuldet war, die auch unseren Freund sichtlich zu irritieren begannen. Ich beobachtete beunruhigt, wie er, je länger die Partie sich hinzog, immer unruhiger auf seinem Sessel herumzurücken begann, bald aus Nervosität eine Zigarette nach der anderen anzündend, bald nach dem Bleistift greifend, um etwas zu notieren. Dann wieder bestellte er ein Mineralwasser, das er Glas um Glas hastig hinabstürzte; es war offenbar, daß er hundertmal schneller kombinierte als Czentovic. Jedesmal, wenn dieser nach endlosem Überlegen sich entschloß, mit seiner schweren Hand eine Figur vorwärtszurücken, lächelte unser Freund nur wie jemand, der etwas lang Erwartetes eintreffen sieht, und ripostierte bereits. Er mußte mit seinem rapid arbeitenden Verstand im Kopf alle Möglichkeiten des Gegners vorausberechnet haben; je länger darum Czentovics Entschließung sich verzögerte, umso mehr wuchs seine Ungeduld, und um seine Lippen preßte sich während des Wartens ein ärgerlicher und fast feindseliger Zug. Aber Czentovic ließ sich keineswegs drängen. Er überlegte stur und stumm und pausierte immer länger, je mehr sich das Feld von Figuren entblößte. Beim zweiundvierzigsten Zuge, nach geschlagenen zweidreiviertel Stunden, saßen wir schon alle ermüdet und beinahe teilnahmslos um den Turniertisch. Einer der Schiffsoffiziere hatte sich bereits entfernt, ein andrer ein Buch zur Lektüre genommen und blickte nur bei jeder Veränderung für einen Augenblick auf. Aber da geschah plötzlich bei einem Zuge Czentovics das Unerwartete. Sobald Dr. B. merkte, daß Czentovic den Springer faßte, um ihn vorzuziehen, duckte er sich zusammen wie eine Katze vor dem Absprung. Sein ganzer Körper begann zu zittern, und kaum hatte Czentovic den Springerzug getan, schob er scharf die Dame vor, sagte laut triumphierend: »So! Erledigt!«, lehnte sich zurück, kreuzte die Arme über der Brust und sah mit herausforderndem Blick auf Czentovic. Ein heißes Licht glomm plötzlich in seiner Pupille.

Unwillkürlich beugten wir uns über das Brett, um den so triumphierend angekündigten Zug zu verstehen. Auf den ersten Blick war keine direkte Bedrohung sichtbar. Die Äußerung unseres Freundes mußte sich also auf eine Entwicklung beziehen, die wir kurzdenkenden Dilettanten noch nicht errechnen konnten. Czentovic war der einzige unter uns, der sich bei jener herausfordernden Ankündigung nicht gerührt hatte; er saß so unerschütterlich, als ob er das beleidigende »Erledigt!« völlig überhört hätte. Nichts geschah. Man hörte, da wir alle unwillkürlich den Atem anhielten, mit einem Mal das Ticken der Uhr, die man zur Feststellung der Zugzeit auf den Tisch gelegt hatte. Es wurden drei Minuten, sieben Minuten, acht Minuten – Czentovic rührte sich nicht, aber mir war, als ob sich von einer inneren Anstrengung seine dicken Nüstern noch breiter dehnten. Unserem Freunde schien dieses stumme Warten ebenso unerträglich wie uns selbst. Mit einem Ruck stand er plötzlich auf und begann im Rauchzimmer auf und ab zu gehen, erst langsam, dann schneller und immer schneller. Alle blickten wir ihm etwas verwundert zu, aber keiner beunruhigter als ich, denn mir fiel auf, daß seine Schritte trotz aller Heftigkeit dieses Auf und Ab immer nur die gleiche Spanne Raum ausmaßen; es war, als ob er jedesmal mitten im leeren Zimmer an eine unsichtbare Schranke stieße, die ihn nötigte umzukehren. Und schaudernd erkannte ich, es reproduzierte unbewußt dieses Auf und Ab das Ausmaß seiner einstigen Zelle; genau so mußte er in den Monaten des Eingesperrtseins auf und ab gerannt sein wie ein eingesperrtes Tier im Käfig, genau so die Hände verkrampft und die Schultern eingeduckt; so und nur so mußte er dort tausendmal auf und nieder gelaufen sein, die roten Lichter des Wahnsinns im starren und doch fiebernden Blick. Aber noch schien sein Denkvermögen völlig intakt, denn von Zeit zu Zeit wandte er sich ungeduldig dem Tisch zu, ob Czentovic sich inzwischen schon entschieden hätte. Aber es wurden neun, es wurden zehn Minuten. Dann endlich geschah, was niemand von uns erwartet hatte. Czentovic hob langsam seine schwere Hand, die bisher unbeweglich auf dem Tisch gelegen. Gespannt blickten wir alle auf seine Entscheidung. Aber Czentovic tat keinen Zug, sondern sein gewendeter Handrücken schob mit einem entschiedenen Ruck alle Figuren langsam vom Brett. Erst im nächsten Augenblick verstanden wir: Czentovic hatte die Partie aufgegeben. Er hatte kapituliert, um nicht vor uns sichtbar mattgesetzt zu werden. Das Unwahrscheinliche hatte sich ereignet, der Weltmeister, der Champion zahlloser Turniere hatte die Fahne gestrichen vor einem Unbekannten, einem Manne, der zwanzig oder fünfundzwanzig Jahre kein Schachbrett angerührt. Unser Freund, der Anonymus, der Ignotus, hatte den stärksten Schachspieler der Erde in offenem Kampfe besiegt!

Ohne es zu merken, waren wir in unserer Erregung einer nach dem andern aufgestanden. Jeder von uns hatte das Gefühl, er müßte etwas sagen oder tun, um unserem freudigen Schrecken Luft zu machen. Der einzige, der unbeweglich in seiner Ruhe verharrte, war Czentovic. Erst nach einer gemessenen Pause hob er den Kopf und blickte unseren Freund mit steinernem Blick an.

»Noch eine Partie?« fragte er.

»Selbstverständlich«, antwortete Dr. B. mit einer mir unangenehmen Begeisterung und setzte sich, noch ehe ich ihn an seinen Vorsatz mahnen konnte, es bei einer Partie bewenden zu lassen, sofort nieder und begann mit fiebriger Hast die Figuren neu aufzustellen. Er rückte sie mit solcher Hitzigkeit zusammen, daß zweimal ein Bauer durch die zitternden Finger zu Boden glitt; mein schon früher peinliches Unbehagen angesichts seiner unnatürlichen Erregtheit wuchs zu einer Art Angst. Denn eine sichtbare Exaltiertheit war über den vorher so stillen und ruhigen Menschen gekommen; das Zucken fuhr immer öfter um seinen Mund, und sein Körper zitterte wie von einem jähen Fieber geschüttelt.

»Nicht!« flüsterte ich ihm leise zu. »Nicht jetzt! Lassen Sie's für heute genug sein! Es ist für Sie zu anstrengend.«

»Anstrengend! Ha!« lachte er laut und boshaft. »Siebzehn Partien hätte ich unterdessen spielen können statt dieser Bummelei! Anstrengend ist für mich einzig, bei diesem Tempo nicht einzuschlafen! – Nun! Fangen Sie doch schon einmal an!«

Diese letzten Worte hatte er in heftigem, beinahe groben Tone zu Czentovic gesagt. Dieser blickte ihn ruhig und gemessen an, aber sein steinern starrer Blick hatte etwas von einer geballten Faust. Mit einem Mal stand etwas Neues zwischen den beiden Spielern; eine gefährliche Spannung, ein leidenschaftlicher Haß. Es waren nicht zwei Partner mehr, die ihr Können spielhaft miteinander proben wollten, es waren zwei Feinde, die sich gegenseitig zu vernichten geschworen. Czentovic zögerte lange, ehe er den ersten Zug tat, und mich überkam das deutliche Gefühl, er zögerte mit Absicht so lange. Offenbar hatte der geschulte Taktiker schon herausgefunden, daß er gerade durch seine Langsamkeit den Gegner ermüdete und irritierte. So setzte er nicht weniger als vier Minuten aus, ehe er die normalste, die simpelste aller Eröffnungen machte, indem er den Königsbauern die üblichen zwei Felder vorschob. Sofort fuhr unser Freund mit seinem Königsbauern ihm entgegen, aber wieder machte Czentovic eine endlose, kaum zu ertragende Pause; es war, wie wenn ein starker Blitz niederfährt und man pochenden Herzens auf den Donner wartet, und der Donner kommt und kommt nicht. Er überlegte still, langsam und, wie ich immer gewisser fühlte, boshaft langsam; damit aber gab er mir reichlich Zeit, Dr. B. zu beobachten. Er hatte eben das dritte Glas Wasser hinuntergestürzt; unwillkürlich erinnerte ich mich, daß er mir von seinem fiebrigen Durst in der Zelle erzählte. Alle Symptome einer abnomalen Erregung zeichneten sich deutlich ab; ich sah seine Stirn feucht werden und die Narbe auf seiner Hand röter und schärfer als zuvor. Aber noch beherrschte er sich. Erst als beim vierten Zug Czentovic wieder endlos überlegte, verließ ihn die Haltung, und er fauchte ihn plötzlich an:

»Spielen Sie doch schon endlich einmal!«

Czentovic blickte kühl auf. »Wir haben meines Wissens zehn Minuten Zugzeit vereinbart. Ich spiele prinzipiell nicht mit kürzerer Zeit.«

Dr. B. biß sich die Lippe; ich merkte, wie unter dem Tisch seine Sohle unruhig und immer unruhiger gegen den Boden wippte, und wurde selbst unaufhaltsam nervöser durch das drückende Vorgefühl, daß sich irgend etwas Unsinniges in ihm vorbereitete. In der Tat ereignete sich bei dem achten Zug ein Zwischenfall. Dr. B., der immer unbeherrschter gewartet hatte, konnte seine Spannung nicht mehr verhalten; er rückte hin und her und begann unbewußt mit den Fingern auf dem Tisch zu trommeln. Abermals hob Czentovic seinen schweren bäurischen Kopf,

»Darf ich Sie bitten, nicht zu trommeln? Es stört mich. Ich kann so nicht spielen.«

»Ha!« lachte Dr. B. kurz. »Das sieht man.«

Czentovics Stirn wurde rot. »Was wollen Sie damit sagen?« fragte er scharf und böse.

Dr. B. lachte abermals knapp und boshaft. »Nichts. Nur daß Sie offenbar sehr nervös sind.«

Czentovic schwieg und beugte seinen Kopf nieder. Erst nach sieben Minuten tat er den nächsten Zug, und in diesem tödlichen Tempo schleppte sich die Partie fort; schließlich schaltete er immer das Maximum der vereinbarten Überlegungspause ein, ehe er sich zu einem Zug entschloß, und von einem Intervall zum andern wurde das Benehmen unseres Freundes sonderbarer. Es hatte den Anschein, als ob er an der Partie gar keinen Anteil mehr nehme, sondern mit etwas ganz anderem beschäftigt sei. Er ließ sein hitziges Auf- und Niederlaufen und blieb an seinem Platz reglos sitzen. Mit einem stieren und fast irren Blick ins Leere vor sich starrend, murmelte er ununterbrochen unverständliche Worte vor sich hin: entweder verlor er sich in endlosen Kombinationen, oder er arbeitete – dies war mein innerster Verdacht – sich ganz andere Partien aus, denn jedesmal, wenn Czentovic endlich gezogen hatte, mußte man ihn aus seiner Geistesabwesenheit zurückmahnen. Dann brauchte er immer einige Minuten, um sich in der Situation wieder zurechtzufinden; immer mehr beschlich mich der Verdacht, er habe eigentlich Czentovic und uns alle längst vergessen in dieser kalten Form des Wahnsinns, der sich plötzlich in irgendeiner Heftigkeit entladen konnte. Und tatsächlich, bei dem neunzehnten Zug brach die Krise aus. Kaum daß Czentovic seine Figur bewegt, stieß Dr. B. plötzlich, ohne recht auf das Brett zu blicken, seinen Läufer drei Felder vor und schrie derart laut, daß wir alle zusammenfuhren:

»Schach! Schach dem König!«

Wir blickten in der Erwartung eines besonderen Zuges sofort auf das Brett. Aber nach einer Minute geschah, was keiner von uns erwartet. Czentovic hob ganz, ganz langsam den Kopf und blickte – was er bisher nie getan – in unserem Kreise von einem zum anderen. Er schien irgend etwas unermeßlich zu genießen, denn allmählich begann auf seinen Lippen ein zufriedenes und deutlich höhnisches Lächeln. Erst nachdem er diesen seinen uns noch unverständlichen Triumph bis zur Neige genossen, wandte er sich mit falscher Höflichkeit unserer Runde zu.

»Bedaure – aber ich sehe kein Schach. Sieht vielleicht einer von den Herren ein Schach gegen meinen König?«

Wir blickten auf das Brett und dann beunruhigt zu Dr. B. hinüber. Czentovics Königsfeld war tatsächlich – ein Kind konnte das erkennen – durch einen Bauern gegen den Läufer völlig gedeckt, also kein Schach dem König möglich. Wir wurden unruhig. Sollte unser Freund in seiner Hitzigkeit eine Figur danebengestoßen haben, ein Feld zu weit oder zu nah? Durch unser Schweigen aufmerksam gemacht, starrte jetzt auch Dr. B. auf das Brett und begann heftig zu stammeln:

»Aber der König gehört doch auf f7…, er steht falsch, ganz falsch… Sie haben falsch gezogen! Alles steht ganz falsch auf diesem Brett…, der Bauer gehört doch auf g5 und nicht auf g4… Das ist ja eine ganz andere Partie… Das ist…«

Er stockte plötzlich. Ich hatte ihn heftig am Arm gepackt oder vielmehr ihn so hart in den Arm gekniffen, daß er selbst in seiner fiebrigen Verwirrtheit meinen Griff spüren mußte. Er wandte sich um und starrte mich wie ein Traumwandler an.

»Was… was wollen Sie?«

Ich sagte nichts als »*Remember!*« und fuhr gleichzeitig mit dem Finger über die Narbe seiner Hand. Er folgte unwillkürlich meiner Bewegung, sein Auge starrte glasig auf den blutroten Strich. Dann begann er plötzlich zu zittern, und ein Schauer lief über seinen ganzen Körper.

»Um Gottes willen«, flüsterte er mit blassen Lippen. »Habe ich etwas Unsinniges gesagt oder getan…, bin ich am Ende wieder…?«

»Nein«, flüsterte ich leise. »Aber Sie müssen sofort die Partie abbrechen, es ist höchste Zeit. Erinnern Sie sich, was der Arzt Ihnen gesagt!«

Dr. B. stand mit einem Ruck auf. »Ich bitte um Entschuldigung für meinen dummen Irrtum«, sagte er mit seiner alten höflichen Stimme und verbeugte sich vor Czentovic. »Es ist natürlich purer Unsinn, was ich gesagt habe. Selbstverständlich bleibt es Ihre Partie.« Dann wandte er sich zu uns. »Auch die Herren muß ich um Entschuldigung bitten. Aber ich hatte Sie gleich im Voraus gewarnt, Sie sollten von mir nicht viel erwarten. Verzeihen Sie die Blamage – es war das letzte Mal, daß ich mich im Schach versucht habe.«

Er verbeugte sich und ging, in der gleichen bescheidenen und geheimnisvollen Weise, mit der er zuerst erschienen. Nur ich wußte, warum dieser Mann nie mehr ein Schachbrett berühren würde, indes die anderen ein wenig verwirrt zurückblieben mit dem ungewissen Gefühl, mit knapper Not etwas Unbehaglichem entgangen zu sein. *»Damned fool!«* knurrte McConnor in seiner Enttäuschung. Als letzter erhob sich Czentovic von seinem Sessel und warf noch einen Blick auf die halbbeendete Partie.

»Schade«, sagte er großmütig. »Der Angriff war gar nicht so übel disponiert. Für einen Dilettanten ist dieser Herr eigentlich ungewöhnlich begabt.«

Nachwort

›Verwirrung der Gefühle‹ nennt Zweig eine Novellensammlung von 1927, der Zeit seiner größten Erfolge. Der Titel könnte über allen seinen fiktionalen Prosatexten stehen. Denn deren Protagonistinnen und Protagonisten befinden sich durchweg in emotionalen Extremsituationen: im Konflikt zwischen affekt- und triebgesteuerten Wünschen und Zwängen wie Sexualität, Angst, Geld und Gier und den gesellschaftlichen Normen, die ihre bürgerliche Existenz bestimmen, sichern, aber eben auch einengen. Diese Situationen, kulminierend im »unerhörten Ereignis«, sind zugleich die narrative Grundlage für die Gattung der Novelle.

Die »Verwirrung der Gefühle« wird in Zweigs Werk durchweg an Sujets aus der zeitgenössischen Gesellschaft dargestellt. Politische Konstellationen und Gegebenheiten spielen darin erst spät eine Rolle, als sie mit der Machtübernahme der Nationalsozialisten und der Emigration des Autors dessen Existenz zu dominieren beginnen.

Dieser Band versammelt Erzählungen aus den verschiedenen Perioden von Zweigs Schaffen. Die Wiener Frühphase ist vertreten mit »Brennendes Geheimnis«, die Zwanzigerjahre mit »Angst« und »Der Amokläufer«, die Anfänge der NS-Zeit mit »Die unsichtbare Sammlung« und die Zeit des Exils mit dem Klassiker »Schachnovelle«.

Erzählungen und Novellen wie diese sind die Herzstücke in Zweigs vielseitigem Gesamtwerk. Es umfasst nahezu alle literarischen Gattungen: neben der Kurzprosa auch Lyrik, Roman, Autobiografie, Monografie und historische Miniaturen,

Essays, ein Drama, ein Opernlibretto und Übersetzungen. Bekannt wurden außer den Erzählungen vor allem ›Sternstunden der Menschheit. Fünf historische Miniaturen‹ (1927) und die Autobiografie ›Die Welt von gestern. Erinnerungen eines Europäers‹ (1942). Das Gesamtwerk wurde in mehr als fünfundzwanzig Sprachen übersetzt. Allein von der in mehreren Bänden publizierten Erzählprosa wurden bis 1933 mehr als 500 000 Exemplare verkauft. Danach wurde Zweigs Werk als das eines »Repräsentanten einer dekadenten Niedergangsperiode« im Deutschen Reich verboten und verbrannt.

Zweigs Schriften erschienen in angesehenen Verlagen, vor allem im literarisch hoch renommierten Leipziger Insel Verlag, bis das Publikationsverbot diese Verlagsbeziehung 1933/34 beendete. Danach veröffentlichte Zweig bis 1938, vermittelt durch den Insel-Verleger Anton Kippenberg, beim Herbert Reichner-Verlag/Wien. Im Exil erschien sein Werk bei Gottfried Bermann Fischer/Stockholm, die englischen Übersetzungen bei Viking Press/New York.

Zweig schrieb in den verschiedenen Phasen seines bewegten Lebens mit ungebrochener Produktivität, nie verlegen um immer neue attraktive Ideen und Plots – in der Anfangszeit im Wien der k.u.k.-Monarchie, in den Zwanzigerjahren in Salzburg, in den Dreißigerjahren im Londoner, dann im brasilianischen Exil. Er war international bestens vernetzt und präsent, durch intensive Briefwechsel, durch Lese- und Vortragsreisen, durch sein politisches, vor allem sein pazifistisches und proeuropäisches Engagement und durch seine Unterstützung notleidender Kollegen. Am 23. Februar 1942 setzte Zweig seinem Leben in Petrópolis/Rio de Janeiro selbst ein Ende.

Zweigs Existenz ist von Anfang an von der Tendenz zur Flucht geprägt, mit der er auf Konflikte in seinen persönlichen wie in den politischen Verhältnissen reagiert. Diese Fluchttendenzen sind Ausdruck der Depressionen und Angstzustände, unter denen er von früh an, wohl seit der Zeit des Ersten Weltkriegs, litt. Hinzu kam, spätestens ab seinem fünfzigsten Lebensjahr, eine außergewöhnlich große Angst vor dem Alter. Zweigs Kollege und Freund Carl Zuckmayer berichtet in seinen Lebenserinnerungen: »Einer seiner sonderbarsten Wesenszüge, in dem wohl schon die Tragik seines Freitodes ihren Schatten vorauswarf, war seine unerklärliche Angst vor dem Altern. Ich habe das bei keinem anderen Menschen, auch bei keiner Frau, in einer solchen Gradstärke kennengelernt ... Als er 50 wurde, das war noch vor Ausbruch der Gewaltherrschaft in Deutschland und er selbst noch ein durchaus gesunder, rüstiger, durch keinerlei Unmäßigkeit, noch nicht einmal die seiner Arbeit, geschwächter Mann, verfiel er in eine tiefe Depression.«[1]

Im Schreiben sieht Zweig auch eine Möglichkeit existenzieller Stabilisierung: Arbeit ist »die einzige Zerstreuung« und »die einzige Tür, durch die ich mir selbst zu entrinnen vermag«.[2] Zugleich aber fühlt er sich schon in den Zwanzigerjahren von den Anforderungen der ständigen literarischen Produktion gehetzt; ein Zustand, der später durch die Wurzellosigkeit des Lebens im Exil noch verstärkt wird. Die Tendenz zur Flucht bis hin zum Selbstmord aber ist – folgt man den Beobachtungen der Zeitgenossen und den Analysen der Biografen – wohl nicht primär in den gesellschaftlichen und politischen Umbrüchen begründet, sondern in Zweigs individueller Lebenshaltung.[3]

1 Thomas Haenel: ›Stefan Zweig. Psychologe aus Leidenschaft. Leben und Werk aus der Sicht eines Psychiaters‹. Düsseldorf 1995. Vgl. S. 146-160, zit. S. 152

2 Zit. nach Haenel, ebd., S. 160

3 Vgl. ebd. und Oliver Matuschek: ›Stefan Zweig. Drei Leben – Eine Biographie‹. Frankfurt/Main 2006, passim

Die emotionale Disposition der Figuren steht auch im Mittelpunkt von Zweigs Texten. Realistische Details und Fakten zum gesellschaftlichen Kontext ihrer Existenz werden meist nur beiläufig erwähnt. Auffällig ist, dass die Protagonisten sich oft in Ausnahmesituationen befinden. Die Handlung spielt meist abseits des Alltags, teils in exotischen Milieus und an ungewöhnlichen Orten: In den Tropen, auf einem Ozeandampfer auf hoher See oder in einem Hafen, zumindest aber im Urlaub, im Hotel, auf einer Eisenbahnfahrt oder an einem Bahnhof – an Orten, die den Ausnahmezustand der Figuren außerhalb der Ordnung des Alltagslebens signalisieren, Situationen, in denen die verdrängten Wünsche und Ängste das Korsett bürgerlicher Normalität leichter zu durchbrechen vermögen.

Die Erzählhaltung in Zweigs Prosa ist eher konventionell. Entweder tritt ein auktorialer, allwissender Erzähler mit ausgeprägter psychologischer Neugier auf, wie in »Brennendes Geheimnis« oder »Angst«. Oder ein Ich-Erzähler berichtet direkt, eingeführt durch eine knappe Rahmenhandlung, wie in »Der Amokläufer«, »Die unsichtbare Sammlung« oder »Schachnovelle«. Seinerzeit innovative Formen wie das personale Erzählen oder der innere Monolog, mit denen der knapp zwanzig Jahre ältere Wiener Schriftstellerkollege Arthur Schnitzler Furore machte, verwendet Zweig nicht.

In seiner Sprache dominiert – vor allem in den frühen Erzählungen – ein »vibrierendes Pathos«[4], das die Atmosphäre seiner Geschichten emotional auflädt. Die Protagonisten erscheinen getrieben von inneren Wünschen, die ihre Sicht auf die Realität trüben; dieses – oft sexuell begründete – Getriebensein spiegelt sich im Erzählduktus, besonders dem der

4 Knut Beck: ›Nachbemerkung zu Verwirrung der Gefühle‹, Frankfurt am Main 2011, S. 319

frühen Prosa. »Das Erzählerische«, schreibt dazu Hermann Hesse, dessen literarisches Urteil Zweig früh suchte und als das eines Gleichgesinnten hoch schätzte, »tritt nicht selbstherrlich und selbstverständlich auf, sondern schmiegt sich, als suche es eine Stütze, an die äußerst zartfühligen psychologischen Lösungen und an die gelegentlich lyrisch verklärte Wärme des Ausdrucks«. Zweig sei »als Erzähler noch nicht reif und fertig«[5] – eine Kritik, die in dem jungen Autor lange hemmend nachwirkt.

Die Weltsicht, die seine Erzählungen transportieren, ist überwiegend melancholisch-pessimistisch; die Geschichten enden meist unglücklich: mit Tod, Selbstmord, zumindest aber mit massiver Enttäuschung der inneren Erwartungen und Lebensvorstellungen ihrer Protagonisten. In den wenigen Erzählungen mit positivem Ausgang wirkt das Happy End überraschend, wie z. B. in der Novelle »Angst«.

Mit seinem literarischen Vorgänger Arthur Schnitzler verbindet den Schriftsteller der psychologische Blick auf das Geschehen, eine Perspektive, die ohne die Erkenntnisse ihres Wiener Zeitgenossen Sigmund Freud nicht denkbar ist. »Tief hinein, tief hinab!«[6], so charakterisiert Zweig selbst die Intention seines Erzählens. Er bewundert Freud, den er persönlich kennt und mit dem er schon seit langem korrespondiert; er schickt ihm seine Publikationen zu und ehrt ihn mit dem Essay »Die Heilung durch den Geist« (1931). Bei Freuds Totenfeier 1939 im Londoner Exil hält Zweig die Rede. Mit Psychologie und Psychoanalyse als Wissenschaft aber befasst er sich nie näher. Freud selbst liest Zweigs Texte aufmerksam und kommentiert sie ausführlich, begegnet

[5] Zit. nach Knut Beck, ebd., S. 318

[6] Zweig an Richard Specht, 21.1.1927, zit. nach: Oliver Matuschek: ›Stefan Zweig. Drei Leben – Eine Biographie‹. Frankfurt/Main 2006, S. 226

dessen Form der literarischen Psychologisierung jedoch mit Skepsis und lässt ihn das auch wissen.[7]

Auch die zeitgenössische Literaturkritik reagiert auf Zweigs Tendenz zur Psychologisierung eher negativ.[8] Ganz anders das Lesepublikum. Zweig gehört zu Lebzeiten zu den international meistgelesenen und -verkauften deutschsprachigen Autoren, vor allem mit seinen Erzählungen. Als seine primäre Zielgruppe gelten die Frauen der besseren Gesellschaft: etabliert, finanziell abgesichert, oft jüdischer Herkunft, Frauen also, die sich und ihr Schicksal in seinen Texten wiederfinden konnten:

»Frau Steiner war aus Frankfurt am Main, nicht mehr furchtbar jung, ganz allein und schwarzhaarig; sie trug Abend für Abend ein anderes Kleid und saß still an ihrem Tisch und las feingebildete Bücher. Ich will sie ganz kurz beschreiben: Sie gehörte zum Publikum Stefan Zweigs. Alles gesagt? Alles gesagt.«[9], schreibt dazu Kurt Tucholsky mit der ihm eigenen Süffisanz. In der Nachkriegszeit wiederholt sich diese Rezeptionssituation: Wieder wird Zweigs Werk vom Lesepublikum gefeiert, Literaturkritik und Literaturwissenschaft dagegen reagieren zurückhaltend.

Brennendes Geheimnis

Schon diese frühe Novelle zeigt das für Stefan Zweig charakteristische Personal, die für ihn typischen Schauplätze und die bereits erwähnten Ausnahmesituationen. Der 12-jährige

[7] Donald A. Prater: ›Stefan Zweig. Das Leben eines Ungeduldigen‹. München 1981, S. 261

[8] Donald A. Prater und Volker Michels (Hg.): ›Stefan Zweig. Leben und Werk im Bild‹. Frankfurt/Main 1981, S. 13

[9] Zit. nach Matuschek, S. 225

Edgar, eben von einer Krankheit genesen, und seine Mutter Mathilde, Mitglieder der Wiener Gesellschaft der k.u.k.-Monarchie jüdischer Herkunft, reisen zu Rekonvaleszenz und Sommerfrische an den Semmering, ein damals beliebtes Urlaubsziel. Gleichzeitig kommt dort ein junger Baron von »nicht sehr klangvollem österreichischem Beamtenadel« (S. 8) an, der darauf aus ist, seine Urlaubslangeweile – gewohnheitsmäßig – mit sexuellen Abenteuern zu vertreiben.

Ein auktorialer Erzähler berichtet, wie Edgar, ein »kleiner, blasser Bub« im »schwarzen Samtanzug« (S. 10), in eine verwirrende Dreierkonstellation mit ihm noch unbekannten Gefühlen gerät: durch seine Beziehung zu dem Baron, der seine Bekanntschaft sucht, um so Edgars Mutter näher zu kommen, durch sein aufgrund dieser neuen Erfahrungen verändertes Verhältnis zur Mutter und auch zu seinem Vater. Ungewollt und unvorbereitet wird das Kind an der Schwelle zur Pubertät, zusätzlich geschwächt durch eine eben überstandene Krankheit, aus seiner Kinderwelt ins komplexe Gefühlsleben der Erwachsenen hineinkatapultiert und zugleich in eine klassische ödipale Konstellation.

Aus kindlich-unschuldiger Liebe entwickeln sich Zweifel und Hass. Dem »funkelnde(n) Geheimnis der Kindheit« (S. 56) ist jeder Zauber genommen und die Mutter und der angehimmelte Baron können nicht länger bedingungslos geliebt werden. Stefan Zweig spielt kunstvoll mit den Konflikten des Erwachsenwerdens, mit Schwächen und Geheimnissen, die letztlich die kindliche Unschuld »verbrennen«.

»Brennendes Geheimnis« erschien 1911 im ersten Band von Zweigs Erzählungen, ›Erstes Erlebnis – Vier Geschichten aus Kinderland‹, im Insel-Verlag; die Einzelausgabe ebenda 1913. Bereits im Jahr der Veröffentlichung erreichte der Band eine Auflage von 10000, bis zum Verbot von Zweigs Werk 1933 eine Gesamtauflage von 170000 Exemplaren.

Im Zusammenhang mit Reichstagsbrand und Bücherverbrennung erfährt die Novelle eine unerwartete politische Aktualisierung. Die Geschichte war verfilmt worden; der Film kam – zeitgleich mit der Machtübernahme der Nationalsozialisten – unter dem Originaltitel in die Kinos. Über dessen unvorhersehbare metaphorische Brisanz schreibt Zweig in seinen Erinnerungen: »Schon in den ersten Tagen des neuen Regimes hatte ich unschuldigerweise eine Art Aufruhr verschuldet. Es lief nämlich damals durch ganz Deutschland ein Film, der nach meiner Novelle ›Brennendes Geheimnis‹ verfasst und ebenso betitelt war. (…) Am Tage nach dem Brand des Reichstags, den vergeblich die Nationalsozialisten aus ihren Schuhen in die der Kommunisten zu schieben suchten, ereignete es sich, daß vor den Kinoüberschriften und Plakaten ›Brennendes Geheimnis‹ die Leute sich sammelten, einer den andern zwinkernd anstoßend und lachend. Bald verstanden die Gestapo-Leute, warum man bei diesem Titel lachte. Und noch am selben Abend jagten auf Motorrädern Polizisten herum, die Vorstellungen wurden verboten, vom nächsten Tag an war der Titel meiner Novelle ›Brennendes Geheimnis‹ aus allen Zeitungsankündigungen und von allen Plakatsäulen spurlos verschwunden.«[10]

Angst

Im Zentrum dieser Geschichte steht das Gefühl der Angst: die Angst eines Paares aus der Wiener Bourgeoisie des fin de siècle davor, dass durch das heimliche Liebesverhältnis, das die junge Frau seit einiger Zeit unterhält, ihre bürgerliche Existenz zerstört werden könnte.

Immer, wenn die Protagonistin Irene Wagner (Ende 20, verheiratet mit einem bekannten Wiener Rechtsanwalt, zwei

[10] Zit. nach Prater/Michels, S. 204

Kinder) ihren Geliebten Eduard, einen Pianisten, nach einem Rendezvous verlässt, um in ihre bürgerliche Welt zurückzukehren, wird sie von sich steigernden Angstattacken überfallen: Angst vor der Schuld, die sie mit dem Ehebruch auf sich lädt, Angst davor, dabei ertappt zu werden, Angst um ihre bürgerliche Existenz.

Diese Befürchtungen verdichten sich, als Irene sich unvermutet Erpressungsversuchen durch eine vermeintliche Rivalin ausgesetzt sieht, die sich als Freundin ihres Geliebten ausgibt. Die Angst beginnt, Irenes Alltag immer mehr zu beherrschen. Ihre Existenz droht, daran zu zerbrechen. In ihrer Verzweiflung plant sie, sich das Leben zu nehmen – bis ihr Mann ihr schließlich gesteht, dass er eine Schauspielerin als vermeintliche Erpresserin engagiert hat, getrieben einerseits von seiner eigenen Angst, Familie und bürgerliche Existenz zu verlieren, andererseits vom voyeuristischen Interesse an der Not seiner Frau. Sein Geständnis lässt Irene in eine tiefe Ohnmacht fallen. Als sie daraus erwacht, nimmt sie, erstmals nach Monaten, Signale ihres bürgerlichen Lebens, die Stimmen ihrer Kinder aus dem Nebenzimmer, wieder positiv wahr.

Zweig verknüpft in seiner Erzählung die objektive mit der subjektiven Angst. Diesen Kunstgriff gestaltet er mit sprachlicher Raffinesse und ist sich dabei des Problems, dieses Gefühl in Worte zu fassen, durchaus bewusst. Die Angst als ständiger Begleiter ist ein Phänomen seiner Zeit, der Jahre unmittelbar vor und nach dem Ersten Weltkrieg. Der Schriftsteller führt selbst ein Leben voller Unruhe und Rastlosigkeit und verwebt – hier, wie in zahlreichen anderen Werken – sein persönliches Lebensgefühl in einen literarischen Text. Dessen Happy End wirkt nicht ganz überzeugend. Zu viele widersprüchliche Gefühle werden ausgeblendet: der Voyeurismus, die Wut, die Racheimpulse des betrogenen Ehemanns und die existenzielle Not, in die seine

Erpressungsaktion Irene versetzt hat. Ausgeblendet bleiben auch die weiterhin unbefriedigten Wünsche beider Partner nach einer erfüllten Beziehung jenseits bürgerlicher Ordnung – starke Emotionen, die wohl nach wie vor unter der Oberfläche brodeln werden.

Die Novelle entstand Anfang 1913 in Paris und wurde in Wien abgeschlossen. Sie erschien erstmals 1920 in der illustrierten Wochenschrift ›Der kleine Roman‹, Nr. 19, bei H. S. Hermann in Berlin. Eine gekürzte Version publizierte Zweig 1925 bei Reclam in Leipzig. Seine für die Reclam-Ausgabe formulierte Angabe »geschrieben Wien, 1910«, entspricht also nicht den Tatsachen.

Der Amokläufer

Die Novelle »Der Amokläufer« spielt an einem der bei Zweig so beliebten exotischen literarischen Orte, an Deck eines Passagierdampfers, der »Oceania«, auf der Überfahrt von Kalkutta nach Neapel. In der Rahmenhandlung berichtet ein namenloser Ich-Erzähler von seinen Begegnungen mit einem Passagier, der nur nachts heimlich an Deck kommt und ihm dabei seine Lebensgeschichte anvertraut. Dieser Passagier ist ein deutscher Arzt, ein Outcast, der vor sieben Jahren wegen einer Unterschlagung nach Indonesien geflohen ist, um sich dort, in den niederländischen Kolonien, ein neues Leben aufzubauen. Bei den nächtlichen Begegnungen berichtet er vom Grund seiner Rückkehr: der dramatischen Verstrickung in ein erotisches Abhängigkeitsverhältnis, eine Obsession, die sein Leben zu zerstören droht. Diese Erzählung bildet den Kern der Novelle.

In ihrem Mittelpunkt steht die Begegnung des Arztes mit einer attraktiven weißen Frau in Indonesien, einer mit einem erfolgreichen holländischen Kaufmann verheirateten Engländerin. Sie hat den Arzt in seinem weitab jeder Zivilisation gelegenen Wohn- und Dienstort aufgesucht, um von ihm – mit viel Geld – eine Abtreibung zu erkaufen und so die Schwangerschaft aus einem heimlichen Liebesverhältnis vor ihrem Mann zu verbergen. Der Arzt kennt die Hintergründe nicht, ist jedoch sofort fasziniert von der kühlen, arroganten Art der Engländerin, deren Wesen und Ausstrahlung im strikten Gegensatz zur Hörigkeit und Verfügbarkeit einheimischer Frauen steht. Er will sich für die Abtreibung nicht mit Geld bezahlen lassen und verlangt als Gegenlcistung stattdessen eine Liebesnacht. Das wiederum verweigert die Engländerin. Unverrichteter Dinge verlässt sie sein Haus.

Hörig, besessen, einem Amokläufer gleich, folgt ihr der Arzt, lässt alles hinter sich, seine ganze indonesische Existenz, seine Karriere und die finanzielle Absicherung. Er folgt der Frau über viele Etappen und Stationen bis in ihren indonesischen Wohnort und erlebt dort, wie sie qualvoll an den Folgen der Abtreibung durch eine Kurpfuscherin stirbt. Auf dem Totenbett nimmt sie dem Arzt das Versprechen ab, dafür zu sorgen, dass die Schwangerschaft auch nach ihrem Tod geheim bleibt. Der Arzt opfert dafür, in Absprache mit dem zuständigen Amtsarzt um die Fälschung des Totenscheins, seine berufliche Zukunft. Als der Outcast, als der er kam, kehrt er nach Europa zurück; auf demselben Schiff wie der Sarg der toten Geliebten, begleitet von deren Ehemann. Um jede Begegnung mit ihm zu vermeiden, verbirgt sich der unglückliche Heimkehrer in seiner Kabine und kommt nur nachts an Deck.

Nach der Ankunft der »Oceania« in Neapel erfährt der Ich-Erzähler aus den lokalen Zeitungen von einem merkwürdigen Unfall, der sich beim nächtlichen Entladen des Schiffs ereignet hat: Als der Bleisarg mit der Frauenleiche von Bord getragen wurde, stürzte sich ein Passagier vom Oberdeck aus darauf und riss den Sarg mit sich in die Tiefe. Beide, der Sarg der Engländerin und der Arzt im finalen Amoklauf, gingen unrettbar unter.

»Der Amokläufer« wurde erstmals 1922 in der Zeitung ›Neue Freie Presse‹ veröffentlicht und erschien im selben Jahr in der Sammlung ›Amok: Novellen einer Leidenschaft‹ im Insel-Verlag. Die Novelle gilt als Zweigs erster großer Erfolg. Der Band erreichte in acht Jahren eine Auflage von 70 000 Exemplaren. An Hermann Hesse schrieb er im Herbst 1922 über die Erzählung »Der Amoklauf«: »Ich habe das Empfinden, manches darin würde gerade Ihnen verständlich und nahe sein. Ohne mich überheben zu wollen, spüre ich, daß wir innerlich oft sehr nahe Wege gehen, daß wir beide von der Zeit irgendwie gleich erschüttert und in einen Weg nach innen gedrängt wurden, der manchem vielleicht abseitig und wie eine Flucht anmuten könnte, indes wir doch wissen, daß es ein Versuch gerade zum Wesentlichen ist.«[11]

Dass Zweig die eigenen Flucht- und Rückzugstendenzen offiziell, etwa in seinen Lebenserinnerungen, zu ignorieren versuchte, haben seine Biografen immer wieder betont. Doch auch, dass sie in den persönlichen Dokumenten, in Tagebuchaufzeichnungen und Briefen an Vertraute, wie hier an Hermann Hesse, sehr präsent sind.[12] Auch das Titel- und Leitmotiv des Erzählbands von 1922, ›Amok‹, handelt ja von der Diskrepanz zwischen gesellschaftlicher Außenwahrnehmung und unbeherrschbaren inneren Gefühlen.

Der Begriff Amok war, als der Novellenband erschien, noch wenig bekannt. Er stammt ursprünglich aus dem indonesischen Kulturkreis, in dem die Handlung spielt, und bezeichnet einen Rauschzustand, in dem der Amokläufer, im Drang unbeherrschbarer Gefühle, seinen vermeintlichen

[11] Stefan Zweig, ›Briefe an Freunde‹, Fischer Verlag, Frankfurt am Main 1978, S. 138/139

[12] Haenel, S. 146

Feind angreift und versucht, ihn und mit ihm alle seinem wahnhaften Tun hinderlichen Personen, ohne jede Rücksicht auf Gefahren, auszulöschen.

Diese unkontrollierbaren Emotionen gewinnen auch in dieser Geschichte letztlich die Oberhand: »Rätselhafte psychologische Dinge«, sagt der Protagonist von sich selbst, »haben über mich eine geradezu beunruhigende Macht, es reizt mich bis ins Blut, Zusammenhänge aufzuspüren, und sonderbare Menschen können mich durch ihre bloße Gegenwart zu einer Leidenschaft des Erkennenwollens entzünden, die nicht viel geringer ist als jene des Besitzenwollens bei einer Frau.« (S. 162)

Die unsichtbare Sammlung

Eine Episode aus der deutschen Inflation

Auf der Heimreise vom Besuch bei einem bekannten Graphik-Sammler in der sächsischen Provinz trifft der Ich-Erzähler, ein hoch angesehener Berliner Kunstantiquar, im Zug von Dresden nach Berlin auf einen alten Bekannten. Noch ganz erfüllt von dem, was er erlebt hat, berichtet er ihm von diesem Besuch.

Die Geschichte spielt während der Hyperinflation in Deutschland 1922/23, einer Zeit, in der die Menschen ihr Geld zu retten suchen, indem sie es hektisch in Sachwerte investieren. Auch der Kunstmarkt boomt. Auf der verzweifelten Suche nach neuer Ware war der Kunsthändler auf den Namen eines der ältesten Kunden seines Traditionsgeschäfts gestoßen, einen Mann, den er bisher nie persönlich kennengelernt hatte. Umgehend macht sich der Händler auf, um den Kunstliebhaber zu besuchen, in der Hoffnung, ihm einige Stücke abkaufen zu können. Der Sammler empfängt ihn freudig, glücklich darüber, seinen Schatz einem Kenner präsentieren zu können.

Weniger begeistert von dem Besuch zeigen sich Frau und Tochter des Sammlers. Heimlich bedeuten sie dem Kunsthändler, er möge die Besichtigung der Kupferstiche auf den Nachmittag verschieben. In der Zwischenzeit klärt die Tochter ihn darüber auf, was geschehen ist.

Ihr Vater nämlich ist über den Aufregungen um eine ihm aus Altersgründen verwehrte Teilnahme am Frankreich-Feldzug im Ersten Weltkrieg gänzlich erblindet. Er kann seine Kunstschätze nicht mehr sehen. Deshalb weiß er auch nicht, dass Frau und Tochter deren beste Stücke inzwischen aus nackter materieller Not verkauft haben und die Sammlung nur noch aus leeren oder mit billigen Reproduktionen notdürftig aufgefüllten Passepartouts besteht. Der Gast spielt – nach anfänglichem Zögern – in diesem grausamen Spiel mit, deckt den Betrug, um die längst vergangene heile Welt des Sammlers nicht zu zerstören.

»Die unsichtbare Sammlung« erschien 1933, zu einer Zeit, in der Zweigs Werk in Deutschland bereits verboten war, als Beilage der beim Herbert Reichner-Verlag in Wien herausgegebenen Zeitschrift ›Philobiblon‹.[13]

Die Erzählung ist von zwei eng miteinander verbundenen Motiven geprägt: der Blindheit des Sammlers und deren Verknüpfung mit politischen Ereignissen, dem Ersten Weltkrieg und der Inflation. Mit der Situierung der Handlung in einem politischen Kontext eröffnet »Die unsichtbare Sammlung« eine neue Phase des Zweig'schen Œuvre.

Metaphorisch betrachtet, charakterisiert das Motiv der Blindheit den Sammler als einen, der blind ist auch gegenüber der Wirklichkeit und den realen Bedürfnissen seiner Familie, als einen, der um jeden Preis in seiner geschlossenen

[13] Heft 9; Druck der Halcyon-Presse 5

Kunstwelt verharrt. Sein einziger Versuch, diese unwirkliche Welt zu verlassen und am realen Leben teilzuhaben, misslingt. Denn für die Teilnahme am Ersten Weltkrieg, die er einst anstrebte, war der Sammler längst zu alt, und auf die Konfrontation mit dieser Tatsache reagierte er pathologisch – mit dem Verlust seiner Sehkraft.

Frau und Tochter aber lässt er in der materiellen Notlage der Inflation allein. Ganz auf sich gestellt, materialisieren sie den einzigen Wert, der der Familie geblieben ist, die Kupferstichsammlung, und verkaufen heimlich deren kostbarste Blätter. Damit rächen sie sich mittelbar auch für die mangelnde Fürsorge durch den Ehemann und Vater. Indem sie ihm den Verkauf verschweigen, degradieren sie ihn zum unwissenden Kind, das weiter in einer vergangenen »guten alten Zeit« verharrt, die längst keinen Bestand mehr hat.[14]

Zweig trug seit seiner Schulzeit selbst bibliophile Kostbarkeiten und Autographen zusammen und entwickelte sich im Lauf der Jahre zu einem der wichtigsten Handschriftensammler seiner Zeit.[15] Er hatte zu seinen Sammlungen ein hochemotionales Verhältnis. An Ernst Hardt schreibt er im Sommer 1913: »Sie waren so freundlich, mir für meine Sammlung ein Manuscript zu versprechen (...). Ich will nun nur sagen, daß ich nicht aus einem unlebendigen Gefühl bloß Ruhm in seiner Handschrift sammle, sondern nur die Dichter bitte, deren Werk mir menschlich so viel bedeutet, daß der Wunsch rege wird, es in noch intensiverer Form als der des Druckes zu besitzen, in einem Zustand, der noch

[14] Vgl. auch Haenel, S. 254 ff.

[15] Vgl. ›Ich kenne den Zauber der Schrift. Katalog und Geschichte der Autographensammlung Stefan Zweig‹. Mit kommentiertem Abdruck von Stefan Zweigs Aufsätzen über das Sammeln von Handschriften. Bearbeitet von Oliver Matuschek, Wien 2005, S. 7

von der Schöpfung warm ist und beseelt vom persönlichen Wesenszuge.«[16]

Dass Zweig das Thema der unsichtbaren Sammlung ausgerechnet im Jahr der Machtübernahme der Nationalsozialisten in Deutschland literarisch aufgreift, ist wohl kein Zufall. Denn der Anfang der NS-Diktatur setzt im Leben des erklärten Pazifisten und Europäers, Juden und Schriftstellers eine irreversible Zäsur. Zweig sieht sich jetzt mit den Folgen der politischen Veränderungen unmittelbar konfrontiert. Sein bisheriges Leben als angesehenes Mitglied der Wiener Society und der internationalen Literaturgesellschaft erweist sich nun als die »Welt von gestern«, als die er sie am Ende seines Lebens in seiner Autobiografie beschreiben wird.

Als Zeichen dieser grundlegenden existenziellen Veränderung lässt sich auch der Umgang des Schriftstellers mit den politisch bedingten materiellen und ideellen Verlusten verstehen, die denen in der Novelle »Die unsichtbare Sammlung« durchaus verwandt sind. Der Gang ins Londoner Exil zwingt Zweig, sich von seiner Bücher- und Autographensammlung zu trennen. Ab 1933 lagert er die kostbarsten Stücke in einem Banksafe, zwischen 1936 und 1938 verkauft er jedoch einiges aus seiner Sammlung. Diese Verkäufe sind zeitlich und emotional mit der Auflösung von Zweigs bisheriger schriftstellerischer Existenz, mit dem Ende seiner ersten Ehe und dem neuen Status als heimatloser Emigrant aufs Engste verbunden. In der Geschichte der unsichtbaren, weil längst verlorenen Graphik-Kollektion des Dresdener Sammlers findet dieser Konflikt ein höchst eindrucksvolles Bild.

[16] Stefan Zweig, ›Briefe an Freunde‹, Fischer Verlag, Frankfurt am Main 1978, S. 24

Im Zentrum der Novelle steht die Geschichte des österreichischen Emigranten Dr. B. auf der Überfahrt von New York nach Buenos Aires. Er lässt sich – wider besseres Wissen – in eine spektakuläre Schachpartie verwickeln und wird damit emotional in die dunkelste, existenzgefährdendste Zeit seines Lebens zurückkatapultiert, die seiner Isolationshaft als Verfolgter des NS-Regimes in Wien. Dr. B.s ungewöhnliches Verhalten erweckt das Interesse des namenlosen Ich-Erzählers. Er bringt ihn dazu, ihm seine Geschichte zu erzählen, die so berühmt gewordene »Schachnovelle«.

Zweig schließt die Arbeit an dieser seiner letzten Erzählung im Januar 1942 im Exil in Petrópolis ab und schickt das Manuskript unmittelbar vor seinem Selbstmord an den Verleger Gottfried Bermann Fischer in New York. Die Erstausgabe erscheint postum im Dezember 1942, zunächst im Pigmalion-Verlag in Buenos Aires in einer limitierten Auflage von 300 Exemplaren; im Jahr darauf im Stockholmer Exilverlag von Gottfried Bermann Fischer, 1944 in englischer Übersetzung bei Viking-Press in New York, übersetzt vom Verleger Ben Huebsch selbst. Die Novelle wird in fünfundzwanzig Sprachen übertragen und gilt heute als Zweigs bekanntestes Werk.

Die Qualität und das Wirkungspotential, das mit der politisch hochaktuellen Situation, in der die Novelle spielt, eng verbunden ist, erkannte der Autor selbst nicht. Er hielt das Thema für »zu abseitig« und »zu abstrakt für ein großes Publikum« und beklagte einmal mehr seine Bindung an das »beliebt-unglückliche Format« der längeren Erzählung, »zu groß für eine Zeitung und zu klein für ein Buch«, wie er im Januar 1942 an Hermann Kesten schrieb.[17]

[17] 15. Januar 1942, zit. nach Prater, Zweig, S. 438

Die »Schachnovelle« ist, abgesehen von der Autobiografie, das einzige Werk Zweigs, das die NS-Herrschaft direkt zum Thema macht. Das Schachspiel wird hier zur Parabel für die Auseinandersetzung eines Einzelnen mit der politischen Lage: Schachweltmeister Czentovic, dargestellt als primitive Figur, als »Schachautomat« und »Miniatur-Hitler«, droht, Dr. B., den sensiblen Außenseiter und intellektuellen Emigranten, zu besiegen. Doch letztlich siegt mit Dr. B.s Weigerung, weiter gegen Czentovic zu spielen, die Freiheit der Gedanken, die auch ein scheinbar überlegener, weil spieltechnisch hochversierter Gegner nicht einschränken und verhindern kann.

Es liegt nahe, diese fiktive literarische Konstellation in Beziehung zur Lebenssituation des Autors während der Entstehungszeit der »Schachnovelle« zu setzen: die spektakuläre existenzielle Ausnahmesituation, die Zwangsgemeinschaft mit Fremden und deren Schicksalen auf dem Überseedampfer mit der Isolation und Einsamkeit, der sich der hoch angesehene Schriftsteller im brasilianischen Exil ausgesetzt sah. Ende 1941 schrieb er aus Petrópolis an Freunde: »Was fehlt sind Bücher und Freunde (...) niemand für das wirkliche Gespräch (...), ich habe immer Angst, die eigene Sprache zu verlieren (...) ich finde die Identität mit meinem Ich nicht mehr, nirgends hingehörig, nomadisch und dabei unfrei (...) ich lebe seit Jahren mit Koffern und Paketen. An ein Zurück ist doch auf lange nicht zu denken und es wäre auch kein richtiges Zuhause mehr.«[18]

Schachbuch und Schachspiel erscheinen als verzweifelter Versuch, sich zu konzentrieren und abzulenken, ein Versuch, den Zweig, der ein schlechter Schachspieler gewesen sein soll, in Petrópolis ebenso unternahm wie sein Protagonist

[18] Zit. nach: Paul Riegel, ›Deutsche Literaturgeschichte‹, Deutscher Taschenbuch Verlag, München 2000, S. 200

Dr. B. in der Wiener Einzelhaft, und der in beiden Fällen misslang.

Schließlich spiegelt die ausweglose Situation auf dem Überseedampfer auch den Wunsch, sich, so wie Dr. B. dem Druck der Gestapo, den politischen Zwängen aktiv zu widersetzen, anders als Zweig es bisher mit dem Ausweichen vor der politischen Konfrontation mit dem NS-Regime praktiziert hatte. Doch Zweig resigniert. Mit einem Doppelselbstmord, gemeinsam mit seiner zweiten Frau Lotte Altmann, setzt er seinem Leben ein Ende:

»Ehe ich aus freiem Willen und mit klaren Sinnen aus dem Leben scheide, drängt es mich eine letzte Pflicht zu erfüllen: diesem wundervollen Lande Brasilien innig zu danken, das mir und meiner Arbeit so gut und gastlich Rast gegeben. Mit jedem Tage habe ich dies Land mehr lieben gelernt und nirgends hätte ich mir mein Leben lieber vom Grunde aus neu aufgebaut, nachdem die Welt meiner eigenen Sprache für mich untergegangen ist und meine geistige Heimat Europa sich selber vernichtet. Aber nach dem sechzigsten Jahre bedürfte es besonderer Kräfte um noch einmal völlig neu zu beginnen. Und die meinen sind durch die langen Jahre heimatlosen Wanderns erschöpft. So halte ich es für besser, rechtzeitig und in aufrechter Haltung ein Leben abzuschließen, dem geistige Arbeit immer die lauterste Freude und persönliche Freiheit das höchste Gut dieser Erde gewesen. Ich grüße alle meine Freunde! Mögen sie die Morgenröte noch sehen nach der langen Nacht! Ich, allzu Ungeduldiger, gehe ihnen voraus.«[19]

[19] »Declaraçao« bei casastefanzweig.org, Petrópolis, 22.02.1942